雾峰传奇

台湾抗日英雄林正亨生死传奇

王颖 著

当代世界出版社
THE CONTEMPORARY WORLD PRESS

图书在版编目（CIP）数据

雾峰传奇：台湾抗日英雄林正亨生死传奇 / 王颖著.
—北京：当代世界出版社，2016.10
ISBN 978-7-5090-1140-9

Ⅰ.①雾… Ⅱ.①王… Ⅲ.①林正亨（1915-1950）
—传记 Ⅳ.①K825.2

中国版本图书馆CIP数据核字（2016）第239174号

书　　名：	雾峰传奇：台湾抗日英雄林正亨生死传奇
出版发行：	当代世界出版社
地　　址：	北京市复兴路4号（100860）
网　　址：	http://www.worldpress.org.cn
编务电话：	（010）83908456
发行电话：	（010）83908409
	（010）83908455
	（010）83908377
	（010）83908423（邮购）
	（010）83908410（传真）
经　　销：	全国新华书店
印　　刷：	北京毅峰迅捷印刷有限公司
开　　本：	710毫米×1000毫米　1/16
印　　张：	21.75
字　　数：	306千字
版　　次：	2016年10月第1版
印　　次：	2016年10月第1次
书　　号：	ISBN 978-7-5090-1140-9
定　　价：	42.80元

如发现印装质量问题，请与承印厂联系调换。
版权所有，翻印必究；未经许可，不得转载！

1	2
3	

1　1917年林正亨2岁时在厦门留影

2　林正亨15岁上学时的留影

3　1936年林正亨母亲郭玲瑜与六子女在雾峰林家合影

| 1 | 3 |
| 2 | |

1　1936年林正亨在南京留影

2　1937年林正亨在南京大树根居住时留影

3　1937年在南京中央陆军军官学校留影

青年林正亨

南京中央陆军军官学校毕业后赴
昆仑关作战前留影

1 赴昆仑关作战前寄给妹妹林冈（曾用名：林双盼）的照片

2 1940年12月林正亨给蒋介石的信（一）

聲勢大振卒使李厚基軍膽背突厥軍心恐慌粵軍遂長驅坎入汀漳李軍退守廈門同委一帶因成相持之局粵軍駐漳擴編軍隊擬收編閩南各處民軍先父為預備隊司令是時

鈞座亦在粵軍中任要職當義知之民九粵軍四粵調先父赴粵仕廣三鐵路監督民十總理調仕行營參議選隨入桂參贊戎機民十一粵軍再入閩驅逐李厚基現仕

國府主席林 總理命回閩仕者長委先父為閩省水利局局長越年 林省長卸職閩者

復被軍閥孫傳芳閩藘八軍隊入據先父乃回廈貸病民十三復州羊封指與各縣民軍聯絡擬候機再為本黨宣力民十四七月被駐軍閩張毅派隊圍捕卒於同年八月二十三

日就義亨年四十有八嗚呼痛哉民十五國民革命軍入閩驅逐周蔭人胞兄志民請纓繼遺志率隊先驅蒙東路總指揮何委為第三將擊隊司令追掃蕩逆蕊底定閩局

蒙何總指揮及東委員淵涼鎮委員等為先父名集追悼大會於福州歎因北伐軍事倥傯尚未及轉請 中央追贈忠氏歉甲錦田之後困窶鬻屋積歲勞卒於不歉歎

先父事蹟介紹湮沒正亨不肖現在軍政部防毒處服務得閱中央贈卹之典迭頒盈道

思先人未蒙表彰實為人子者之大罪用特選述其晟伏乞

鈞座俯鑒先父抗日歸國革命捐軀之義烈查察遺族貧乏不安之衷情特狀明令速

贈表揚或並頒章給卹以彰忠烈而資激勵則從存均感戴無涯矣除分呈瀾民政府

軍事委員會外謹呈

中國國民黨中央黨部總裁 蔣

職軍政部防毒處防毒教官林正亨 呈

中華民國廿九年十二月 日

林正亨通訊處：重慶化龍橋龍隱路十一號

1940年12月林正亨給蔣介石的信（三）

1 1940年林正亨与大姐林双吉在长沙留影

2 1943年初林正亨和妻子沈毅（曾用名：沈保珠）及长子林为民（曾用名：林晶郎）在重庆合影

1943年林正亨之妻沈毅与半周岁长子林为民留影

林青出生三个月时和母亲沈毅在台北留影

林正亨赴缅抗日出国前送其妹林冈的照片

1944年林正亨（右一）赴缅抗日前在昆明与战友留影

1944年林正亨夫妇与长子林为民在重庆合影

1944年林正亨赴缅抗日前全家合影

1	
2	3

1　1944年林正亨之妻沈毅携子女与林冈合影
2　1946年林正亨与妻子儿女在广州合影
3　1948年林正亨在台北石门水库留影

亲爱的孩子：你一月十九日寄来的信，我们都看过了。虽然你把闹字写为[门],使成了开写错了，趋字写为趣，这是你不注意，你写字不注意，所以写错了，没有关系，以后写字要注意。你写字比以前进步，我很欢喜。你没有告诉我你每天和妹妹玩以外远有和别的小孩一起玩，在那边有没有好朋友，你每天怎么读书，有没有抄书，有没有写毛笔字，读什么书。

现在你已经九岁了，应该要懂事，要学礼貌。奶奶年纪大了，你不能像以前在台湾家里那样玩皮，不要跟坏小孩玩。你妈妈是生你养你教你爱你一样的把爸爸妈妈养大了，是很辛苦的，像你妈妈一样，你要感谢奶奶的好，你一定要孝顺奶奶，你不要以为奶奶是爸爸的妈妈，以不听话就不要紧，你要对我们说的话，我们说的话你要好好记着。

我希望你在家里是一个好孩子，在学校是一个好学生，长大了在社会要成为有用的人，替人家做很多事情，懂吗！在家里要帮奶奶做事，要帮妹妹弟弟做事。错了事情下一次不要再做。

记着，当当，要写信来，我们都很想念你们，

你的爸爸写于台北，九月廿四日

你们快乐。

1950年林为民兄妹与奶奶及林冈姑合影

$\dfrac{1}{2}$

1　1950年沈毅到北京万寿寺洛杉矶托儿所看望在此生活的子女

2　1957年中央人民政府发给林正亨革命烈士证书后1983年换发的新证书

1956年林青(中)被接到三姑双祝家与姑姑、姑父全家合影

1962年台湾当局颁发给林祖密将军的匾额

1966年初林正亨二妹林冈全家合影

林正亨与姐姐双吉、妹妹林冈及女友合影

1976年郭玲瑜和林正亨妻子及儿孙在北京留影

序

本不打算写序了,但想想开篇还有一些话要交代,写写感想也罢!

认识和研究台湾最有影响力的大家族——雾峰林家是从林正亨开始的。林正亨是雾峰林家下厝系民族英雄林祖密的第五个儿子,也是雾峰林家最富传奇的人物之一。

过去我对台湾的了解仅限于著名女作家琼瑶的小说和美丽风景阿里山日月潭,而后是台湾走马灯一样的政界领导人。真正走入台湾并让我了解台湾惊心动魄历史的却是台湾雾峰林家!这是一个很特殊的家族,也是一个让人敬佩和敬仰的家族,他的发家史和爱国传奇故事世世代代广为流传。

从着手收集素材,到创作雾峰林家的故事,再到著作《雾峰林家——台湾第一家族》面世并多次再版,已经十余年过去了。在这期间,不仅整个世界的格局都发生了不可思议的变化,就连整个中国的变化都快得让人瞠目结舌。然而,那段悠久的催人泪下的历史,那一场场悲欢离合的故事依然在我脑海中浮现着,不肯离去。

台湾早已与大陆实现了"三通"。从北京首都国际机场T3航站楼坐上飞机三个小时就会在台北桃园机场稳稳降落,一切都是那么简单,一切都是那么自然,一切都是那么熟悉,就像是到兄弟姐妹家串了个门，身上还带着北京机场咖啡的浓香，转眼间就已经坐到桃园机场喝上了香喷喷的高山茶。

生活就是这样奇特，几年前两岸还在为能不能"三通"而争来吵去，而转眼间两岸飞来飞去已习以为常，简单到你从北京带着一包香喷喷的热葱花油饼到了台北还留有淡淡的余香。

生活是美好的。

生活总给人很多向往。

生活已经进入到新的世纪。

人们忙忙碌碌地挣钱、出名、生存。每个人都在社会中寻找着自己的位子。节假日到台湾旅游转一圈或者是闲暇时到北京上海走走，对两岸人民都已是稀松平常的事情了。看看北京上海福建等地不计其数的台湾商人，看看台北故宫里为了看上一眼奇珍异宝翡翠白菜而排成长龙的大陆同胞观光团，你不得不感叹我们的生活已经发生了翻天覆地的变化！这个变化是历史的发展，是时代的进步，是人心所向，我相信两岸同胞谁都不愿意回到以前的状态！

踏上台湾的那一瞬间，我突然有些迷惘，这就是我魂牵梦萦的台湾吗？这就是我曾经描写过无数次的台湾吗？这就是曾经让雾峰林家为之浴血奋战的台湾吗？怎么让我丝毫感觉不到她的陌生？丝毫感觉不到与她几十年的隔绝？是的，血浓于水这又何尝不是两岸人民共同的心声？我们本来就是一家人！

徘徊在雾峰林家的百年老宅子里，我的思绪飘得很远很远。百年前林文察为保台湾稳定平息内乱战死万松关瑞香亭，林朝栋为了台湾奋力抗击法国侵略军死守基隆狮球岭，林祖密为了抗议日本侵略毅然公开放弃日本籍回到福建发展经济，林献堂开展特殊的抗日之路开办台湾学校进行中国民族文化教育，林正亨为了自己的信仰大义凛然赴刑场成为被国民党枪毙在马场町的第一个台湾人……一个个铁骨铮铮的英雄汉，一幕幕活生生的场景像电影一样在我面前闪过，让我不得不停下脚步来仔细观察雾峰林家的每一块砖，每一片瓦，每一棵树，每一个窗棂。思考着到底是什么样的一种精神在支撑着这样一个家族几代人为此奋斗，前仆后继，死而后已？他们后悔过吗，他们犹豫过吗，甚或他们怀疑过吗？

眼前的景熏楼、宫保第、大花厅、将军府、颐圃、莱园……庞大建筑群美不胜收，让人目不暇接。游浮在这绝美精伦的百年老宅中让人忘记了自己身处何处，几乎是在一瞬间以为自己回到了百年前，与先人对话，重温盛世。

无可否认我们如今的生活早已强过当年百倍，但我们的民族精神呢？我们的崇高信仰呢？我们的民族自豪感呢？我们那种为了信仰为了祖国宁可站着死绝不跪着生的骨气呢？扪心自问，你还有吗？不要求我们每个人都成为英雄，但心灵深处最起码的信仰你还有吗？我一遍又一遍地问着自己也问着你和他。雾峰林家就是这样一个家族，就是这样一个为大家舍小家的民族英雄世家。

我曾经反复在文章中描述过雾峰林家的前辈们舍生死保家国的故事，但因着篇幅的关系很多人物和细节无法一一详述，只能是在今后的其他文章中介绍。今天这部书中主要是介绍台湾英雄林正亨，当年也因为正是他的传奇故事让我认识了台湾著名的雾峰林家，走进了这个有着跌宕起伏传奇人生的台湾第一大家族。

林正亨说：

我的残废不算什么，国家能获得胜利强盛，故乡同胞能获得光明和自由，我个人粉身碎骨也是值得。

林正亨说：

请母亲不要为我残废而悲伤，应该为家族的光荣来欢笑，你并没有为林家白白教养了我，我现在成了林家第一勇敢和光荣的人物。

林正亨说：

余为继先父遗志，为国家与乡梓十余年来流血流汗，为望国家日趋强盛，同胞得获自由幸福，余已尽心尽力。

林正亨说：

我没有什么过错，我不悔过！也没有什么需要悔过的地方！

这就是林正亨，宁可站着死绝不跪着生的林正亨。

1950年1月30日那个台北阴雨绵绵的早晨，林正亨被枪毙那一刹那，林正亨高呼：祖国万岁！人民万岁！林正亨的呼声在马场町的上空盘旋久久不肯离去，让人诧异和不可思议。

林正亨牺牲时只有35岁。

当年的台湾马场町刑场现在已经变成一个平静安宁绿荫浓浓的旅游地。我看见几个学生模样的年轻人拿着新潮的手机在那里拍照游玩，他们摆出各种姿势和手势，稚嫩的脸上是灿烂的笑容，没有阴霾，没有心计，没有世俗，没有忧愁，没有难过，没有恐惧。

是的，他们是幸福的一代，他们生活在一个开放、民主、自由的时代。历史的飞速发展，让那个充满了恐惧和悲惨的白色恐怖年代永远地过去了。但人们还记得这些长眠的先烈们吗？还记得这里曾经的血雨腥风吗？还记得祖国那不堪回首的往事和屈辱吗？我们不要忘记也不会忘记，忘记过去就意味着背叛！

目录

第一章 童年（1915年——1916年）

一 在英雄世家呱呱落地……002

二 父亲成为林家在台湾的顶梁柱……006

三 宁可抛下家财万贯，绝不向日本人低头……008

四 闽南重新创业……010

五 能歌善舞、性格开朗的妈妈……011

第二章 少年（1917年——1934年）

一 支持孙中山护国护法运动……016

二 父亲被任命为闽南国民革命军司令……020

三 林祖密与蒋介石的同志情……022

四 林祖密宁死不屈……028

五 复仇之路……038

六 父亲死后的艰难岁月……042

七 丰满羽毛准备起飞的雏鹰……045

第三章 青年（1934年——1936年）

一 回台湾参加"一新会"……048

二 痛恨日本殖民统治离开台湾……052

三 南京求学之路……055

四 美丽浪漫的初恋……063

第四章 参军（1937年——1941年）

一 淞沪抗战爆发改变志愿报效祖国……070

二 报效祖国当仁不让……074

三 在炮火中辗转迁途从军校毕业……078

四 上任即赴前线捡回一条命……080

第五章　爱情（1941年——1943年）

一　书信往来……088

二　求大哥做父母工作让我继续回国读大学……094

三　再一次离开印尼回祖国……097

四　重庆　重庆……101

五　到重庆与心爱的人团聚……106

六　结婚的日子……110

七　婚后的生活……118

八　大儿子晶郎出生……122

第六章　参加远征军（1944年——1945年）

一　第一次远征军的惨败……130

二　没有国哪有家？……133

三　参加远征军告别家人……139

四　赴缅甸作战……144

五　死里逃生的林正亨……146

六　美国军医把他从死亡线上救回……150

七　离家九年后给妈妈的信……155

⊙ 第七章 **回到重庆的日子**（1945年——1946年）

一 一路讨饭回到重庆（一）……162
二 一路讨饭回到重庆（二）……166
三 在重庆工作的日子……175
四 回台湾开展党的秘密工作……180
五 回到广州见到家人……182

⊙ 第八章 **在台湾进行秘密地下工作**（1946年——1948年）

一 阔别九年终于回到台湾……196
二 初任林本堂产业股份有限公司董事长……203
三 进入台北警备司令部劳动训导营……206
四 台湾"二二八"事件爆发始末……208
五 蒋介石决定镇压事变民众……213
六 二十根金条创办建成皮鞋行……232
七 组建读书会受到欢迎……236
八 在艰难中孕育生命……243

第九章 牺牲（1949年——1950年）

一 小青刚出生，就带着悲剧色彩……246

二 被捕……251

三 我被叛徒出卖了……263

四 我无过可悔……268

五 林天祥夫妇前来营救……271

六 陈诚亲自审问心怀敬意……275

七 蒋介石亲自下令枪毙……278

八 吾志未酬身被困……282

九 第一个被枪杀在马场町的台湾人……284

十 乔装打扮只身逃出台湾……290

第十章 尾声

一 妈妈要给你报仇……298

二 生离死别母女情……304

三 告别世界……307

附 林正亨年谱（1915年——1950年）

第一章　童年

（1915年——1916年）

一　在英雄世家呱呱落地

1915年的夏天。

鼓浪屿。美丽宁静，风景如画。湛蓝的大海，雪白的帆船，茂密的树林，山坡旁礁石上星星点点散布着一座座设计典雅别致、装饰考究的小别墅，或白，或红，或紫，或绿，美不胜收。

一只满身翠绿羽毛的小鸟在海边树枝上叽叽喳喳地叫着，声音清脆、婉转、悠长……

一只胖胖的知了也加入了鸣叫的行列，知知地叫着，似乎是在为树上的小鸟伴唱。

一切都是那么美丽、和谐、静谧。

"哇……哇……"从鼓浪屿海边一座漂亮雅致的小红楼里传来婴儿阵阵的哭声。那嗓门又响又亮，带着男孩子的威猛和野性，又带着冲到陌生世界的惊恐和勇敢。

"老爷……恭喜您。三夫人为您生了一个大胖儿子！"佣人满脸喜色地跑到书房向林祖密报告。

"啊！生了？"正在埋头读书的林祖密紧耸的眉峰顿时松弛下来，压制不住的兴奋从那张威严的脸上溢出。

"是啊，是个大胖小子。恭喜老爷！"忠诚的佣人喜滋滋地说，仿佛是她自己生了个大胖儿子。

"好啊！我林家又多了一条好汉！"他挥着拳头，像指挥打仗一样高兴地喊道。

"去，摆家宴，我要喝上一杯。"林祖密兴奋地吩咐道。

"是，老爷。"佣人乐呵呵地说。跟随林祖密多年，老佣人自然懂得主人的心思。

是啊，林家就是缺男丁，缺顶天立地的男子汉。由于林家男人宁死不屈的独特个性和历年战乱纷争，让林家的男人一个个过早地离开人世，家中多是老弱妇孺，这成了林家长达几代人躲不开的心头之忧。

为此，早在为保台湾稳定战死沙场的曾祖父林文察时期，林家就开始有了条不成文的规定：尽可能地多生孩子，壮大家族人口，为保家卫国而储备人才将士！

那个时代大户人家娶个三妻四妾的很普遍。只要你养得起，不但娶多少房太太没人管，反而可以作为一种财富与门第的炫耀。

林家的男人娶多房夫人的情况也很普遍。

戎马一生的林祖密就娶了六房夫人。六个女人为他生下九男七女共十六个孩子。

今天生下儿子的就是林祖密的第三位夫人郭玲瑜。

郭玲瑜是林祖密的第三位夫人。

郭玲瑜也是林家后来最有知名度的夫人之一。

郭玲瑜的儿子林正亨更成为雾峰林家最著名人物之一。

算来林祖密的妻妾也真不算少，年轻漂亮的也不是一个两个，唯独这位三夫人郭玲瑜是林祖密最宠爱最娇惯的一个。这不光因为郭玲瑜年轻漂亮聪慧，更重要的是她知书达理，诗琴书画样样精通。

说来郭玲瑜与林祖密的婚姻还真有点传奇。

郭玲瑜原本是厦门集美师范专科学校的学生，是林祖密大女儿林双兰及二女儿林双英的同学。因假期来鼓浪屿林公馆找同学玩，正巧碰到了赋闲在家的林祖密。

这个活泼漂亮、爱说爱笑的小女孩几乎在一瞬间吸引了驰骋疆场戎马生涯的林祖密的目光。他对她一见钟情，怎么也忘不掉这个谈吐不凡、有着独特见解、爱说爱笑的女孩子。

"很奇怪，我怎么总是忘不掉那个爱笑爱说的小女孩。"林祖密跟大夫人杨常娥说。

"老爷要是喜欢，要不把她娶回家来？"杨常娥看到丈夫茶饭不思的样子，很是揪心。

贤惠温柔的大夫人杨常娥非常通情达理，处处体现着她大气包容的中国传统女性特有的品质。

自从嫁到林家，她勤俭持家，照顾老人，一直秉承着中国贤妻良母的角色。

她的内心有着崇拜英雄的情结，像大部分女性一样。她嫁到了林家，更何况林家还是英雄世家。林家的男人个个是英雄，在台湾的影响和声誉是家喻户晓。

英雄难过美人关。也许爱情是一种缘分，这个爱说爱笑的小女孩征服了身经百战的林祖密。经过一段时间的考虑，征得大夫人杨常娥的首肯，他决定要娶郭玲瑜。

林祖密托人上门去提亲。

郭玲瑜也不是一般人家的孩子。她的祖上是满洲正黄旗，当年随军队南下打到福建，而后便留在福建做官定居下来。

郭家很重视对孩子的教育，女孩子也照样读书上学，学习文化知识。

对于林祖密托人上门提亲，郭玲瑜的双亲倒没什么意见。林祖密的大名谁人不知，这样的女婿打着灯笼也难找。虽然他年龄比女儿大了些，但他的人生阅历能弥补女儿的年幼无知，同时也能给女儿提供一个良好的生活环境。多少有女儿的人家都巴不得把女儿送进林家？

郭玲瑜的双亲答应考虑。

有头脑有主见的郭玲瑜却不急于答应，她提出了三个条件，如果林祖密同意，她就答应这门亲事，否则就不同意。

"第一，我高中毕业后要到英国剑桥大学继续读书，完成学业。第二，林祖密要明媒正娶，我决不当身份不明的小老婆。第三，我还有两个年幼的弟弟，林祖密要代我照顾两个弟弟长大成人。"

倔强的郭玲瑜心想，如果他答应，就说明他真爱我；如果不答应，则说明他娶我，只是一时冲动的想法而已。

媒人回林公馆转告了林祖密。

媒人感觉没戏了，这小妮子可真厉害，提出这么苛刻的条件，这不是明摆着找茬吗？又要去英国最好的名校剑桥读书，又要明媒正娶当老大，还要帮助抚养两个年幼的弟弟。估计林祖密是不会答应的，这事情悬了。

让媒人与郭玲瑜没想到的是，林祖密丝毫没有犹豫，就全部答应了郭玲瑜的条件。

要知道在那个时代，女孩子进学校读书的少，懂得到英国剑桥大学读书的女孩子更少，自尊自爱不委屈自己不羡慕权势的女孩子，少之又少。

以林祖密的身价，赶着要嫁给他的女孩子不在少数，而郭玲瑜不羡慕权势，不羡慕金钱，提出的条件有理有据，这让林祖密既佩服又敬重。这么有思想有主见有魄力的女孩子太难得了，他没有理由不答应。

郭玲瑜见林祖密痛快地答应了三个条件，也就没什么好说的。其实她真不想这么早结婚，她喜欢上学，曾想高中一毕业就到英国剑桥大学读书。给林祖密提出的三个条件本是想吓退他，但林祖密没中计，她只好认命。这也许是上天的安排，摆脱不掉的缘分。

令人遗憾的是，嫁到林家不久后就怀孕的郭玲瑜并没有实现她心中的梦想，而是开始了与其他女人同样的命运，生养孩子，为林家也为她自己。

那个时代，大户人家娶妻就是为了生孩子，续香火，有了孩子不生下来，几乎是不可能的。不光林家不同意，郭玲瑜的家人也不会同意。

那一年，她年仅十六岁。

那一年，她放下手中的书本，盘起了长发。

那一年，她开始了自己人生新的生活。

林祖密并没有食言，担负起了照顾郭玲瑜两个年幼弟弟的任务。虽然他愿意承担起他婚前所有的承诺，但贤淑善良的郭玲瑜却不忍心扔下孩子去读书了，继续上学读书终究成为郭玲瑜心中一个遥远的梦想。

二　父亲成为林家在台湾的顶梁柱

　　窗外那棵茂密的大榕树枝繁叶茂，郁郁葱葱，那几棵开满了黄白小花的桂花树香气逼人。

　　小红楼的四周是漂亮的花园景观，铺满了鹅卵石的小路曲曲弯弯地通向花园深处，姹紫嫣红的各种名贵花卉竞相开放，争奇斗艳。

　　林家有个传统，不管住在何处，院落周围都会修建漂亮美丽的花园。著名的台湾雾峰花园就是一个典型。那座占地几百亩的庞大花园给台湾建筑史上留下了浓重的一笔，也给后人留下无尽的遐想。

　　林祖密来到厦门鼓浪屿定居后，先后买下红楼又自建了乌楼。为了给家人一个好的生活环境，他沿着红楼、乌楼自行设计修建了花园。虽然比起昔日的台湾雾峰花园来说小了许多，但仍然让他很享受。

　　花园成为林祖密闲暇时最喜欢去的地方。烦闷时，他经常会到里面走走，让心情平静下来。

　　他放下手中正在读的兵书，走到窗前，望着院子里那棵飘着淡淡清香的桂花树和茂密的巨大榕树，思绪回到了久违的台湾。

　　林祖密，名资铿，字季商，生于公元1878年4月14日。是抗法名将林朝栋的三儿子，也是台湾著名爱国家族雾峰林家的又一名将。

　　林祖密身材瘦高，精明强干。由于从小就喜欢中国武术，练就了一身好功夫。从12岁起他就跟随父亲南征北战。虽然他年龄小，个子矮，军装都穿不上，骑在马背上直晃悠,但他就是不肯下来,硬是跟着父亲跑遍了台湾的山山水水。

中日甲午战争爆发后,林祖密奉父亲的命令带领全家老小内渡,到了泉州,后又被父亲派回台湾管理家族产业。

林祖密和他的父亲,很相似,是个亦武亦商的才子。林家分为"下厝"系和"顶厝"系。顶厝弄文,下厝行武,整个林氏家族因世代爱国而闻名遐迩。林家下厝后人一直延续行武传统,但亦能经商。

林祖密回台湾后,主要管理家族的水田山地、经营樟脑的生意。

当时林家下厝在台湾的财产庞大,有水田两千多甲(约合两万多亩),山地两万多甲(约合二十多万亩),还有樟脑专卖权和其他一些产业。

本来林朝栋是派四子子佩回台湾管理家产,但子佩到台湾后不幸病逝。只好又派三子林祖密回台湾去管理家族的产业。

林祖密有着与众不同的思想和头脑,缜密与果敢在他身上同时存在。林朝栋非常喜欢这个儿子,在他身上寄托了很大期望。

林祖密也没有辜负父亲的期望,返台后很快接手子佩的工作,承担起雾峰林家家族的重任。一度成为林家的首脑人物,经营和维护着家族的整体利益。

林祖密的确很有经营头脑。他发现雾峰的水果、蔬菜销售很好,特别是雾峰的香蕉又香又软,被外国客商视为珍品,但因为雾峰交通不发达,常用牛车搬运货物,既耽误时间损耗又大,新鲜的水果、蔬菜反而成为次品。

为了使雾峰的农产品又快又好地运到外商手中,让大家获得更加丰富的回报,林祖密与乡里的士绅们商量共同修建四条轻便铁路,以解决农副产品外运的困难。

四条铁路包括:一条经大里直达台北;一条绕车笼埔经乌松头到台中;一条经吉峰到桐林;一条从现在的雾峰农经会经柳树南到达吴厝庄,使雾峰的交通四通八达,忙时运输农副产品,闲时时载运客人,为民造福。可以说这四条铁路在当时发挥了很大作用,为雾峰地区的经济发展做出了重要贡献。

如果不发生后来的事情，林祖密在台湾还会把家族事业做得更大更好，毕竟经过几十年的辛勤经营，林家在台湾已经非常富有，不论是在经济上还是在官场上，雾峰林家都是首屈一指。

日本人的进入让林家遭受了前所未有的重创。要知道雾峰林家的人眼里绝容不得一粒沙子，奴颜婢膝不是林家人的性格。

原本林家在台湾的事业如日中天，一切都可以按照预定的模式和速度发展。但事情的突然巨变让林家命运从此改变。

三　宁可抛下家财万贯，绝不向日本人低头

1895 年改变了这一切。

1895 年中日甲午战争爆发。清政府战败，与日本签订不平等条约，将台湾割让给日本。

这让在台湾有着庞大家族产业的雾峰林家陷入了前所未有的困惑和愤怒之中。要知道，长久以来为保卫台湾不受异邦人统治，林家多少人战死沙场？捐献了多少钱财物？又留下来多少孤儿寡母？可清政府却拱手将台湾割让给了日本人，这让林家无论如何也咽不下这口气。

林家绝不会乖乖地听从异邦的统治。他们开始了各种形式的抗日斗争，从各个领域开始争夺自己失去的政治、经济、文化地位，利用自己独特的强大经济实力和无可替代的号召力与日本人展开了斗争。

日本人也深知雾峰林家在台湾的影响力和号召力，他们决定将计就计，邀请雾峰林家的代表人物林祖密出面做官，以维护日本人在台湾的统治。

但让日本人万万没想到的是，林祖密不仅坚决不从，还要求退出日本籍，返回内地居住。

这让日本人大为恼火，他们威胁林祖密：如果他要离开台湾、退出日本籍，

那么他们就要采取非正常手段用极低的价格收购林家的樟脑公司和制糖作坊等等林家庞大的家族企业。

在日本人眼里，人为财死鸟为食亡是中国古训，林祖密也不会例外。但是，让日本人失望了，林祖密依然坚持他的决定，没有丝毫动摇。林家的男人只要决定了的事情，任何人都无法改变。

在经过了一段时间的纠结和商议之后，林祖密做出了最后的重大决定。

1913年，疾恶如仇、富有强烈民族意识的林祖密放弃了台湾庞大的产业，低价变卖了田地，向日本驻厦门领事署申请放弃日本国籍，再向中华民国内政部申请恢复中华民国国籍，成为日据时代放弃日本国籍恢复中国籍的第一个台湾人。

林祖密这一行动不光惊呆了日本人，也振奋了所有中国人的心，在台湾及大陆都产生了广泛影响，成为当时轰动一时的佳话。他的勇敢、霸气及绝不奴颜婢膝的傲气都给人们留下了深刻印象。

"老爷吃饭啦！"家里的佣人轻声轻语地说道。

林祖密从回忆中惊醒，把目光转向佣人。

"三夫人怎么样？孩子还好吧？多给她熬点红醋猪蹄汤，那个东西容易下奶。"他嘱咐道。

"是。厨师已经在做了。您放心吧！"佣人说。

林祖密满意地点点头。

滴答……滴答……

墙上的西式挂钟敲响了。

林祖密的思绪终于完全回到现实中。

国仇家恨让他把全部心思放到了做实业上，他准备东山再起，继续自己的实业救国道路。

四　闽南重新创业

　　林祖密举家返回大陆后，牢记亡台之恨，无一日不想收复台湾。他把台湾的丢失归结为国家不强大，认为只有祖国强大起来，才能光复台湾。

　　他将变卖台湾庞大家产的资金用来开发闽南，期望自己能从经济发展上为国家做一点贡献。

　　即使住在这优美安静的鼓浪屿的林公馆中，他的心思也从未平静过。

　　为了家人的生活，也为了林家的事业继续得以发展，更重要的是林祖密心底的那份期望，他一直坚信台湾总有一天会回归祖国的怀抱，而这一切都需要强大的经济实力。继续开展投资创业是刻不容缓的事情。

　　林祖密开始了周密的考察和深入的研究。经过缜密的考察和研究，林祖密决定在闽南从事畜牧业和矿业开发投资。

　　他从香港请来矿业专家到龙岩、漳平等地考察，发现这一地区的煤矿储藏量非常大。如果开采这一地区的矿山，必须经由九龙溪以水路运出矿石。但其中一段河流乱石横在水中，阻碍了水路的通畅。为了顾全大局，从长远考虑，他想把水路打通，铺就一条水上通道，借此将此地的商业经济开出一片新天地。

　　说到做到。他从香港请来了工程师，亲自率队进入北溪勘探，成立了北溪华岗疏河公司，并向政府报批。得到了政府的支持，他立即着手开始造艇，架设机器，政府也给他运来炸药，协助施工。

　　但事情并不像他想象得那么容易，施工期间正值春夏两季，雨季水势很大很急，加之河床中乱石横生。虽然全程只有二十五公里，但难度很大，施工进展非常缓慢。

　　为了能保质保量地完成施工任务，林祖密决定秋冬两季施工，其他两季休工。这样下来，时间就一再拖延，整整两年才完成此项工程。

这个水路航线的开通让林祖密共耗去二十多万元。随后，林祖密又购置了三艘电船以方便当地百姓出行及农副产品的运输。

同时，他也容许其他商家的船只通过，收取一定的费用。大船三角二分，小船二角八分。旺季时每月可收大银千元，淡季时也可收入八百元左右。这个数目在当时已经是非常不错的收入了。

总之水路打造成功后，给当地百姓带来的实惠和便利是非常大的。林祖密这个工程可以与当年他的父亲林朝栋参与的台湾大甲溪铁桥工程相媲美。

成立华岗疏河公司后，林祖密又先后成立了龙溪轻便铁路公司、龙岩煤矿公司等实业。

虽然林祖密在福建的事业做得有声有色，但无论如何也无法与在台湾时相比了。

五　能歌善舞、性格开朗的妈妈

回到福建后，林祖密买下鼓浪屿海边这座漂亮的小红楼，作为家族人的安身之处，随着人口的增多，他又在旁边盖了一座黑楼。两座小楼黑红分明，在美丽的鼓浪屿十分抢眼。

自从娶了第三房太太郭玲瑜后，家里就热闹了许多。郭玲瑜不光容貌漂亮、知书达理，还能歌善舞，性格也十分开朗，很少看见她发愁的模样，不管有多大的事情到她这里也是能及时化解。往往人还没到，歌声已经从外面传进来。这让林祖密十分欢喜。

自从嫁进林家，郭玲瑜不仅安心家居生活，还精心扶持林祖密。她开始了女人都要经历的过程，那就是生儿育女，营造自己的家庭兵团。

不到三年的时间，她已经生了两个孩子。头胎是个女儿，这个儿子是她的第二胎。

书斋中，林祖密正端坐在书桌前给他的第五个儿子起名字。

为给儿子起个合适的名字，林祖密没少翻书。按家族辈分，这个孩子是"正"字排行，前边几个孩子也都是以"正"排名；男孩子老大林正熊、老二林正传、老三林正乾、老四林正元。

自己年龄渐大，已经有了四个儿子，还有一群可爱的女儿。

不仅娶了自己钟爱的女子为妻，还为自己又诞下一子一女，实在是难得的福分。想想这些年的颠沛流离南征北战，最终落脚这美丽悠闲的鼓浪屿，安定下来，今后人生的去向也很难预料，但愿自己的子孙们能在今后事事顺利万事亨通。

《后汉书》中言："夫修道者，度其实而动。动而不时，焉得亨乎？"元稹在《思归乐》中也说："我心终不死，金石贯以成。此诚患不立，虽困道亦亨。"这个白白胖胖的五子不仅长得眉清目秀，五官端庄，眉宇中还隐藏着一股说不出的英气和霸气，看来今后这个孩子前途无穷，但愿他今后人生顺利通达、万事亨通。林祖密越想越高兴，他大笔一挥"林正亨"三个大字跃然纸上。

"太太——太太——老爷给孩子起名字了。"佣人拿着林祖密写下的名字，高兴地拿给郭玲瑜看。

"啊，我看看。"郭玲瑜兴奋地说道。

与其他夫人、太太们相比，郭玲瑜是个异类，因为她不是一个普通的家庭妇女，而是一个有文化有思想的女学生，况且她性格开朗热情，敢于表达自己的主见。

"林正亨。"郭玲瑜念道。

"好名字，好名字！"郭玲瑜连声说。

她很喜欢这个名字，既文雅又有内涵，很是让人回味。

自从嫁到林家，她就把自己完完全全放到了一个恰当的位置上，反正已经为人妻，为人母，那她就当好妻子，养好孩子。在这一点上郭玲瑜的心态非常好，随遇而安。

儿子林正亨的出生让她喜出望外。

那个年代重男轻女，光生女儿是不行的，必须生个儿子，才能算是坐稳夫人的位子。况且郭玲瑜自己也非常喜欢男孩。儿子林正亨的出生让她在林家有了一席之地，也让她感觉扬眉吐气。

林家几代人为台湾的安定和发展而献身的故事她早就烂熟于心，她敬佩的就是林家的为人。

儿子正亨虽然还小，但已看出他眉宇间的英气和正气，将来一定要把他培养成为像他父亲一样的人。郭玲瑜暗暗地想。

小正亨就这样出世了，带着父母的期望，带着他未来的使命。

他不知道这个世界等待他的是什么，反正他已勇敢顽强地出生到这个世界上，用响亮的啼哭来向父亲母亲报到。

谁也没想到的是，这个哭声响亮的小男孩几十年后会成为林家又一个英雄！

第二章　少年

（1917年——1934年）

一　支持孙中山护国护法运动

"来，正亨，走，走……哈，真乖！"郭玲瑜带着儿子在花园里学走路。

"妈……妈……"小正亨咿咿呀呀地蹒跚着学走路。

胖乎乎的身影后是歪歪扭扭的小脚印。

"来，来，儿子，往前走。"妈妈继续鼓励着儿子。

"真棒！真勇敢！"妈妈的鼓励让儿子不断加大步伐。

"啪！"蹒跚的小正亨摔倒在地上。

"不怕，自己起来，正亨。"妈妈略带焦急却又坚定地鼓励道，没有走上前去抱起儿子。

"呜……"大概是摔疼了，小正亨吭哧了几声，但还是在妈妈的鼓励下从地上爬了起来。

"真棒！真勇敢！正亨是个男子汉！"妈妈的鼓励声不断。

小正亨晃晃悠悠地站起来，摇摇摆摆地向前走去。

1917年。

小正亨两岁了。

出生后的小正亨生活在母亲温暖的羽翼下，享受着充分的母爱。母亲尽一切可能给他关爱，让他健康成长。吃穿倒是不愁，林氏家族的强大经济基础能给予他们足够的生活保障。在家中见到父亲的机会却不是很多，父亲非常忙，家族庞大的人口需要更多的财力保障，家族的资产需要运作发展。

除此之外，父亲心系国家的命运，也更加关注国家的动态和局势。

1917年是动荡的一年。小正亨并不懂这些，他幼小的年龄还不足以让他明白更多的事情。他的父亲却在这一年从此改变了他的人生。

自 1916 年 6 月袁世凯死后，黎元洪继任总统，冯国璋为副总统，段祺瑞出任内阁总理。列强为培养自己的在华势力，积极地扶植其代理人。而北洋军阀的主要首领在列强的威逼利诱下很快分为直系与皖系两大派别，分别以冯国璋和段祺瑞为首。在东北地区有张作霖的奉系军阀，南方有桂系和滇系军阀，山西的军阀有阎锡山，西北有冯玉祥……整个中国呈现出军阀割据的复杂混乱局面。而北京的政权实际上由皖系控制，任国务总理的段祺瑞拒绝恢复民国元年的"临时约法"与国会。

国家危在旦夕。

1917 年 8 月 25 日。广州。孙中山正在开会。

参加会议的是一百二十多位追随孙中山的国会议员和一些军队的重要首脑人物。孙中山在大会上发表演讲。

孙中山对国家的前途命运极为担心，特别是对军阀割据混战极为痛恨，为了国家和百姓的利益，他发起了著名的护国护法运动，并在驻沪海军的拥护下，南下广东，联合西南地方势力，举起了护法大旗。

大会决议成立中华民国军政府，设大元帅一人，在"临时约法"恢复之前，大元帅为国家元首，行使国家最高权力，对外代表中华民国。

9 月 1 日。

非常国会举行大元帅选举。孙中山高票当选为"陆海军大元帅"。中华民国军政府下设外交、内政、财政、交通、陆军、海军六部。与北京政府形成南、北两个对立的政府。

军政府成立后，孙中山立即着手开展护国护法运动。他以中华民国大元帅之名通电全国，不承认以冯国璋为总统、段祺瑞为国务总理的北京政府，号召国人北伐。

这个消息几乎很快传遍了全中国，得到了很多有正义感的人士响应。定居福建已经放弃日本国籍恢复中国国籍的林祖密听到这个消息，也立即响应，他敏锐地感觉到报效国家的时刻到了。

厦门。鼓浪屿。林公馆。

"林先生您已经决定了？"

"决定了。请尽快拿出你们的估价报告。"

"好的。我们尽快去做评估报价书，估计一两天内就能给您回话。"

"好的。"

"林先生，我们先告辞了。"

抵押公司的工作人员是来与林祖密商谈抵押黑楼事宜的。

林祖密不仅决定拿出自己的大笔钱财资助孙中山，还决定自己组建军队加入到孙中山的护国护法运动中。

由于组建军队缺乏军饷，林祖密当即决定将自己在鼓浪屿精心修建的作为全家安身之地的林公馆——黑楼抵押出去补足军费。

黑楼一如林家的风格，大气厚重，有棱有角，四平八稳。家人虽然反对，但林祖密坚决按自己的想法办，支持孙中山的护国护法革命已经成为他当前最重要的事情。

经过多方筹措，林祖密将五十万现大洋派人送到了急需经费的孙中山的手上，一解孙中山的燃眉之急。

孙中山对林祖密的慷慨解囊和正义之举十分赞赏，对林祖密十分器重，他派自己的秘书徐瑞霖专程赴厦门鼓浪屿，动员林祖密加入中华革命党。

鼓浪屿。林公馆。林祖密书房。

"林先生，孙先生特地叫我前来感谢您的慷慨解囊和大力支持。"徐瑞霖说。

"孙先生客气了。这是我们每一个有正义感的中国人应该做的。国家兴亡，匹夫有责！"林祖密说。

"先生深明大义，令人敬佩！"

"徐先生过奖。"

"林先生,孙先生为我中华大业日夜操劳,他正在酝酿成立中华革命党。先生有志为国家效力,正是大好时机。孙先生力邀您参加中华革命党,成为我们中的一员。"

"谢谢孙先生的器重,祖密当为国家效力!"

"谢谢先生。"

"我正在组建自己的军队,人员武器都在落实之中。如孙先生一旦需要,请即刻致电,祖密义不容辞,为国家为民族肝脑涂地。"

"谢谢先生。先生的确是大将风度,令人敬佩!"

"哪里,哪里。祖密只不过尽了一点点微薄之力,不足挂齿。"

"老爷,请用消夜。"老佣人敲门送进来消夜。

"哈哈,来,徐先生,请尝尝这鼓浪屿有名的特色小吃。这是鱼丸汤,味道鲜美,营养丰富。这是叶氏麻糍,用黑白芝麻、碎花生做的,甜而不腻,糯而不沾。"

"哈哈,早就听说鼓浪屿小吃有名,今天有缘品尝,幸也,幸也。"

"哈哈,徐先生请用。"

"嗯,好吃。名不虚传。"

"哈哈。"

两人交谈甚深,相见恨晚。

夜,渐渐深了。林祖密书房的灯却依然通明。

在孙中山的力邀之下,林祖密欣然同意加入中华革命党,也就是后来的中国国民党,成为中国国民党元老之一。

二 父亲被任命为闽南国民革命军司令

父亲林祖密开始了更加忙碌的生活。小正亨几乎很少见到父亲在家中休息，他也适应了这样的生活。自己生活在一个与别人家不一样的大家庭中，六位妈妈和十几个兄弟姐妹，让他既有开心的时刻，也有矛盾的时光。

家族大，妈妈多，妈妈们之间有着很微妙的关系及利益冲突，小小年龄的正亨在这种种微妙利益关系中，饱尝着人间的冷暖。

为了给小正亨一个安静温暖的家庭环境，少受些外界的干扰，母亲郭玲瑜尽自己最大的可能来保护和教育儿子。教他识字，读书给他听，让他多接触大自然。

特别是经常给他讲林家祖先们的传奇事迹，让小正亨从小就知道了祖先们的英雄故事：爷爷林朝栋带兵抗法、开山抚番、清赋平乱、修桥建路、创建台中、组建栋军的故事；父亲林祖密放弃日籍举家返回内地、疏通河道造舰开矿、卖房筹资组建军队护国护法的故事。

这些故事都深深地印在小正亨的脑海中，他暗暗下决心，要像前辈那样做一个对国家有用的人，要给家族带来荣誉而不是耻辱。

日子一天天过去了。

小正亨也一天天长大。

小正亨长得很标致，大大的眼睛，宽宽的额头，深深的眼窝，挺直的鼻梁，虎头虎脑，是个典型的英俊男孩，也是个人见人爱的小淘气包。

小正亨从小天性聪明活泼，甚至有些调皮。总会想出很多办法来玩。他的脑瓜非常聪明，总是比别的孩子有更多的办法解决问题。当别的孩子因为跌倒大哭时，他会自己从地上爬起来，拍拍身上的土，抹抹鼻涕，继续跑。不管是玩藏猫猫还是玩打水仗，他都是胜利者。他喜欢领着一帮孩子在大宅子里四处奔跑，像一个指挥官一样发号施令，小脸蛋被灿烂的太阳晒得红彤彤的，豆大的汗滴挂满他的小脸。

小正亨从小就显示出他独特的个性和特殊的指挥才能，不管比他大的孩子还是比他小的孩子都会听从他的指挥，玩他想出来的游戏。

似乎父亲的基因在他身上延续，他尤其喜欢习武。因为太小，父亲还没有找人教他练武，但他经常找根棍子四处比划，误伤兄弟姐妹的事情常有发生，经常是其他几位妈妈带着兄弟姐妹找上门来，弄得自己的妈妈不断地向人家赔礼道歉。

"正亨，你怎么老给妈妈找事呀？不能乖一点吗？"郭玲瑜终于忍不住了，拉住儿子问道。

"妈妈，我不是故意的。"小正亨仰着小脸回答，一脸的无辜。

"他们都被你打哭了。"妈妈说。

"他们太娇气了，我只是用树枝碰到他们，他们就哭了。爹爹说，哭不是男子汉，不是好孩子！"小正亨振振有词地说。

"这……"郭玲瑜望着儿子倔犟的小脸不知说什么好。

"不管怎样，反正打人不对，要讲道理。他们都是你的兄弟姐妹，要互相谦让。"妈妈说。

"妈妈，儿子知道了。我以后不再去惹他们了。"小正亨懂事地点点头。

"正亨，咱们生活在一个特殊的大家庭里，你要懂得处理好与其他兄弟姐妹的关系，要尽量多照顾大家，不要动不动就拳脚相加。"郭玲瑜把儿子搂在怀里慈爱地抚摸着他的头说道。

"儿子知道了。"正亨说。

丈夫很忙，他有大事要做，况且还有其他几位夫人需要照顾，她平日也很少见到他。对此，她虽然有抱怨也有失落，但看到自己的孩子们一天一天长大，她还是有说不出的安慰。尽管自己曾经的理想抱负都已付诸东流，但也无可奈何。

那个做梦都想去英国剑桥读大学的女孩子早已成为一群幼小孩子们的母亲。

正当郭玲瑜在家照顾孩子们的时候，已经被孙中山任命为闽南国民革命军总司令的林祖密正在紧锣密鼓地秘密部署及指挥配合孙中山的护国护法运动。

他与革命的朋友们整夜密谈，红楼的灯光经常整夜亮着。

小正亨并不知道父亲正在干关乎国家命运的大事，偶尔回家的父亲却让他感觉到父亲从未有过的严肃和匆忙。他预感到有大事要发生。

林祖密确实有大事在做。

他放下家族的生意，全身心投入到这场前所未有的大革命中。

他对此充满了期待。

他认为孙中山先生是国家的希望。

他对此投入了自己全部的力量——精神的和物质的。

三　林祖密与蒋介石的同志情

林祖密受命后，先是在鼓浪屿设秘密机关，开展活动。然后派遣他的部下分赴闽南各个县市部署动员，并赞助张贞在汕头组织了军队。

由于保密措施有疏漏，林祖密曾一度被厦门"镇守使"李厚基的部下逮捕。林祖密被捕后威武不屈，大义凛然，显示了一个军人应有的素质，后经外国领事保释出来。林祖密出狱后，为了安全起见，把闽南军指挥机构设到了汕头。

1917年秋天，当粤军奉命进军闽南时，林祖密率众起义。李厚基腹背受敌，军中大乱，溃败而逃。

林祖密继承了祖辈和父辈的武将风范，似乎天生就有的军事才能让他领导的军队无往而不胜。憋足了劲的林祖密居然一连打下福建七个县市，让孙中山，十分敬佩。

鉴于林祖密的英勇战绩和忠诚护法，1918年，孙中山正式委任林祖密为闽南革命军司令，并授予少将军衔，全面负责闽南的护法军事行动。

建立一支自己的军队，是孙中山多年来的心愿。在自己长期的护国护法的斗争中，他深刻地体会到有自己的武装力量的重要性。自从建立了以陈炯明为总司令的援闽粤军队伍后，孙中山终于以妥协的条件换来了第一支属于自己的队伍，与西南军阀既斗争又联合。

为这支队伍的发展和壮大，孙中山煞费苦心，先后派出多名重要闽籍革命党人前往配合，以壮大和巩固护国护法的根据地。其实在粤军入闽前，孙中山已经先后派宋渊源、张贞、林祖密等人回闽发展民众、建立武装，等待接应。

粤军入闽后，由于与林祖密等人里应外合，发展得异常迅猛顺利。

陈炯明入闽后却另有鬼胎，他的目的是想借助护国护法的大旗趁机扩充自己的军事力量，吞并林祖密所带领的闽南军。所以他对孙中山派来与他合作的人采取不配合的态度，甚至强行收缴他们的武器，撤换他们的各级军官。

更为严重的是，陈炯明命下属包围设在华安的闽南军司令部，强行收缴林祖密部军械，这让林祖密十分气愤和不解。

林祖密为此亲自前往漳州粤军总司令部面见陈炯明进行交涉，陈炯明却以"粤军辖区军事贵统一"为理由拒绝了林祖密的抗议。

事件发生后，林祖密紧急电报孙中山告知事件真相，请孙中山转告陈炯明妥善处理此事。同时张贞等军事将领也联名致电孙中山状告陈炯明压制粤军并吞噬闽南诸路护法军的内情。

孙中山接到各方来电，考虑再三后为以护国护法大局为重，要求林祖密忍耐、克制，完成救国统一大业。同时，他也命陈炯明归还收缴闽南军的全部枪械。但陈炯明拒不归还。孙中山无奈，取消"闽南军"番号，另任命林祖密为粤军第二预备队司令。

至此，林祖密的满腔热血受到了最无情的打击，他无意再与粤军卷入争权夺利的内斗之中。他心灰意冷，萌生了淡出军旅生涯的心思，开始辗转于漳州、厦门、鼓浪屿之间，专心致力于实业以振兴乡里。同时他仍然致力于全闽的自治运动，以反对在闽实行暴政的皖系军阀，继续为护国护法的革命而奋斗。

在林祖密失意之时，还有一个人也同样心灰意冷，去意浓浓。这个人就是孙中山的得意门生、他非常器重的军事干将——蒋介石。

孙中山任命陈炯明为粤军总司令，对他寄予厚望，本指望他能协助自己完成北伐大计，一统天下，挽救动荡不安、四分五裂的国家。

然而陈炯明心中却另有打算，他并不打算真正听从孙中山的指挥，协助孙中山北伐，而是趁机发展和壮大自己的势力，占领自己的地盘。

陈炯明自称擅长带兵打仗，夺取兵权后，却拒听孙中山的指挥。

为此，孙中山曾派自己得力人才邓坚、许崇智等助力，后又派自己得意门生知兵善战的蒋介石前往辅助。

蒋介石虽然被派往陈炯明所领导的粤军中协助工作，但很难融入到其中，原因是陈炯明及其部下都采取了不配合态度，甚至设计排挤他，这让一腔热血的蒋介石感到无奈和委屈。尽管他身负孙中山重托，一心想完成北伐大计，怎奈是有劲无处使。他萌生退意，离职长期滞留上海。

不得志的蒋介石与同样不得志的林祖密有着共同的苦闷：他们同样效忠于孙中山，同样受着粤军将领的排挤与打击，同样有着远大的理想与抱负。二人有着很多的共同话题。

蒋介石因军旅生涯不如意而萌生退意，他听从母亲的意愿来到厦门鼓浪屿幽居，选择鼓浪屿中林祖密的宅邸"宫保第"作为租赁居所，显示了蒋介石与林祖密不一般的交情。

蒋介石租住林祖密鼓浪屿的宅邸"宫保第"之后，把自己当时的侧室姚冶诚与儿子蒋纬国也接到此处寄居。

姚冶诚小名阿巧，祖籍安徽，出生于江苏吴县的南桥小镇。她虽出身卑微，却知书达理，善解人意，与蒋介石认识同居后安心相随，解囊相助，让蒋介石心存感激之情。蒋介石追随孙中山参加护国护法运动后，经常来往于日本、上海、杭州、山东等地，行踪不定，姚冶诚一直侍奉在左右，毫无怨言。蒋介石的儿子蒋纬国也托付给她照看。

蒋介石租住"宫保第"一是因为与林祖密的关系，二是被"宫保第"的独特美景所吸引。当然还有其他原因。

林家从祖上就非常重视家庭的居住环境，早在台湾时期林家的建筑就名闻天下了。雾峰花园、景薰楼、宫保第、大花厅、莱园、五桂楼、颐圃等多处优美花园几乎都雕梁画栋、依山傍水、山泉汩汩、草绿花红，一派江南景象。不光是在雾峰，就是在整个台湾也是大名鼎鼎。

自从林祖密放弃日本籍回到大陆后，鼓浪屿就成了他的第二个家乡。在三丘田附近他修建起他梦中另一个雾峰花园——三丘田林公馆，人称"宫保第"。

"宫保第"占地面积678平方米，建筑面积340平方米。公馆四面建有高高的水泥石砌墙，中间竖立着红楼和乌楼两栋西式别墅，院内外古树成荫，遮天蔽日。庭院内有小桥流水、池亭水阁，各类花草植物更是百姿千态，婀娜多姿，煞是迷人。

庭院的下坡处有一片山地，种满了相思树及夹竹桃，树丛中置有多处石凳、石桌，供人休息赏景。在花园右侧有自家的菜园，种有各类新鲜蔬菜供家人享用。而菜地周遭是青翠的桑树和美丽的芙蓉树并立成景。

林公馆花园延伸到海边，有一处自家的私人小码头，平时风平浪静之时可乘私家小船出海游玩。一到孩子们学校放假时，小码头便热闹非凡，家中佣人会载着孩子们去海里玩，捞鱼抓蟹煞是开心。

总之，在当时四处战火的大环境下，鼓浪屿像是一个充满诗意的世外桃源，让人心神宁静，忘记了一切烦恼。

在"宫保第"里，红楼里住着林家的家眷，由林祖密的五姨太管理。而与红楼斜对面的乌楼却是用来招待来往的宾客使用。林祖密来自各地的亲朋好友都被安排住在乌楼，特别是来自台湾的乡亲们。所以，乌楼也被亲切地称作"华侨会所"。

乌楼上建有非常隐秘的阁楼，平常藏放护家武器，紧急情况下可以作为藏身的避难场所。又因为地处鼓浪屿东北侧，地势比较隐秘幽静，很利于开展革命掩护工作，所以也是林祖密志同道合的革命者们的暂住地。

蒋介石来到鼓浪屿后就是住在林公馆的乌楼之上。

蒋介石的到来，让林祖密有了诉说心头郁闷的出口，两人同遭陈炯明的排挤与冷落，心境一样郁闷，自然有着相同的话题，又对粤军问题与护国护法问题都有着深入的探讨。

蒋介石在"宫保第"租住期间，饱览鼓浪屿的美丽风景，整日观山看海，养气读书，心情大好。

遇到林祖密在家时，他就会到林公馆的客厅里与林祖密在一起喝茶打麻将，谈天说地，消磨时光。

林祖密比蒋介石大七岁，当然是大哥辈的，麻将打到高兴处，林祖密会拍着蒋介石的肩膀和光头开玩笑，两人的感情的确不一般。

蒋介石与林祖密在花园里喝茶赏景时，林家的孩子们也会跑来与父亲玩耍，特别是女孩子们见到父亲出现，便会跑过去围住林祖密"爹爹、爹爹……"地叫个不停。林祖密此时脸上总是露出慈爱的微笑，疼爱地看着孩子们。

冲到父亲身边的总是女孩子多，男孩子们大多不敢到前面来，男孩子们知道父亲喜欢女孩子，而对男孩子要求非常严厉，甚至苛刻，不光要问书读得怎样，还要检查你的武功练没练，书法写了几篇，这让林家大多数男孩子对父亲既怕又爱，既想见到他，又害怕见到他。

但对于林正亨来说却没这个担心，他太小了，才五岁，他还不懂得害怕，见到父亲会跑过去抱父亲的腿，还会稚声稚气地喊"爹爹"。林祖密对这个幼小的儿子很疼爱，他不会严厉地训斥他，相反还拍拍他的脑袋，抱抱他。

小正亨也的确长得招人喜欢，特别是那一对水汪汪、透着灵慧的眼睛，谁见了能不动心？

蒋介石看到林祖密儿女绕膝、尽享天伦之乐的场景十分羡慕，有时他也把儿子蒋纬国带到林祖密的面前，让他同林祖密的孩子们玩耍。

"兄长真是福气，儿女绕膝，教育有方，将来必出栋梁之才。"望着儿女绕膝的林祖密，蒋介石羡慕地说。

"哪里，哪里，贤弟夸奖了。你的福气在后面呢，将来还指望你坐江山呢！"林祖密笑着拍拍蒋介石的肩膀说。

"兄长过奖了，我是心有余而力不足啊。不过愚弟确有忠诚报国之心哪。"蒋介石苦笑着摇摇头说。

"莫急吗，三十年河东，三十年河西。笑到最后才是胜者！"林祖密说。

"可目前，你我这处境？再看那帮无聊之人，实在是令人不快呀！"蒋介石无奈地说。

"常言道，留着青山在，不怕没柴烧。只要我们等待，总会有翻身的机会。"林祖密说。

"兄长说得是，我们只好韬光养晦，养精蓄锐，等待时机吧。"蒋介石叹了口气说。

"哈哈！贤弟，多看看这大好河山、良辰美景，忘掉一切不愉快吧！走，看海去。"林祖密豪爽地大笑着，拉着蒋介石向海边走去。

蒋介石在鼓浪屿修身养性，度过了他一生中非常美好的一段时光，以至于他三十年后——1949年败离大陆之时，他最后一次登上鼓浪屿还不忘带儿子蒋经国到鼓浪屿做最后的游览，探望1919年曾经租住的"宫保第"。

生活是无情而残酷的，也是在三十年后，林祖密的儿子林正亨被蒋介石亲自批准枪毙在台湾马场町刑场，成为台湾白色恐怖下第一个牺牲的台湾本土英雄。而他的父亲正是蒋介石的密友、国民党元老。当然，这都是后话。

四　林祖密宁死不屈

1920 年，粤军回师广东，林祖密受命任广三铁路局监督。

1921 年，孙中山率军入广西时，调任林祖密为大本营参议，随军进入广西，参赞戎机。

1922 年 11 月，福建省长林森任命林祖密为水利局局长。

1923 年直系军阀孙传芳部入闽南省。林森辞职，赴广州任大本营建设部长兼治河督办。林祖密也随之辞去职务返回鼓浪屿，致力于闽南水利交通的开发建设。

1924 年北洋军阀在闽南各方势力开始混战争夺权力地盘，引发了社会的动荡。

五十多位国民党员潜入鼓浪屿秘密集会，策划讨伐闽督周荫人。林祖密参加了秘密集会。10 月，孙中山通令各地讨贼军一律改为"建国军"。林祖密为配合张贞部讨伐周荫人，出任闽南建国军高级参议。

12 月初，张贞在鼓浪屿通电讨伐周荫人，谴责其任职福建督理期间的罪行，林祖密支持其正义行为，并责令第一、第二混成旅协助张贞部攻打驻守于漳州军阀张毅部。

由于林祖密十年来始终追随孙中山护国护法革命，反对北洋军阀，得罪了很多人。周荫人、张毅等人对他十分嫉恨，几次对他下手，妄图暗杀他，但由于林祖密防备严密，他们的阴谋一直没有得逞。

这些人并没有放过他，护法运动失败之后，他们仍然寻找机会加害于他。

林祖密因军中不顺淡出军旅之后，大部分时间致力于漳州等地的民生工作，为当地百姓及商家的经济发展做出了重要贡献，深受当地民众的爱戴。

父亲解甲归田的日子，家中似乎平静了许多。来往的朋友也开始以商界人士居多，话题也大多围绕经济与百姓生活。林公馆也进入了难得的安稳时光。

日子很快就过去了。

小正亨到了上学的年龄，为了让他接受正规良好的教育，母亲把他送到福州去读书，并借住在当地朋友家。

小正亨长大了，长得一表人才，是个帅气的小男孩。

虽然调皮捣蛋的事情还时有发生，但哪个男孩子小时候不好动？不时常犯点小错误？更何况是如此聪慧且对习武有着浓厚兴趣的小正亨。

父亲林祖密对儿子林正亨非常放心。

"男孩子就应该有个男孩子样！舞刀弄棒、爬墙上树、打架斗殴都不足为奇。相反整日钻在屋里足不出户，怕见阳光、怕刮风下雨、怕电闪雷鸣，见个杀鸡的都吓哭了，那才是没出息。"

母亲郭玲瑜对小正亨的教育则是另一番态度："要读书，多读书。只有读书才能有出息，将来才能做大事情。"

父亲母亲的嘱咐小正亨都没有辜负。他既喜欢舞枪弄棒又非常喜欢读书，这在他同龄孩子们中间是不多见的。

这个孩子的确与别的孩子不一样，十分独特。

其实，正亨喜欢读书是遗传了他母亲的基因。郭玲瑜如果不是嫁给了林祖密，估计她现在正在英国剑桥读书呢！小正亨从小就显示了他与众不同的爱好读书的天赋。

尤其让母亲高兴的是小正亨从小就喜欢画画，且多才多艺，他还能写诗填词，唱歌跳舞表演话剧。这让母亲郭玲瑜很是为自己的儿子自豪。在她眼里儿子是她的未来和希望，也是她的一切。

为了儿子的学习和前途，郭玲瑜一直让小正亨在福州读书。家里很多事情她尽量不让他知道，即使自己生病也不告诉他，以免他分心和担心。

学校放假回家的时候是所有孩子最快乐的时光，不用写作业，不用上课，不用被老师说教。正亨也是个调皮的孩子，经常做些出其不意的事情，让老师难以招架，但老师非常地喜欢他，因为他聪明爱读书，老师安排的作业完成得又快又好。

"看球。"

"接住，接住。"

"给我，给我……"

正亨带着几个林家的小男孩，正在宫保第花园的走廊里踢球。

正亨可着嗓子边跑边喊着，小脸通红，满头都是豆大的汗珠。

他挥着小手指挥着，很像个战场上的将军。

"让开，让开。"

"进球！进球！"

他虎头虎脑的样子，看上去可爱极了。

"躲开，躲开……"

"唉哟——"有人尖声叫道。

"有人摔倒了！"不知谁喊了一声。

"呜——呜——"有人哭了起来。

正亨回头望去，才发现自己把新来的小女佣踢倒了。小女佣正要去给父亲送茶，茶水洒了一地。小女佣不敢去书房，坐在地上哭起来。

"你受伤了吗？"正亨跑过来问。

"没有。呜——"

"那你哭什么？"

"茶杯打碎了，茶也洒了，老爷知道了要骂我。"

"怎么回事？"威严低沉的声音响起。

正亨正与小女佣说着，身后响起的声音吓了他们一跳。

"爹爹。"正亨回头发现是父亲，赶紧叫道。

"怎么回事？"林祖密黑着脸问道。

"正亨少爷把我撞倒了，茶杯也摔碎了。"小女佣哭着小心翼翼地说。

"啪——"林祖密大怒，打了儿子一巴掌。

"谁让你们在走廊里踢球了？还把人家踢倒了。赶快道歉！"林祖密高声呵斥道。

林正亨第一次看见父亲发这么大的火，有些吃惊。

"赶快道歉。"父亲又喊道。

"对不起，是我不小心踢倒你了，请你原谅。"正亨对小女佣说道。

正亨抱着球对新来的小女佣鞠了个躬。正亨是个非常有礼貌的孩子，母亲在这点上一直家教很严。

父亲终于挥挥手，让正亨离去。

正亨委屈地离去，小伙伴们都吓得四处跑散了，有几个躲在假山后面探头探脑地张望，为自己没挨打而庆幸。

虽然父亲很爱他，但小正亨还是有些怕父亲，因为随着他长大，父亲对他越来越严格。

林祖密在世时，小正亨生活得很优越，经济有保障，不必为生活担忧，不管怎么说他也是小少爷，家境的殷实富有让他无忧无虑。但随着后来发生的一切，他的生活发生了重大变化，以致影响到他整个人生。

1925 年是一个让人无法克制悲痛的年份。

这一年 3 月，孙中山逝世。

8 月，黄埔军校国民党代表廖仲恺被暗杀。

危险也同时向林家袭来。

8 月 24 日著名护法大将林祖密被军阀秘密杀害。

噩耗传来，举世震惊。

对于林家这意味着天塌了。

1925年8月，驻扎在漳州的孙传芳部下张毅买通变节党徒、龙溪分县华封主事蒲枢，蒲枢以借洽谈生意之名拜会林祖密。此时林祖密正在华封疏河公司。

为人正直的林祖密不知是计，他爽快地答应下来，让蒲枢前来公司见面。

蒲枢假意来探望林祖密，实则是来摸清林祖密在此地的工作及生活情况。虚伪的蒲枢假意寒暄着，脸上堆满了献媚的笑靥，让林祖密有点不舒服，也有点疑虑，但也没多想。只当是普通的商业探访洽谈，照样热情招待。

1925年8月23日深夜。

张毅派部下张溪泉率领士兵悄悄包围了林祖密在华封的别墅，将毫无防备的林祖密在华封别墅秘密逮捕。一同逮捕的还有林祖密的两房侧室李真瑜、李碧瑜，侧室李真瑜所生的三个年幼的孩子——正信、双意、双昭——也被一同带走。

林祖密的家人被秘密带往漳州关押。

林祖密则被秘密押往他处。

8月24日，张溪泉接到命令将林祖密秘密押回漳州。

途经和尚山时，张溪泉向林祖密勒索钱财，表示假如林祖密愿意拿出一部分财产和金钱给他，他会想办法释放他。

林祖密听后冷笑着说："我有钱，但我不会给你们一分钱。要杀要砍随你们的便！"

"你——你就不怕死吗？"气急败坏的张溪泉喊道。

"怕死？哈哈，老子自从参加革命那天起就做好了死的准备！"林祖密大笑道。

"你真是个疯子！"

"疯子是你们！用如此卑鄙下作的手法背后下黑手。告诉你的上司，林家的人从来都是不怕死的，林家还从来没出过孬种！"林祖密一脸怒气训斥张溪泉。

"好吧,敬酒不吃吃罚酒,就别怪我不客气了。"张溪泉咬牙切齿地吼道。

"要杀要砍,随你便!"林祖密高昂着头,满不在乎地说。

"你……你……"张溪泉气得说不出话来。他还从来没见过如此刚毅的人。

他本想趁火打劫捞一笔的算盘打了水漂。

恼羞成怒的张溪泉当天就将林祖密杀害于和尚山附近的店仔墟。

林祖密被杀时年仅四十八岁。

鼓浪屿"宫保第"家中。

愁云密布,空气凝重。全家老少聚在大厅中等候着林祖密的消息。

"大姐,你先去睡会儿吧,这样下去身体会熬坏的。"三姨太郭玲瑜劝慰夫人杨嫦娥道。

"我哪里能睡得着?老爷到现在下落不明,急死人了。"杨嫦娥满脸疲惫地靠在一把雕刻精致的红木玫瑰椅上,似乎一夜间她的头发都白了。

"求菩萨保佑,愿老爷能早日平安归来。"平日里活泼开朗爱说爱笑的三姨太郭玲瑜完全像变了一个人,憔悴的脸上写满担心和惊恐。

大厅里坐满了愁容满面的林家人,甚至连怀中吃奶的婴儿都比平日乖了许多,不哭也不闹,乖巧地躺在大人怀里。

空气中弥漫着一种令人窒息的味道。

"夫人,吃一点东西吧,您已经两天都没吃东西了。这样下去,您的身体会顶不住的。"一个佣人端上来一碗莲子银耳汤,轻声说道。

"拿下去。"杨夫人轻轻推开了桌上的碗,摇了摇头。

"夫人,您还是吃点吧,这个家还靠您拿主意哪。"已经在林公馆做了很久的老佣人眼含泪花地说。

"大姐,吴妈说得对,你还是吃点东西吧,吃完你去休息会儿,我在这里等消息。"三姨太郭玲瑜走过来说。

"好吧。我先去卧房,有了消息马上告诉我。"精神极度紧张的她确实有些疲惫了。

"正亨，扶大妈回卧房休息。"郭玲瑜对站在一旁的儿子林正亨吩咐道。

"是。"正亨懂事地走上前搀扶住起身的大夫人杨嫦娥，向后院走去。

得知父亲被抓，林正亨从福州赶回鼓浪屿陪在母亲身边，等待父亲的消息。

林正亨虽然年龄不大，但个子瘦瘦高高的，很像自己的父亲林祖密。

哥哥们都在外面打探父亲的下落，他则负责留在家中等待消息，自从父亲被抓他就表现得很镇定，冷静地安慰着母亲和家人。

小正亨的表现与他的年龄并不相符，似乎一夜之间，他就长大了，成熟了。

安排好大妈杨嫦娥，他又返回大客厅，安慰和照顾自己的母亲郭玲瑜和其他的家人。在一屋妇孺面前，小正亨保持着他应有的镇静。

林正亨心里千遍万遍地祈祷着父亲能平安地归来，与家人团聚，但现实还是彻底粉碎了他的愿望，父亲被害的噩耗很快被打探出来。

"少爷，少爷，不好了，老爷被他们杀害了。"打探消息的人跑回来，泣不成声地说道。

这个消息像是晴空霹雳，林家老少一时都不敢相信或不愿相信。

"夫人——夫人——"大夫人杨嫦娥昏死过去。

"大妈——大妈——"正亨跑过去扶住杨嫦娥。

"妈妈——妈妈——"郭玲瑜几乎同时昏死过去。

林正亨又回头喊道。

家佣们赶紧扶住昏死过去的夫人们，屋子里哭声一片。林公馆上上下下乱成一团。

这惊天消息来得太突然了，让林家人完全没有任何准备。

此时，林正亨也被惊呆了。他的身体摇晃了一下，愤怒地握紧双拳，咬紧牙齿，不让自己倒下。

"消息准确吗？"他声音颤抖地问道。

"千真万确。少爷，咱们怎么办呀？他们通知咱们去收尸。"打探人放声大哭，他完全慌了手脚。

林正亨听完，泪水不自主地顺着脸颊流了下来，他再也控制不住自己的感情，父亲真的被他们害死了，他们真下手了，这群没有人性的畜生！

林家的女人们已经醒来，全家老少抱在一起哭成一团。

昔日美丽宁静欢快的鼓浪屿——最美的花园别墅"宫保第"，如今陷入一片悲恸之中，天空布满了乌云，黑沉沉的似乎要压塌这个世界，压塌这昔日美丽宁静的林公馆。

林正亨站在大厅中，望着哭成一团的满屋妇孺，决定代表林家前去为父亲收尸。

年仅十岁的林正亨，第一次作为家中的男人为家族办事，竟然是前去为父亲收尸。这是他做梦也想不到的。父亲竟然这样走了，抛下一大家子人，这样含冤而去。林正亨心如刀绞，泪如雨下。

鼓浪屿乌云滚滚，细雨蒙蒙。

林正亨白衣白裤披麻戴孝带着家中佣人把父亲的尸体从和尚山店仔墟接回。接遗体的队伍很长，很多不是林家人，而是自愿加入护送队伍的当地百姓。一路上知情民众下跪哀悼，哭声一片。

林正亨瘦小的身躯走在队伍的最前面，他年幼稚嫩的脸上却是一副刚毅的表情，让人看后心痛不止。

队伍中，护送林祖密遗体回家的还有正亨大哥林正熊妻子张复枝的父亲，他与林祖密是世交，亲密交往几十年，相互感情很深，甚至把自己的女儿嫁给了林祖密的儿子林正熊。得知林祖密遇害，他是来协助林家善后的。

而此时的林家上上下下、老老小小都在大门前守候，夫人杨嫦娥更是哭得肝肠寸断，多次昏死。年幼的弟弟妹妹们更是哭喊着要"爹爹"。

从各地赶来的林家资格老的家族成员与林祖密的儿子们商量林祖密的后事。

林祖密的弟弟林瑞腾则代表林家去与张溪泉等军阀商谈释放四姨太李真瑜及五姨太李碧瑜及三个年幼的孩子。

李真瑜等人被押在漳州,并不知家中发生的事情,也根本没想到林祖密已经被枪毙。

林瑞腾与军阀谈判失败,他们要价太高,林家无法满足他们提出的要求。

同时,林祖密的公司被侵占,所有资产财物被洗劫一空,待林瑞腾赶到公司时,面对的只剩下一个空荡荡的房子。望着哥哥辛苦经营多年的事业就这样毁了,林瑞腾欲哭无泪。

张毅的残暴行为触发了众怒,得知林祖密被枪杀,漳州市民自发联合罢市三天,沿街设案供奉他的亡灵。

街道被堵,孝衣成片,到处是悼念他的活动。台中、漳州、福州等地各界人士纷纷为林祖密举办追悼会,追思林祖密的英雄事迹,谴责张毅等人的卑鄙残暴行为。

漳州的百姓跟林祖密有着很深的感情。当年林祖密刚到漳州时,看到全城百姓被连日水灾所困,没吃没喝,哀鸿遍地。他立即北上厦门花五万元调来一船的粮食,救了城中数万百姓,给漳州百姓留下深刻印象。他的离去,让百姓们痛不欲生。

广州《民国日报》以"张毅草菅人命之总账"为标题,用大幅篇幅报道了张毅统治盘踞漳州五十六个月的恶行。

据报道,军阀张毅于1923年至1926年间进驻漳州后,各县被枪杀的民众约五千人。

仅龙溪县来说,在搜获的登记本上就记载了被张毅下令枪杀的民众高达833人。

可以说,在张毅主政漳州的几年内苛捐百出,暴政横施,盘剥焚杀,民怨极大。

这次又无辜枪杀漳州商界领袖、护法大将林祖密,引起极大民愤,点燃了追剿祸国殃民军阀张毅的武装运动。

迫于民众和形势的压力,林祖密的四姨太李真瑜等人被全部释放。船刚到码头,李真瑜就看见全家老小披麻戴孝在码头上等候迎接她们。没等家人告知,已经明白真相的四姨太李真瑜悲痛欲绝。

台湾雾峰林家大宅"宫保第"。

林祖密遇害的消息迅速传到台湾雾峰林家,林家上下笼罩在悲痛之中。但谁也不敢把这个消息告诉一品夫人杨水萍。

年岁已高的杨老夫人对儿子林祖密十分疼爱,如果知道儿子被害的消息,谁也无法保证她能否支撑得住。

但纸里又如何能包得住火?大家脸上的表情又如何能瞒得阅历丰富的老夫人的眼睛?

"发生了什么事情?为何你们如此忙乱?"老夫人终于忍不住问道。

"没什么,没什么……老爷那边发生了点事情。"陪在身边的儿媳妇说,眼神躲闪。

"祖密那边出什么事情了?"老夫人追问道。

"嗯,老爷生病了。"家人统一的口径。

"他人在哪儿?生什么病?"老夫人并不罢休,继续追问。

"他在华莳,病得很重。"家人含泪告知。

"到底什么病?为何突然病重?"老夫人感到疑惑,追问。

"阿嬷,我爹爹他……他被军阀张毅杀害了。"深受老夫人疼爱的长孙林志民(林正熊)终于忍不住了,哭着跪倒在奶奶面前,如实禀告了实情。

"儿啊——"老夫人大叫一声昏厥过去。

"老夫人——老夫人——"

"阿嬷——阿嬷——"

家人大乱,呼声一片。

五　复仇之路

1925 年 9 月 12 日。台湾台中市。

林家在台湾台中市公会堂举行林祖密追悼大会。台湾商界人士及各界名流及雾峰林家人如数到场。

林祖密的弟弟林瑞腾向中央政府及闽督通电指控张毅横行乡里残暴杀害忠良之罪行，阐述林祖密护国护法造福一方百姓的爱国行为，以及惨遭军阀陷害而忠贞不屈的英雄事迹。为了支持孙中山革命，林祖密慷慨解囊，但当他面对贪婪残暴的军阀，即使生命受到了威胁，也分文不给。他把自己的生命置之度外，一直坚持自己的信仰。

林家向全社会呼吁，严惩暴徒，讨伐祸国殃民的军阀张毅。

林祖密被害正值国民革命军北伐前夕，假如林祖密不被北洋军阀杀害的话，他应该在国民革命军中担任重要职位。

林祖密被害之后，他的后代发誓要为父亲报仇，严惩杀人犯。

林祖密共有九子，分别是大儿子林正熊（林志民）、二儿子林正传、三儿子林正乾、四儿子林正元、五儿子林正亨、六儿子林正利、七儿子林正恭、八儿子林正宽、九儿子林正信。

林祖密遇害时，除长子林正熊已长大成人之外，其他都还年幼。林祖密的长子林正熊决定立志为父报仇。他多次向总司令蒋介石申请，愿自编军队围剿张毅。

蒋介石答应了林正熊的申请，委任他为国民革命军援闽总指挥第一独立梯团团长兼第一路司令官。

作为林祖密的朋友和战友，蒋介石也为林祖密惨遭杀害而气愤，对朋友的儿子报仇之心给予支持是很正常的，况且是去讨伐这么一个劣迹斑斑的军阀。

林正熊给张毅总结了十几条罪状：杂乱财政、蹂躏人权、摧残国民性、禁言论自由、纵兵焚烧农家、奸淫妇女、强迫地方农民团、乡团解散及残杀、霸占人民财产、摧残实业、勒索华侨与富豪、强迫百姓栽种鸦片、设苛捐重税等等。

为了给父亲报仇，也为了继承父亲的遗志，林正熊到南靖奎洋等山乡组织起一支八百人的农民军，称为闽南第一游击队。林正熊亲任支队司令。他们在属地举行武装抗税斗争，以反对军阀张毅的横征暴敛。

1926年11月7日，国民革命军第一军何应钦部攻取漳州时，闽南第一支队司令林正熊率张德建、黄公烈所部农军八百人为先锋，冲入漳州城，一路追杀张毅。可惜，如惊弓之鸟的张毅预先得知消息，提前逃离了漳州城。

林正熊率领农民军很快摧毁了张毅的防线，占领了张毅的大本营司令部。随后，林正熊将农民军带回故里，加入了张贞领导的独立第四师，并随之离开漳州，征战于同安、晋江、泉州、仙游、莆田直至闽侯。

他在闽侯地区独立第四师张贞部配合曹万顺、杜起云和海军陆战队，把从峡兜溃撤南港瓜山东的张毅部一万多人全歼，并生擒了腿部受伤的军阀张毅。

林祖密二子林正传也效仿哥哥为报杀父之仇，毅然参军投身于何应钦门下，任第三游击队司令。他召集起父亲旧部约一千七百人鏖战于漳州，为何应钦大部队最终击败张毅做出了贡献。

张毅看到大势已去，自己兵败如山倒，又受了腿伤，无法逃脱，也只好向何应钦投降。

林正熊向何应钦请求将张毅就地正法，但何应钦从全局打算，建议先将张毅关押。

张毅被拘禁在前线指挥所内，不断有人为张毅前来找林正熊求情，希望能放张毅一马，免其一死。

杀父之仇不共戴天，林正熊致电恳请何应钦容许将张毅押解至漳州，依法重判，坚决要求为父亲报仇以命偿命。

得知张毅被捕，没有被就地正法，福州与漳州民众引起骚动，要求立即处死祸国殃民的张毅，以平民愤。

1927年1月26日，林正熊再次致电国民党中央执行委员会，要求立即处死张毅。他说："父亲奔走革命事业十几年，竟被北逆张毅无辜杀害，吞没其产业。无法无天，怨惨曷极。今闻事底定，张逆受拘，万难听其漏网。泣血陈情，乞求中央与总司令，迅电何总指挥，立即将该逆移交法庭审判究办，以申人道而慰冤魂。"

1927年2月在福州为林祖密举行隆重追悼大会，大会由何应钦主持。

林祖密的九子代表家族分别上台致谢词，感谢各界在父亲林祖密被害之后给予的关心和支持，痛斥张毅在福建十余年间犯下的滔天大罪，其奸淫蹂躏柔弱百姓，剥削欺压众多商户，实属罪大恶极，不杀不足以平众怒。父亲本为革命四处征战，人力物力如数捐出，却惨遭张毅背后下毒手，国有国法，家有家规，杀人者偿命，如纵容恶人，必会祸国殃民。

林正熊则明确呼吁国民党中央尽快下令处死张毅，为父报仇。

由于何应钦不容许枪毙降将，林正熊想了一个计策，派人告诉被关押在广东汕头监狱的张毅，当晚有人救他，让他准备逃走。张毅不知是计，当晚有人把牢门打开，他趁机仓皇出逃。被埋伏好的林正熊就地正法，名正言顺地处决了他。

对于出卖林祖密的可耻叛徒蒲枢，经何应钦部属第四独立师师长张贞派人四处搜捕，其于12月初也被生擒，由张贞下令枪毙，为林祖密报了仇。

夕阳似血，映红了半个天际。

夕阳照射在静静的墓碑前，一派苍凉的感觉。

"父亲，儿已为您报了仇。您在九泉之下安息吧！"跪在父亲的遗像前，林正熊号啕大哭，泪洒军装。为了这一天的到来，他日夜拼杀在战场上，如今终于了却心愿。

林正熊追杀杀父仇人与他的祖上林文察杀仇人为父亲报仇的情节很相像。

林家的后人一直延续了这种武将之风，耿直、善良、聪慧、疾恶如仇。宁可站着死，绝不跪着生。

他们的性格决定了他们的命运，造就了雾峰林家这个百年家族的可歌可泣的传奇。

父亲被害时，林正亨还小。哥哥组织军队杀仇征战时，林正亨也因年龄小无法参加。但令人想不到的是，几十年后他也以肝胆气魄血洒刑场，同样走上了一条为国捐躯的爱国之路。

从历史上看，雾峰林家的先祖林文察、林朝栋等世代英烈先后为国捐躯。他们本可以不理睬外面发生的一切，本可以踏踏实实、勤勤恳恳过好自己的小日子，富足殷实生儿育女传宗接代。

然而，他们却选择了另外一条路，一条艰辛而极其危险的路。是性格使然？是命运使然？是责任使然？种种因素都存在。

这让人不禁唏嘘林家命运的悲壮与巧合，不禁为这个家族的百年英雄史而惊叹和感慨。

在林家后代的努力下，林祖密的英雄事迹终于被世人所熟知，被列入国民党党史，成为国民党党史中光辉的一页。

1956年在国民党中央党部举办的表彰会上，林祖密被授予"忠烈永式"巨匾。林家后代接受追赠，匾额现在被悬挂在雾峰林家宫保第院中。

匾文上写道："祖密同志，生台中富室，具爱国忠忱，民初参加革命，统帅义师，转战粤闽。致力水利，以济民生。军阀肆虐，不幸遇害。追怀义烈，殊勘痛念。爰赠匾额以示旌扬"。

六　父亲死后的艰难岁月

林祖密被害，使林家失去了强大的经济支柱和精神支柱，郭玲瑜的天塌下一半。

为了生存，家族中的亲戚们建议郭玲瑜带孩子们回台湾生活。考虑到孩子们还小，还没到成家立业的时候，郭玲瑜只得答应。但她不能马上离开，她还担心着被寄养在福州上学的林正亨。

此时的小正亨也在经历着前所未有的艰难。

父亲的牺牲让林家的生活陷入了巨大的困境之中，生活费用及学习费用不能及时寄给被寄养在福州的小正亨，朋友因此非常不快。小正亨也由此经常遭到白眼与讽刺挖苦。

父亲被害后，他感觉自己突然长大了，肩上的担子重了，有了责任感，他懂得了保护母亲与弟弟妹妹们。实际上他还只是个年仅十岁的孩子。

他年龄小无法参军或者组织军队去替父亲报仇，但父亲的英雄事迹在他心里扎下了根，他要做一个像父亲那样的军人和英雄，为国家为民族的安危尽自己的力量。

家中给他的生活费越来越少。住在父母的朋友家，虽然有饭吃，有地方睡觉，但毕竟家境不如从前，父亲的离世更是让他失去了最后的精神和物质支柱。

他真正感受到了什么叫世态炎凉。大人们异样的眼神，背后的窃窃私语，及对他的厌烦，他都感觉到了。

特别是零用钱，这让他在别人家里很不自在，但他也没有其他办法，他还没有能力挣钱养家。再说，妈妈坚决要求他读书上学，她认为一个要想有所成就的人必须读书，自己没有实现的梦想，她希望小正亨能够实现、能够有所作为。

朋友开始经常有意无意地向郭玲瑜告状，说林正亨不听话、打架、闯祸、不服管。

"你们家正亨又打架了。"

"他欺负人。"

"他拿棍子打人。"

"我说他，他不服气，还顶嘴。"

"正亨爬树把裤子撕破了。"

"正亨捅马蜂窝了。"

告状的话像潮水般涌进母亲郭玲瑜的耳朵。

她知道儿子的处境，丈夫这棵大树倒了，亲戚朋友们不会再像从前那样笑脸相迎。她必须得忍受世上所有孤儿寡母所要忍受的孤独、拮据还有凄凉。

亲朋好友们的白眼和告状都能理解，但她一个寡妇又能怎么办呢？只能是写信说服自己的儿子。为了让儿子能继续读完书，她全都要忍。郭玲瑜是个开朗又率真的人，她没有把丈夫死后遇到的困难当作她人生的阻碍，而是继续乐观而坚强地生活。

小正亨自小受了母亲的影响，自信、乐观、坚强，但他比母亲还多了一条——顽皮。不管亲戚朋友们如何对待他，他仍然改变不了顽皮、聪慧的秉性，完完全全是一个虎头虎脑的小男孩。

最让母亲郭玲瑜骄傲的是，小正亨的学习成绩一直名列前茅，他很喜欢读书，喜欢学习。这给了郭玲瑜精神上很大的安慰，这也是丈夫遇害后，她还能坚强面对生活的一个重要的因素。

俗话说：三岁看小，七岁看老。郭玲瑜看出自己的儿子有着巨大的潜能，将来也一定能成大器，报效国家。

母亲的期待没有错，林正亨后来的确成为了无人不知的两岸英雄。

终于，由于家中再也拿不出钱给小正亨寄生活费和学费，福州的朋友决定不再允许正亨借住读书了。他们编造了"正亨打架动刀子捅人"的谣言，将小正亨打发回了鼓浪屿。

拖着行李的小正亨沮丧地回到了母亲身边。

一直非常要强、要面子的母亲看到儿子被人家赶回了鼓浪屿,并听到人家告状说儿子的种种劣迹,气得抓起门后的鸡毛掸子追打小正亨。

"你个不争气的东西,你知道妈妈有多难?不好好读书,还给我惹事!"母亲边追打,边伤心地哭诉。

"妈妈,妈妈。那不是真的,是他们瞎编的,我没有拿刀子捅人!"小正亨扔下书包行李,边绕着家中圆桌子与母亲周旋,边大声地申诉。

"你气死我了!"郭玲瑜心里什么都明白,只是许久的坚持到现在都化为泡影,心里有说不出的委屈,只能发泄在小正亨的身上。

"妈妈,妈妈!你要相信我,那不是真的。"正亨委屈地喊着。

"呜——呜——你辜负了我一片苦心——"母亲哭得更加伤心。

丈夫牺牲后她为了把孩子们抚养大,坚强而乐观地生活着,不管受多大的委屈她都能忍受,但儿子被人家赶回来,她却不能忍受儿子的丢脸。

"妈妈,我真的没有拿刀子捅人,是他们为了赶我回来编造的。"正亨抽泣着说,满脸都是委屈的泪水。

看到儿子委屈的泪水和辩解,想起自打丈夫牺牲后的世态炎凉,她儿子所受的许多委屈。郭玲瑜的心碎了。

"可怜的儿子。"她停止了追打,一把把儿子搂在怀里,母子俩抱头痛哭。

不知哭了多久,母子俩才平静下来。

郭玲瑜决定不再送儿子去福州读书,改去厦门读艺术专科学校。

"别哭了,儿子,咱不去福州读书了。你这么喜欢画画,去厦门艺术专科学校读书吧。"郭玲瑜说。

"好吧,妈妈。我会好好读书的。"正亨点点头说。

不久,郭玲瑜就送儿子去了厦门艺术专科学校学画画,开始了小正亨又一段求学经历。

七　丰满羽毛准备起飞的雏鹰

林祖密的牺牲，让林家的生活陷入窘态。

鼓浪屿林公馆住不下去了。

为了生存，郭玲瑜终于接受了雾峰林家族人的建议，回台湾生活。

郭玲瑜把自己的决定告诉了还在厦门求学放假回家的儿子林正亨。

"正亨，妈妈准备和全家人回台湾生活，你跟我们一起走吧，全家人在一起也好有个照顾。"郭玲瑜慈爱地对儿子说。

"妈妈，我的学习还未结束，我不想这个时候离开，我想把学业完成后再去。"正亨的绘画已经大有起色，他的油画经常拿到满分，老师对他的评价很高。

他的学习成绩在班里名列前茅，不愿意在这个时刻中断学业去台湾重新开始。在一个新的环境里与新的老师同学相处对一个孩子而言并不是件容易的事情。

"把你一个人留在厦门，妈妈不放心。"郭玲瑜说。她迟疑很久而未决定去台湾生活就是放心不下儿子。

虽然儿子从小就一个人在外求学，但毕竟离得近，他可以时常回家看看。这一走，远隔千里，隔海相望，她心里还是放心不下。

"妈妈放心吧。儿子已经长大了，会自己照顾自己了。您放心带弟弟妹妹们去吧，等我一毕业就去找你们。"正亨非常懂事地说道。

正亨说服了母亲，继续留在厦门完成他的学业。

郭玲瑜带着其他孩子回到了台湾。

父亲遇害，母亲远走他乡，家中又无能为他支付必要的生活开支，小正亨第一次感到自己是如此地孤独和无助。

在外求学的日子是艰苦的,但厦门美丽的大自然也让小正亨陶醉其中。他除了刻苦学习之外,也会约同学们利用课余时间去郊外游玩,在大自然温暖的怀抱中他享受着童年、少年时光,求知的欲望让他对一切都兴趣十足。他像一只正在长羽毛的雏鹰对外界充满了好奇和渴望。

第三章　青年
（1934年——1936年）

一　回台湾参加"一新会"

1934年,19岁的林正亨回到了台湾。

林正亨已经高中毕业了,他结束了在外求学的生活,终于回到了母亲和兄弟姐妹们身边。

他已经不是以前那个瘦弱淘气的小男孩,他长大了,高高的个子,俊朗的外貌,浑厚的声音,帅帅的气质,像极了他的父亲林祖密,但他身上又比父亲多了几丝书卷气和开朗的性情。

林正亨回到台湾,林家上下都很高兴,最高兴的是他的母亲郭玲瑜。与儿子分开好长时间了,她的思念从未停止过,可为了儿子的学业她必须忍受母子分离两地之痛,而他们的感情从未因长期分离而疏远,反而思念越来越深。

自从丈夫遇害之后,她的全部精神就放到了儿子身上,自己几个孩子中最像丈夫的就是正亨,无论是个性、脾气、神态,还是气质。丈夫走得太突然,孩子们都还没有长大,还没来得及多跟他学一些东西,想到这些,郭玲瑜就忍不住伤心难过。

不过,令人欣慰的是,儿子正亨正在长大,越来越懂事,而且一表人才。

儿子回到台湾,母亲郭玲瑜经常提着的那颗心踏踏实实地放下了。她把儿子的住房收拾得干干净净,素色的被褥拆洗得松松软软,简单的木床配上白色的帐幔,连儿子喝水用的宽口白色粗瓷杯都是她亲手刷净擦干放在桌子上。

每天她几乎都要到厨房亲自给儿子做饭,变着花样地给儿子做吃的。台湾的小吃几乎都给他做遍了:盐酥鸡、猪皮萝卜鱼蛋、佛跳墙、麻油鸡、卤肉饭、蚵仔煎、卤猪脚、三杯鸡、凤梨酥、萝卜糕、玉米烙、香酥芋头、豆汁蒸排骨、姜母鸭汤……林正亨大喊:"过瘾!太好吃了。"

儿子一直在外求学,人家给什么吃什么,哪像自己的妈妈想方设法地给他做，那段日子真是神仙过的日子，快乐简单！无忧无虑！

林正亨感觉到从未有过的快乐和幸福。他能体会到妈妈发自内心的浓浓爱意，这让他很是感激母亲。

自从父亲过世，他基本没有陪在母亲身边，母亲不容许他放弃学业，一天都不可以。他听从母亲的话，一直在学校读书，直到毕业。今天回到了母亲身边，他才真正感受到了家的温暖，感受到了母亲的爱，他浮躁的心才踏实下来。那种平实和沉静让他吃得香，睡得香。

郭玲瑜更是由衷的快乐，她本身就是一个性格乐观单纯的人，即使丈夫被害，留下身边一堆孩子的情况下，她也没有放弃开朗顽强的个性，盼望已久的儿子回到身边，那自然是更加高兴。

几乎每天晚上吃完晚饭，母子俩都要在儿子的小屋里聊上会儿天。

"正亨，下一步你准备怎么安排？"

"妈妈，我想继续学习，掌握更多的文化知识和本事，将来报效国家。"

"好孩子，有抱负。妈妈支持你！"

"谢谢妈妈。"

"儿子，你的油画画得不错，要不你继续学习？"

"好啊，妈妈，我正想和你商量这件事情呢。"

"你有什么想法吗？"

"我想继续报考美术学校。"

"好哇，只要你想继续读书，妈妈想办法去筹措学费。"

"谢谢妈妈。我会好好读书，将来成为一名真正的画家。"

"好啊！儿子，妈妈支持你。"

"放心，妈妈，儿子会努力的。"

"好儿子。"

"妈妈，我困了。我想睡觉。"

几乎是每次母子俩的谈话都是在正亨即将进入梦乡时戛然而止。又几乎每次都是等儿子睡着了，母亲才恋恋不舍地为儿子掖好被子静悄悄地离开。

儿子在母亲心目中的位置是任何人无法取代的。

林正亨回到了台湾，受到家族人的欢迎。虽然林祖密因抵抗日本人的侵略举家回到大陆，但林氏家族大部分人都还留在台湾生活。原因很多，说法也很多。与原生活地的千丝万缕的联系？有着盘根错节几十年的生活积累？也许是因为那座令人梦魂牵绕充满霸气的大宅子？抑或是雾峰山那充满神奇古怪永远没有谜底的赌咒？不知道，反正大部分雾峰林家的人都还生活在台湾这块土地上，继续着他们祖祖辈辈的梦想。

林正亨的归来带给大家非常新鲜的感觉，像清新的晨风，清爽、畅快、也有一点点迷人的醉香。

或许是大家沉浸在这座古老的大宅子里太久远了，一切都按部就班，一切都循规蹈矩，一切都平淡无奇，日出日落，斗转星移。没有了大起大落，没有了出其不意，没有了喧哗和浮躁，顶多打打架、斗斗嘴而已。

雾峰林家进入了一个相对平稳时期。

平稳就意味着枯燥和乏味。

雾峰林家大宅子门口那对麒麟兽都大眼瞪小眼，相安无事。

高大帅气的林正亨继承了父亲的阳刚和母亲的快乐爽朗，且多才多艺，无所不通。当他回归家族生活中，他的阳光灿烂，这让大家感觉耳目一新。

林正亨回到台湾就参加了伯父林献堂组织的读书会——"一新会"，成为"一新会"年轻的会员。

"一新会"是雾峰林家又一杰出人物林献堂在1933年5月7日成立的。他同时也是台湾民族运动的倡导者，对台湾的民族运动做出了巨大贡献。

林献堂组织读书会的目的主要是："一非有相互勉励之机关不能进步。二藉此思想混沌吾人将何适从，自非研究不可。三准备将来为我同胞尽力。"

林正亨被"一新会"所吸引，在11月20日参加了读书会第三十回的纪念活动。按读书会的规矩，每个参加读书会的人都要把自己所读之书的感想演讲出来，然后由林献堂开讲《史记》。

演讲的顺序是非常公平的，就是由每个人抽签来决定。林正亨抽到的演讲题目是《美》。

林正亨抽到签后，勇敢地跳上台去，对"美"发表了自己独到深刻的理解，他观点鲜明，声情并茂，慷慨激昂，他的演讲受到了林献堂的肯定，也赢得了大家一致好评。

此次到会参加活动的有二十九人，大都是读书会的精英，他们不仅善于读书演讲，也都极有思想和深刻的政治见解。

林献堂非常喜欢林正亨，为他的读书和学习提供了格外的建议和指导。他认为林正亨是棵好苗子，将来前途不可估量。

林献堂此时担任雾峰林家上厝的族长，同时也兼任下厝族长。由于林祖密牺牲，他对林祖密的遗孀和后代非常照顾和关心。特别是对林正亨，他总是有些特别的偏爱。

读书会一周年纪念会时，林正亨再度参加了演讲。这次他抽签抽到的演讲题目是《假使我做阎罗王时》。同样，他的演讲仍然博得了大家的一致好评。

林正亨的几次演讲都给人留下了深刻印象，让大家对他刮目相看。

"正亨这孩子真是长大了。"

"小时候可是个调皮蛋，爬墙上树的。"

"别看他调皮，这个孩子从小就爱学习。"

"是呀，他父母一直把他送到外面去读书。"

"画得也好，特别是油画。"

"不光是画画，人家的表演也不错，还能演话剧呢。"

"真的？这孩子！啧啧……"

"老子英雄儿好汉嘛！这孩子错不了。"

亲朋好友们点头称赞着,这让坐在一旁的郭玲瑜十分开心和幸福,她感到儿子没让她白操心。儿子终于长大了,终于开始崭露头角了。

除了读书会之外,林正亨还参加"一新会"举办的其他丰富多彩的文化活动。

特别是夏季在雾峰林家私家剧场主办的"纳凉会"上,他和林双意、林金生、林金昆、林紫薇等五个林家后代演出了抗日话剧《夕归》,受到了观众热烈欢迎。

台下的观众人山人海,附近乡亲都赶来观看,场面煞是壮观。在纳凉会上,还有唱歌、音乐、舞蹈等节目。

林正亨在台湾度过了一个快乐有意义的夏天。

林正亨在读书会时留下的笔墨,现在还悬挂在雾峰林家的老宅子里:"世上最乐事,唯有读书声。"

二 痛恨日本殖民统治离开台湾

初到台湾的林正亨结束了在外求学的寂寞艰辛,回到母亲身边,他的脸上总是挂着单纯快乐的微笑。大人们都说他长大了。他也很想能在妈妈身边学习和工作,不再离开了。

然而,这种情景并不长。

很快,他就被日本人在台湾的行径所激怒,与他的父亲一样对日本人产生了极大的反感和抵制。

日本殖民统治时期的台湾屈辱、压抑,到处是日本宪兵和警察,到处是杀戮和血腥。

日军的占领,让有着传统爱国情怀的四百万台湾人民陷入了深深的痛苦之中,受尽了屈辱的台湾人民不甘心做日本的奴隶,他们擦干眼泪,揭竿而起,展开了声势浩大的武装抗日斗争。

对台湾人民的奋起反抗,日军采取了灭绝人性的大屠杀政策。据台湾有关资料统计：在日据五十年中，四百万的台湾岛居民就有六十五万人因参加武装抗日而被日本人杀害。

但台湾人民并没有被日本侵略者的屠杀吓倒，他们继续着反抗斗争。抗日起义风起云涌，最著名的有蔡清琳起义、罗福星起义、张火炉起义、噍吧哖起义等等，但都遭到了日本人的血腥镇压。其中噍吧哖起义一次就有两千多人被捕，近千人被杀。

手无寸铁或者是手持简陋武器的台湾人根本无法战胜有着精良装备武装到牙齿的日本人。台湾人的一次次反抗无疑是以卵击石，引起日本殖民者一次又一次更加凶残的报复和屠杀。

血雨腥风笼罩着台湾大地，人们生活在痛苦、彷徨之中，他们不甘心遭受日本侵略者的残暴杀戮，却又找不到斗争的出路和办法，他们在思考、摸索、寻觅……

在日本人的高压政策之下，台湾人采取了一种舒缓的抗日策略，在台湾著名非武装抗日领袖林献堂的带领下，以文化为武器的抵抗运动如火如荼地发展起来。

林献堂是台湾无人不知的文化旗手，他倡导的启蒙台湾民众民族意识的新文化运动推动了台湾非武装抗日运动的蓬勃发展。

林献堂的特殊抗日策略给台湾人带来了新的希望，也让台湾人找到了一条可以抵抗日本人从思想文化层面灭绝台湾人民族意识和反抗意志政策的出路。雾峰林家组织的诗歌、话剧、演讲等活动都是这种特殊抗日活动的具体体现。

林正亨积极参加这些活动，他的思想也在这些文化活动中越加成熟，对日本殖民统治也越加憎恨。

一件突发的事件，让他决定离开台湾，回大陆学习和发展。

1935 年的冬天。

一天深夜，他与几个朋友在一家酒楼吃饭。夜已渐渐深了，他们谈兴正浓，毫无倦意。不料进来几个日本宪兵，让他们立即离开。

这让与朋友正在聊天的林正亨非常不满，难道连人家吃饭的自由都没有了吗？他起身交涉。

谁知日本宪兵二话不说，上来就是一顿暴打。

他据理力争，但换回的是更加激烈的暴打。

终于，他被朋友们拉开了，朋友们向日本宪兵道歉，并答应立即离开，这才了事。

面对全副武装的日本宪兵，几个手无寸铁的台湾年轻人无法抗争，只能是白挨了一顿暴打。这让林正亨感到无比愤怒、憎恨和屈辱。

林正亨是一个极富正义感的年轻人，他无法忍受这种屈辱，在自己的家园、自己的国土却不能自由地生活，每日生活在恐惧、屈辱、血腥、残暴、杀戮之中，这不是他想要的生活。一腔热血和满怀抱负就这样消耗在压抑的岁月里，他不甘心。

他与母亲摊牌了。

"妈妈，我要回大陆继续学习了！"

"你要走？"

"我无法忍受这种低人一等的生活，也无法看着日本人在我们自己的国土上横行霸道，欺压百姓，无恶不作。"

"妈妈支持你！"

"谢谢妈妈。"

"你准备继续学习美术？"

"是的，妈妈。我想继续报考美术学校。"

"想好报哪个学校了吗？"

"我想报考南京国立美术专科学校。"

"好啊，那里可是中国第一流的美术学府了。"

"嗯。但我有点犹豫。"

"怎么了，儿子，犹豫什么？"

"父亲去世后，家里生活很困难，你一个人带这么多孩子，我有点不忍心再给你添麻烦。"

"儿子,妈妈理解你的心情,就是家里再困难,我也希望你能去上学。"

"妈妈,那个学校的学费很贵,我……"

"儿子,不怕。有妈妈在,学费我去想办法。不管怎样,你要继续读书,咱雾峰林家的孩子绝不在台湾的日本学校读日本书,接受日本人的教育,如果你爸爸还活着他是绝不会答应的。"

"是的,妈妈。谢谢你。我记住了。"

目标已经确定,林正亨准备去南京报考国立艺术专科学校。

为了儿子回国求学,郭玲瑜开始四处为儿子上学筹钱,她求遍了亲戚朋友,最后终于通过"摇会"为儿子筹备了一笔学费。

郭玲瑜非常疼爱自己的儿子,把儿子培养成为国家有用人才是她的心愿,也是她对牺牲的丈夫许下的诺言。

三 南京求学之路

1935年8月。印尼牙买加港口。

一个头戴遮阳帽,身穿白色连衣裙的少女匆忙走来,正要登上开往中国汕头的轮船,后面跟着一个年轻的男子。

"沈保珠?"码头上一个同样年轻的男子朝身穿白色连衣裙的少女喊道。

"张谷和?"少女回过头惊喜地喊道。

沈保珠碰到一个熟悉的朋友。

"怎么,你也坐这条船去中国?"沈保珠问。

"不是,我来送一个朋友回中国,他父亲得了半身不遂。"张谷和说。

"他们坐几等舱?"沈保珠问。

"他们坐二等舱,如果你有事情就去找他们帮忙。"张谷和说。

"好的。张谷和,这是我二哥沈保池。"沈保珠介绍道。

"你好!"张谷和与沈保池握手说道。

"你好!"沈保池说。

"好,沈保珠,你快上船吧,别误了时间。我先走了。"张谷和说。

"好的,谢谢你。"沈保珠挥着手说。

"二哥,你也回去吧。"沈保珠挥手与二哥沈保池说。

"路上要多加小心。找到大哥后给我写封信。"沈保池叮嘱道。

"知道了,二哥你回去吧!"沈保珠喊道。

"保珠,路上注意安全。"船开了。沈保池大声说道。

"知道啦——"呼呼的风和隆隆的马达声淹没了所有声音,余音在上空时隐时现。

因为逃离了梦魇,少女花样的脸颊上布满了笑意。

白衣少女沈保珠是一个印尼富商的女儿,这次坐轮船逃离印尼是因为躲避父母亲的包办婚姻。

沈保珠在家里做通了二哥的工作,在二哥沈保池的帮助下,逃出家门,坐上了开往中国大陆的轮船。

二哥不论是在经济上还是在精神上都给了保珠很大帮助。沈保珠很感激二哥。

登上客轮,保珠的心终于踏实下来。

保珠这第三次逃婚终于成功。

上一次逃婚是在1934年春天。

在那个封建思想统治下的时代,沈保珠的抗婚逃婚行为在当地引起了轰动,棉兰市的报纸特别报道了这一事件,把沈保珠当作反封建的英雄。

由于凑的钱不多,沈保珠买了一张男女混睡的下等舱,没想到晚上一个流氓挤过来妄想调戏她。沈保珠吓得跑到二等舱去找张谷和的那个朋友,想请求他的帮助。

但是张谷和没有告诉她那个朋友的名字，只知道他带着他患病半身不遂的父亲。

沈保珠找到管理人员讲述了情况，管理人员很快就在二等舱找到了那个张谷和的朋友。

见面一谈才知道这个人叫王金成，是二哥沈保池的同学，他的妹妹叫王御凤是苏东中学高级班的同学，在上海暨南大学读书。

王金成知道了沈保珠的遭遇，马上出钱帮她买了一张二等舱的票，并一路照顾她到了上海。

大哥沈保庵得知妹妹到了上海，从北平赶来接她。接到北平后，他陪妹妹去参加学校的补考，并顺利进入北平一中高中部上学，并住进了学校的宿舍，安顿下来。

妹妹刚上了一学期课，沈保庵就在工业学院毕业了，被分配到遥远的甘肃兰州教书。

"保珠，哥哥大学毕业了。"沈保庵找到妹妹沈保珠说。

"祝贺你，大哥，你真棒！"沈保珠高兴地对着大哥竖起大拇指。

"可是大哥毕业后被分配到兰州教书。你一个人留在北平，我不放心。"沈保庵对妹妹说。

"没关系，我一个人能行。"沈保珠爽快地说。

"现在世道这么乱，我可不放心。"沈保庵说。

"那怎么办啊？"保珠发愁地问。

"我的同学林天祥毕业后被分配到南京汽车修理厂当技术员，我准备带你到那里去上学。这样既不耽误学习，又有人照顾，我还放心些。"沈保庵看妹妹有些犹豫就继续说，"南京可是古都，历史文化古迹很多。你到那里能学习到很多中国传统文化，又能继续学业。"

"好，那就去南京吧。"保珠说。

"我的另一个同学谢渊敦也在南京工作，他和林天祥住在一起。那边朋友多，互相有个照应,哥哥也能经常去看看你。"

"好吧,就听你的安排吧。"保珠很听大哥的话,在异国他乡,大哥是她唯一的依靠。

兄妹俩办理了转学手续,准备到南京去。

1935 年 10 月底。

台湾。基隆码头。

林正亨与姐姐林双吉登上了开往大陆的轮船告别母亲去南京求学。

林正亨与姐姐站在甲板上向母亲挥着手。

身穿真丝滚边黑衣黑裤的郭玲瑜站在码头上一边向儿子挥手,一边悄悄抹着眼泪。儿子这一走,又不知哪年哪月再见了。

林家男人的性格及脾气,郭玲瑜非常清楚。

轮船开动了,林正亨看到母亲仍然迎风站在码头上,向他挥手。

码头越来越远,越来越小。母亲的身影渐渐模糊了,直到看不见了,林正亨抹了一把眼角流下的泪水,走进船舱。

南京。夫子庙。

林正亨与姐姐开心地吃着糖葫芦,东瞧瞧,西看看,兴奋地在集庙上闲逛。

"双吉姐,这南京好玩的地方真多呀!"

"别净想着玩,别忘了咱们干什么来了。"

"记着呢,要考上我们喜欢的学校。"

"是呀,艰苦的生活在后面等着我们呢!"

"我知道。不过也不能错过这么多好吃的,好玩的。劳逸结合嘛!"

"接下来,我们要考上大学,才有心思劳逸结合。"

"没问题!"

"正亨,你还是准备报考南京美术专科学校吗?"

"是呀。我喜欢美术,妈妈也支持我。"

"好，姐姐也支持你。将来成为大画家，可别忘了给姐姐画幅肖像。"

"没问题，我给你画得漂漂亮亮的，将来给我找个好姐夫。"

"去，没大没小。"

"哈哈——"

姐弟俩开心地笑着打闹着，暂时忘记了远离家乡的孤独和苦闷。

姐姐林双吉带着林正亨在南京的一个大柳树的小院子里租了两间平房，作为临时住所安顿下来。同时，姐姐林双吉的男朋友爱国华侨林天祥也搬到这个院子里。再后来，林正亨的妹妹林双盼也从台湾来南京求学住到这个小院子。

一群热血年轻人住在一起，共同的理想，共同的志愿，让他们很快就熟悉起来，他们白天各自发奋读书，晚上则聚在一起，畅谈理想抱负。

"吃饭啦，吃饭啦！"大姐林双吉喊大家吃饭。

"好香，好香。今天是什么好吃的？"林正亨吸着鼻子第一个从房间里冲出来。

"清蒸鲈鱼、烟熏芦笋、蒜蓉空心菜，还有白米饭。"正在帮姐姐做饭的妹妹双盼说。

"哇，过节了！好棒！"正亨兴奋地喊道。

"哇，好香，好香……"

"别独自享受，让我们也解解馋……"

"天哪，我最爱吃鲈鱼了。"

听到有好吃的，其他人也从房间跑出来嚷嚷道。

林天祥很快从屋子里走出来。

他爱着双吉，自认是她的男朋友，他当然不会错过这个机会。

沈保庵的同学谢渊敦也相继冲出来。

大家围着桌子风卷残云似的很快就吃光了所有的饭菜。

大家边吃边谈论着外面发生的新鲜事情，交流着各自复习考学的经验和教训，诚然一个小小的社会大学。

每个人都那么朝气蓬勃，热血沸腾。

他们沉浸在未来美好的蓝图中，为自己勾画着人生最美好的憧憬。

夜，深了。

小院子的灯光却一直亮着，每个窗口都映照出他们复习功课的剪影。为了能考上自己中意的大学，大家都在拼命学习。

不久，姐姐林双吉以优异的成绩考上了金陵女子学院。

林正亨也正在抓紧复习功课，准备报考南京国立艺术专科学校。这是妈妈喜欢的学校，也是他喜欢的学校。而妹妹林双盼则准备报考南京东方中学。

一个充满阳光的午后，小院子里又来了一个娇小的身影。

"你好！"娇小活泼的女孩子跟正亨打着招呼。

正亨看到一个皮肤白皙面容姣好、扎着一对小辫子的女孩子笑眯眯地站在他面前。

"我叫沈保珠，是沈保庵的妹妹。"小女孩歪着脑袋，笑着自我介绍。一笑，露出两颗尖尖的小虎牙。

这个女孩子真好看。林正亨心里想。

"你叫什么名字？"小女孩问。

"我叫林正亨。"林正亨愣了一下，才反应过来。

"保珠，保珠，来拿你的书包。"门外有人喊道。

"来了——"小女孩蹦蹦跳跳地跑出去，小辫子一甩一甩的。

"大家好！"一个年轻人从门外扛着皮箱走进来，温文尔雅地说道。

"沈保庵——"谢渊敦从屋里冲出来喊道。

"谢渊敦——"年轻人扔下手中的皮箱，一把抱住谢渊敦。

"嗨！沈保庵——"林天祥听到声音也跑出来，与沈保庵紧紧拥抱在一起。他与沈保庵是非常好要的朋友，这次沈保庵就是把妹妹送到南京托付给他照顾的。

"保珠，这就是我跟你常常提到的我的好朋友林天祥。"沈保庵拉着林天祥介绍给保珠。

"天祥哥哥好！"保珠非常有礼貌地鞠了个躬说道。

"好，好……以后有事就找我。我就是你的监护人了。"林天祥热情地说。

"嗯、嗯。"保珠一边答应着，眼睛却在扫着站在一旁的林正亨。

林正亨站在一旁也在观察着这个活泼可爱的女孩子。

"欢迎、欢迎……"林双吉与妹妹林双盼也跑出来，热情地拥抱保珠。

保珠被林家姐妹俩拉到屋里去了，保珠临进屋时回头喊道："林正亨，请帮我把提箱搬进来。谢谢啦。"

"没问题。"林正亨一抬手就把两个大皮箱拎了起来。从小习武的他，浑身是劲儿。这点东西对于他来说小菜一碟。

面前这个娇小的女孩子让他感到莫名的愉快和兴奋，心底似乎有种说不出的感觉。

屋里，沈保庵正与小院里的同学和朋友们聊得热火朝天。

"天祥，我妹妹就交给你啦，你可要好好照顾她。"沈保庵说。

"没问题，你就放心好啦！我要是靠不住，这不还有双吉吗，她可是个贤妻良母。"林天祥开着玩笑。

"你胡说什么？"双吉瞪了林天祥一眼。

"哈哈——"大家都笑了。

双吉是林天祥的未婚妻，两个人正在热恋。

林天祥是沈保庵上大学时最要好的同学，一起同窗四年结下深厚友谊，毕业后沈保庵被分配到甘肃兰州市教书，林天祥则分配到南京汽车修理厂当技术员。

因不放心妹妹一个人在北平读书，林天祥便把妹妹带到南京读书，让他的好友林天祥代为照顾。

没想到，大柳树下的小院子里有这么多朋友，他感到很欣慰，也终于放下心。

沈保珠也没想到，自己的这次转校学习会给她的一生带来如此大的转折，她也没想到从此她与林正亨的命运会紧紧地联系到一起。

沈保珠的到来，给这个小院子增添了无数的欢乐和朝气。

林正亨更是感觉这个小女孩身上有很多吸引他的地方。他们经常在一起交流，通过交谈，正亨了解了保珠很多故事。

沈保珠祖籍是福建诏安。

1917年3月28日出生在印尼苏门答腊岛的棉兰市。

从她祖父时全家移居到棉兰市。沈保珠的父亲年轻时家里很穷，最早靠炸油条、打短工维持生活。后来他在报关行找到工作，日子才一天天好起来。

沈保珠的父亲是一个勤奋有头脑的人，他并不满足一天天好起来的日子，他有着远大的理想和目标。他用自己积蓄筹办了一家公司，开始慢慢积累财富。公司办得不错，他不光买了车，买了自己的房子，还结婚娶了媳妇。

在一连生了两个儿子之后，女儿出生了，他非常疼爱自己的小女儿。他亲自给女儿起了个美丽的名字叫保珠，意思是自己的女儿像保珠一样珍贵，是他的掌上明珠。

保珠从小就聪明伶俐，人见人爱，是个极受欢迎的小公主。

保珠也很为父亲争气，很爱读书，考上了当地唯一的中学——苏东中学。成为苏东中学极少的女生之一。

因为苏东中学只有初中，没有高中，保珠对父母说想初中毕业后到国内去读高中。

但保珠的父亲母亲不希望她到国内读书，而是想让她读完初中就嫁给当地一个富商做妻子。保珠的母亲更是认为女孩子读太多的书没用，只要嫁个好人家就行了。

保珠坚决不同意，她反对父母的包办婚姻，对父母说："我有自己选择生活的权利，都什么时代了，你们还包办婚姻？"

在他们眼中，女儿年龄太小，不懂得生活的艰难和无情。他们不愿意自己的宝贝女儿将来受苦，因而采取了一些极端措施保护女儿。

但他们不懂得保珠的心，这些"保护措施"激起了女儿强烈的逆反心理，开始了逃婚行动。

为了抗拒父母的包办，她接连跑了三次，前两次都被抓回。她只是一个文弱的小女孩，而父亲却是当地有名的富商，她无论如何都跑不出父亲的手心。

不管家人管得多严，保珠都铁了心要逃出去。她的年龄还小，不想这么早就被家庭束缚住，她想上学。

还好第三次逃婚终于在二哥沈保池的帮助下成功。

哪知自己刚上了一学期课，哥哥就在工业学院毕业了，被分配到甘肃兰州教书。得知哥哥的同学好朋友林天祥被分配到南京汽车修理厂当技术员，哥哥就带着她到南京自己的好朋友林天祥处居住，并继续自己的学业。

保珠对正亨讲述了自己曲折的求学经过。

"你真了不起！这么小就这么有主意，有志气！"正亨竖着大拇指说。

"谢谢阁下的夸奖。"保珠调皮地说。

"不客气，公主殿下。"正亨也调皮地行了一个优雅的欧洲宫廷礼。

"哈哈——"两个人开心地大笑着。

在大柳树下的这个小院子里，保珠认识了改变她人生命运的林正亨。林正亨也在他年轻的生命中第一次喜欢上一个女孩子。

四 美丽浪漫的初恋

林正亨高大魁梧英俊，沈保珠活泼开朗秀美，两个不同家庭背景、不同文化环境的年轻人却有着共同的理想和信念。

"保珠，保珠，该起床了。"

"这么早，嗯……太困了，人家再睡会儿。"

"不行，快起床，我们跑步去！"

"噢……好困啊……"

"起来了吗？"

"马上，马上。"

几乎每天早上，林正亨都这样轻轻地敲响沈保珠的房门，把正在酣睡的保珠从睡梦中喊醒，俩人沿着玄武湖去跑步。

太阳还没有出来，大地还笼罩在晨霭之中。

玄武湖清晨的空气潮湿温润，散发着少女般的迷人气息。湖畔的树林里早起的小鸟叽叽喳喳地叫着，清脆而响亮，偶尔有一两个早起晨练的老人走过，一切都是那样地温馨和谐，两个朝气蓬勃的年轻人愉快地跑步，身心都沐浴在这静谧和平的清晨。

高大威武的林正亨总是像保护妹妹一样保护着娇小活泼的沈保珠，保珠也十分信赖这个正直帅气的大哥哥。

一切都是那么地顺理成章，保珠与正亨成为非常要好的朋友，尽管他们还从未说过爱这个字，一切都是朦朦胧胧的。正亨感觉自己很愿意跟保珠在一起，也很愿意与她聊天说心里话。保珠也是有同样的感觉，几乎是见到正亨后，她就被林正亨帅气的外表、正直的气质所吸引，总想找机会跟他在一起，听他说话，看他画画。两颗心渐渐走近，一种说不清道不明的情愫在心灵深处悄然升起。

"正亨哥哥，你怎么每天那么快乐？天天精神抖擞的？"

"因为有你在身边啊！"

"你骗人。我可没有那么大的魅力。"

"哈哈，那你说我为什么？"

"因为你有理想，有抱负！"

"说得不错，我心中有很高的目标和理想。我们林家的男人都是很有抱负的人！我的先辈们都是为国家牺牲自己的。"

"有抱负可以，但我可不想你牺牲！"

"保珠，你不要难过，我只是想告诉你我的祖先们的经历，我也同他们一样有理想，有抱负。"

"可以向他们学习，但你不能牺牲。"保珠不高兴地说。

"好的，保珠。我答应你，好好保护自己。但有一点，你需要做好准备，国家兴亡，匹夫有责！当祖国需要我的时候，我不能当孬种！"林正亨说。

"嗯。"保珠点点头。

"走，保珠。跑步去！"林正亨为了转移保珠的情绪改变了话题。

"哎——"果然，保珠又恢复了她少女的本性。

保珠跟着正亨沿着湖边长长的跑道向前跑去。初升的太阳照在他们的身上，暖暖的，散发着淡淡的大自然的气息，一高一矮两个长长的倒影留在堤岸上，越拉越长……

俩人也有闹"矛盾"的时候。

是夜。保珠下课回来回到房间里，心细的她发现自己房间的箱子不知被谁翻过了。

"正亨哥哥，谁动我箱子里的东西啦？"保珠找到正在院子里健身的林正亨问。

"什么箱子？不知道啊。"林正亨一脸无辜地说。

"就是我房间的箱子。"沈保珠说。

"不知道啊。"林正亨仍然是一脸无辜。

"肯定是你。"沈保珠咬住不放。

"你为什么认定是我？我可没动你的东西。"正亨坚持说。

"我在里面放的书，夹在书里面的书签都掉出来了。"沈保珠眼眶红了。

"你可别赖我，我可没动。"林正亨嘴巴还是强硬。

"你还嘴硬？呜——"终于气哭了。

"哎哎……别哭，别哭，是我，是我还不行吗？"林正亨慌忙劝道。

"呜——呜——你欺负人……"沈保珠委屈地喊道。

"我错了，我错了。还不行吗？要不你打我两下吧！不过你需要戴手套，别把手弄疼了。"林正亨抓着保珠的手往自己脸上打。

"讨厌——"沈保珠破涕为笑。

日子一天天过去了，在这种无邪纯真的日子里，沈保珠与林正亨建立了深厚的感情，虽然还不到谈婚论嫁的地步，但两个人的确是以兄妹相称了。在沈保珠纯洁的心中，英俊潇洒又会关心人的林正亨是她可信赖可依靠的人。

"咳……咳……咳……"沈保珠又感冒了。

沈保珠的感冒成了家常便饭，一感冒就咳个不停。沈保珠从小出生在温暖的印尼，身体很不适应南京冬日的严寒。别看南京夏天是个大火炉，可一到冬天却非常寒冷。

由于目前的特殊时期，学校的经济条件不好，教室里又不生炉火，这让从小生长在热带气候的保珠经常生病，重感冒好了又犯。

实在无奈，沈保珠只得跟哥哥商量还是到冬天室内有火炉的北平去，插班进光华中学学习。

看到妹妹的现实情况，哥哥同意了她的请求。

沈保珠跟林正亨告别。

"正亨哥哥，我要去北平读书了。"

"去北平？"

"教室里太冷了，我无法坚持上课，总生病。"

"是呀，你都感冒好几回了。"

"我本想坚持，可我实在坚持不了了。"

"既然这样，那就去吧！到了北平就你一个人，要知道照顾自己，坚持锻炼、跑步。"

"知道了。"

"晚上不要一个人出去，现在到处都很乱，女孩子要注意安全。"

"知道了。"

"到了，记得给我写信。"

"知道了。"

"室内生火要注意煤气……"

"哎呀，正亨哥哥，你有完吗？很像我的老妈耶。"

"是吗？"

"哈——"

"嘻——"

两人终于大笑着结束了谈话。

沈保珠去北平了。

先是在光华中学插班学习，后来又转入女一中。

虽然两人分开，但来往的信件却没有停止。

绿色的邮箱成了两人联系的桥梁。

林正亨没有停下他求学的脚步，继续发奋苦读，准备报考他心目中最理想的学校——南京国立美术专科学校。

假如一切正常的话，林正亨应该不久就能成为一名艺术学院的学生了，或者说一名艺术家了。

然而，生活是无常的，一切从那个早晨开始了变化。

中国人的命运永远是与祖国联系在一起的。

林正亨是如此。

他的家族更是如此。

第四章　参军

（1937年——1941年）

一　淞沪抗战爆发改变志愿报效祖国

一切都从那个早晨改变了。

一个国家的命运。

一个民族的命运。

一个人的命运。

霸占了中国台湾的日本仍然不罢休，还想霸占整个中国。

一个小国却有着无比大的野心。它幻想把整个中国作为他的殖民地，贪婪的欲望让它没有任何廉耻之心，凶残野蛮，像一头发了情的猛兽，凶残无比。

1937年7月7日中，日军制造了"卢沟桥事变"，开始全面侵华战争。

1937年8月9日，驻沪日本海军陆战队中尉大山勇夫率士兵斋藤要藏，驾军用汽车强行冲进虹桥中国军用机场，被机场卫兵击毙。事件发生后，中国上海当局当即与日方交涉，要求以外交方式解决。但日方无理要求中国军队撤离上海、拆除军事设施，同时，向上海增派军队。

8月13日上午，日军便以租界和停泊在黄浦江中的日舰为基地，对上海发动了大规模进攻。上海中国驻军奋起反抗，开始了历时3个月之久的淞沪抗战。

至此，淞沪抗战全面爆发。

8月13日下午15时50分，日军开始大举进攻，并以大炮轰击。17时半，国民党88师在日寇密集炮火下奋勇冲锋，激战至当夜21时。

8月14日真正的战役开始了。

全国爆发了大规模的反日游行，支持政府抗日。学生们纷纷报名参军参战，誓与小日本血战到底！

林正亨走在游行的队伍中，高呼着口号，阳光照射在他的脸上，那张昔日充满了青春、朝气、健美的面孔变得愤怒、激扬、冲动,甚至暴躁。

"打到小日本!小日本从中国滚出去!"

"中国人民团结起来!打败日本鬼子!"

"参军抗日!保卫我中华!"

"前进,前进,冒着敌人的炮火前进!"

一望无边的队伍缓慢地向前涌动,人们高喊口号,声浪此起彼伏。

商家停止经营。

学生停课。

无轨电车停运。

林双盼看到队伍中的哥哥,也跑进游行队伍。

"林正亨——"一个男孩子从后面拍了正亨肩膀一下。

"阿宇,是你?"正亨回头惊讶地说。

"正亨,没想到在这碰上你了,哈哈——"两个男孩子亲密地拥抱在一起。你一拳,我一拳地互相打着。

"是呀。你在哪儿上学呢?还好吗?"偶遇朋友,林正亨非常高兴。

"我很好。我正准备去报考军校,参军呢。"

"参军?"

"是呀,我现在正要去报名。听说报名人可多了,都快报满了。"

"啊,在哪儿报名?我也想去报名。我早就恨透小日本了,霸占台湾,欺压百姓。现在又要侵略整个中国,我岂能袖手旁观?"

"那你也和我一起报名考军校去。"

"走!"

"你母亲不是希望你考美校吗?"

"现在顾不上和她商量了,她会同意我的决定的。"

"好。当兵的才是真男儿!"

"所谓国家兴亡匹夫有责!我们年轻人这个时候不挺身报效国家更待何

时？"

两个年轻人做了最后决定。

南京。中央陆军军官学校的报名处前，林正亨和他的朋友阿宇正在认真地填写报名表。学生们很多，晃动的都是些年轻的面孔。见不到队尾的报名队伍和充满了朝气的学生们令人感动。

"填完了吗？"

"完了。你呢？我的也填完了。"

"排队去。"

队伍真长，熙熙攘攘。

正亨终于排到了窗口，把报名表递了进去。

"我要报考军校！"

"同学，你要报考哪个军校？"

"空军！我身体素质好！我要报考空军航校，开飞机去与日本人打仗。"

"抱歉！航校学员名额已报满。"

"啊？！"

"别急，同学，等我看一下还有哪个军校没报满？"

"好，谢谢你。"

"嗯，这里，还有南京陆军军官学校防化专业还有名额。"

"防化专业？"

"对，防化专业。"

"行。只要能参军，能上战场打日本鬼子就行！我报考陆军军官学校！"

"好！跟家人商量了吗？"

"商量？哦，商量了。"

"家人同意吗？"

"这有什么不同意的？保家卫国是我们每个青年人的义务。"

"军人将来是要上战场的,是要打仗的!也有可能牺牲。"

"我们家都是军人出身,我祖父、我父亲都是军人。我不怕牺牲。"

"好样的!军人世家。给你报上名。"

"谢谢。"

表格终于被收进去,工作人员在右上角盖上一个深深的红印。

"阿宇,你报上名了吗?"

"报上了。你呢?"

"我也报上了。可惜空军航校没有名额了。我报的是南京陆军军官学校。"

"我也报上了南京陆军军官学校了。但我喜欢的炮兵专业也没有名额了,只有维修专业了。"

"维修也是炮兵,都一样。我只有防化专业了。"

"你喜欢防化专业?"

"不是喜欢,没别的专业了。我想只要能穿上军装,能上战场打小鬼子就行。"

"是呀。只要能上战场就行,管他什么专业。"

阳光照射在年轻人的脸上,散发着青春的朝气。

远处,更多的青年涌向军校报名处。

淞沪抗战的爆发,打乱了林正亨的学习计划。本来就无比痛恨日本人,看到国家有难,他坚决地改变志愿,放弃报考美术学校,转而报考了南京中央陆军军官学校。这所学校的前身便是大名鼎鼎的黄埔军校,算起来,林正亨是黄埔十五期的毕业生。

国难当头,林正亨选择了参军报效祖国。从一个艺术家的梦想转变为为国牺牲的志愿,林正亨也完成一个热血青年学生向爱国志士的转变。

淞沪会战未能阻止日军占领上海,却改变了日军在中国战场的战略部署,还为上海资本向重庆转移赢得了三个月的宝贵时间。

1939年第二次世界大战全面爆发。中国成了这场世界反法西斯战争的亚洲主战场。

中国成了世界反法西斯的最前线。

战火燃遍了中国每一个角落。

二　报效祖国当仁不让

林正亨为自己的选择感到自豪。

他期望自己像他的曾祖父、祖父、父亲和哥哥一样，成为一名真正的军人。

他感觉自己充满了自信和勇气。

他认为自己为国家效力的时机到了。

他学习的是防化专业。这个科目在战场上很重要。培养专业防化人员已经成为军队当务之急。

林正亨选择了军队中最危险的一个专业，也是最急需的一个专业。

穿上了军装，林正亨威武地站在镜子前，前后左右地照着：笔挺的军服、黑色马步靴、宽宽的牛皮带。镜子里是一个同样帅气、威武的年轻军人。他举手帅气地敬了个礼，镜子里的军人也同样向他敬了个礼。

林正亨笑了。

他暗下决心，埋头军事业务学习，刻苦读书，早日报效国家。

林正亨考军校的事情没敢写信告诉母亲，怕她担忧，怕她着急。母亲曾经在7月份来南京看过他，叮嘱他要继续报考美术学校。这是妈妈的心愿，也是他自己的志愿。妈妈很担心他去报考别的学校或者学科，当兵更是不允许，家族中太多的男人参加了军队，拿起了枪，也有太多的林家男人为国捐躯。从曾祖父林文察、祖父林朝栋到父亲林祖密，林家男人无一不是横刀立马。正亨是她最疼爱的儿子，她不希望他再遇到什么不测。

妈妈苦口婆心地叮嘱着。

林正亨答应了妈妈的请求。他理解妈妈的心情，知道她为孩子们所受的委屈和艰辛。他也不想让妈妈再为他担心。

但妈妈走后，8月份上海就爆发了淞沪抗战。作为一个爱国热血青年他怎么能够无动于衷？他还是违背了妈妈的请求，报考了军校，忠孝不能两全，他实在不能看着国家有难畏缩不前。

"妈妈，请您原谅儿子不孝吧！待我杀尽敌寇凯旋之时再向您请罪。"林正亨心里默默地说。

但林正亨万万没有想到与母亲这一别就是九年，他也万万没想到自己九死一生还能活着见到母亲。

军校生活开始了。紧张、刺激、艰苦、新奇。

每天天没亮，学员们就被嘹亮的军号声惊醒，高大结实黑铁塔似的教官拿着教棍使劲敲打着床头柜，严厉的表情与催促的敲打声让大家紧张得心颤。学员们以最快的速度穿好衣服冲到院子里集合排队到操场跑步，十几圈的超强跑步训练让很多学员累得趴在地上。接着就是冷水浴，不管外面气温多少度，都要站在凉水下冲澡，以增强体能。吃过早饭便是更加严格的训练。

大雨哗哗地下着，正亨与他的同学们在泥泞的野地里爬行，淋成落汤鸡一样的学员在正亨旁直掉眼泪，急得正亨直瞪他。好在雨大，教官没看到，否则会罚他再爬几百米。

跳木马、单双杠、举重、钻铁丝网……正亨咬牙一项一项通过。教官一次一次给他亮起通过的牌子。

他也有失误的时候，教官罚正亨在大雨中围操场跑一百圈。雨水和泪水从正亨的脸上止不住地往下淌，他已经分不清楚是雨水还是泪水。

最令正亨恐怖的是直挺挺地站在墙边的双手平举。这一举就是几个小时，谁要是胳膊累了稍微倾斜一下，就要挨打。

正亨与他的同学们站在墙壁前，直挺挺的，像木头人一样。教官一声令下，大家双手平举。

"立正。双手平举三个小时，不许说话，不许左顾右盼，不许上厕所。"教官喊道，脸上是威严的，像一块铁板，没有一丝笑容。

"不知道他会不会笑？从没见过他笑。"正亨心里想。

大家齐刷刷地平举起双手，直挺挺靠墙站立。

"开始计时。"教官按了一下手中的怀表，开始计时。

滴答……滴答时间一分一秒地过去了，教官似乎睡着了，就是不肯说停。

渐渐地大家有些坚持不住了，脸上的表情出现了变化，汗水从他们的脸上淌了下来。

突然，林正亨不知什么原因，胳膊向下倾斜了一下，虽然他很快又举直，但晚了，教官的教棍已经抽在他的身上，脊梁上马上出现一道粉红色的痕迹。

林正亨的脸部肌肉抽搐了一下，眼睛瞪向教官，但很快恢复了平静。或许是他的无动于衷激怒了教官，第二棍又抽向他的肩膀，同样是一条血红色的痕迹。

"瞪什么？你瞪？不满意吗？"教官严厉地喊道。

"报告教官！"林正亨刚想辩解，第三棍又抽了上来。

"看什么看！战场上敌人会等你的辩解吗？他会手下留情饶你一命吗？"教官几乎是在喊。

"……"尽管林正亨被打得很痛，但他没有吭一声，而是咬紧了牙关。

"现在多流汗，战时少流血。懂不懂！"教官的脸上永远是一副表情。

"啪！"

"啊——"教官边喊边不忘盯住学员们的训练。教棍又抽向一个坚持不住的学员。

很快，被抽的学员后背上显出一道血痕。

没人敢再吱声，没人敢再晃动，一张张年轻的面孔变得扭曲、变形，每个人都把牙齿咬得紧紧的。每个人都明白,将来是要上战场的,是要用自己的肉体与敌人的枪炮搏斗,是要用鲜血和生命来换回国家的安宁。

夕阳照射在这些男孩子们黑油油的皮肤上,与大颗大颗的汗水凝成一幅幅写真的油画。

餐厅。正亨正在排队打饭。

"嘿,林正亨。"有人从背后拍了他的肩膀一下。

"阿宇——"林正亨回头惊喜地喊道。

俩人惊喜地拥抱。

"你怎么样?还好吗?"林正亨问。

"很好。就是太苦了,学习太紧张。"阿宇说。

"都一样,我们也是。教官可厉害了。"

"没想到当兵会这么苦。"

"当兵哪有不苦的,更多的苦在后头呢。"

"正亨,你能坚持下去吗?我都快挺不住了。"

"坚持,一定坚持。一想到打小日本鬼子,把他们赶出中国,我就不怕任何困难和艰苦。"

"我也非常恨小日本鬼子,否则我报考军校干吗?"

"是呀,我们不都是为了国家而报考军校的吗?"

"坚持,坚持。只要我们努力不懈,一定能成为一名优秀的军人。"

"林正亨,没想到上军校才几个月,你进步这么快?"

"你也进步不慢呀。"

"哈哈——快吃饭吧,都该凉了。"

"你干脆也来我们系得了,还能相互关照。"

"不知校方能否同意?"

"试试呗。"

林正亨很快就适应了军校严格有规律的生活,从小练就的强健体魄帮了他大忙,让他更快融入了这个大家庭。他很快就脱颖而出,入校几个月后,他已经成为系里的骨干力量,业务学习进步很快。

三 在炮火中辗转迁途从军校毕业

1937年10月底,日军开始大举进攻南京。南京随之沦陷。

南京陆军军官学校只好迁往汉口。

迫于形势,学校又搬到湖南长沙。

1938年南京陆军军官学校又迁至四川重庆。

1939年9月份,林正亨终于在炮火和辗转迁徙中从陆军军官学校毕业。

毕业典礼是在大礼堂举行的,校长讲话,鼓励未来的年轻军官们为国家效力,为人民效力,不辱使命。

台下坐着即将毕业的年轻军官们,神情严肃,身板挺直,斗志昂扬,每一张脸都是那样地年轻、帅气,充满了希望。

"为国效力,不辱使命!"震耳的声音在礼堂上空久久地回荡,响彻天空。

毕业后,林正亨被派往36军军部当见习军官。

蓝天白云。

尘土飞扬。

一辆辆坐满了士兵的军用大卡车和拉着大炮的卡车向前线驶去。也有全副武装急行军的国民党军队一队队走过。

身穿军服,腰别手枪,手提军用挎包的林正亨站在大路旁等着去往36军的军车。

"嗨。去哪儿呀?"

"36 军。"

"好威风啊。"

"夸奖。"

"年轻人,上了战场可别尿裤子啊。哈哈——"

"还不知道谁尿裤子呢!"

"把脸蛋保护好,省着一块弹片落了下来,将来找不上媳妇。"

"保护脸蛋还不如保护裤裆,小心将来生不了儿子。哈——"

"死都不怕,还怕没儿子?"

"行。有骨气!"

"战场上见!"

走过身边的年轻军官们满脸坏笑地与林正亨开着善意的玩笑。

正亨并不认识他们,但知道他们与他一样都是去打小日本的,他们与他一样有颗爱国之心。

林正亨也明白他们随时可能在战场上牺牲,他们已经做好了准备。军人的天职就是保家卫国,就是牺牲和奉献。

经过几年的学习,林正亨已经从一个血气方刚的毛头小伙蜕变成为一名坚定、稳重的年轻指挥官了。

林正亨的脸上是自信和对未来的希望。

"吱嘎——"一辆帆布棚子军用大卡车停在林正亨面前,与林正亨打着招呼。这是去往 36 军的一辆军车,顺便把林正亨带到部队。林正亨登上驾驶舱。军用卡车呼啸而去。

林正亨几乎是到了部队就投入了工作,中间没有间隙、没有停顿、没有缓冲,就这么带着对未来的憧憬和实习军官的青涩投入到了真枪实弹的战场上。

"报告长官,南京陆军军官学校实习官林正亨前来报到。"林正亨给分配他工作的 36 军军务处长打了一个敬礼。

"路上辛苦了。"

"不辛苦。"

"军校学的防化专业?"

"是。防化专业。"

"这个专业好,咱们就是缺这方面的人才,战场上用得着。"

"是。"

"考虑你刚毕业,就先留在军部工作吧!去前线不急,有的是机会。"军务处长很喜欢这个阳光、朝气的小伙子。

"是。"林正亨利索地答道。

"好,先去安排你的住处吧。"

"是。"

林正亨就这样来到了一线部队,开始了他的实习生涯。

但这段生活很短暂,没过多久他就被任命为少尉军官而赴 96 师任职。

四　上任即赴前线捡回一条命

1939 年 12 月 4 日,日军第五师团长命令该师团号称"钢军"的 21 旅团攻占了广西战略要地昆仑关。

为夺回失守要地,蒋介石调集了十五万精锐部队,一百多架飞机反攻昆仑关。

经过半个月的激烈争夺,中国军队付出了沉重代价,全歼昆仑山守关日军,收复了昆仑山这个重要战略要地。

日军岂能善罢甘休?

1940 年 1 月,日军第 21 军团决定对昆仑关中国守军来一次突然袭击,夺回昆仑关。

接到上级指示，林正亨所在部队紧急赶往广西昆仑关参加对日作战。

在赴广西作战前夕，林正亨拍了一张戎装照片，照片上他英姿勃勃，帅气逼人，满脸的自信与刚毅。

他在照片的旁边写下了这样的话：

> 戎装难掩书生面，
> 铁石岂如壮士心，
> 从此北骋南驰戴日月，
> 衣霜雪。
> 笑斫倭奴当球踢，
> 饥餐倭奴肉与血，
> 国土未复时，
> 困杀身心不歇！

全副武装的部队日夜兼程赶往昆仑关。大路上、山路中到处是肩扛背包步枪急行的士兵，也有一辆辆拖着迫击炮的军车呼啸而过，掀起路上阵阵尘土。

林正亨走在队伍中精神抖擞，脸上透着刚毅。他看上去很兴奋，终于到了一线部队，还没来得及调整和过度，他就准备直接参战了。

这是真正的战场，不是纸上谈兵，不是训练场。自己上了好几年的军校不就是为了这一天吗？不就是为了与日本鬼子战斗吗？能为国家效力这是他许久以来的心愿。

林正亨现在已经是96师参谋处情报排的少尉军官了，刚发下的军服还很新，合体的军装让他健壮结实的身材越发魁梧、帅气，透着英俊和阳刚。

林家的男人都是保家卫国当兵打仗出身，这个家族没有孬种，当国家民族需要的时候，他们永远站在保家卫国的第一线，宁可站着死，绝不跪着生。

林正亨是这个家族的血脉延续，他秉承了林家百年来的性格和行武精神。

大炮从队伍旁驶过，隆隆的车轮声淹没了他的思绪。炮车上的战友向他打着招呼。绵长的队伍一直向前。

1940年1月中旬。

杀红了眼的日军从大本营关东军调来两个飞行中队加入昆仑关战役。他们趁中国军队还没有来得及部署完毕就突然发动了进攻。

两个中队的机群在空中对中国守军阵地狂轰滥炸，地面则是装备精良的大批陆军，在飞机的掩护下强势进攻。

由于中国军队的后续部队没有及时赶到，左右两翼完全暴露在日军面前，给日军强势进攻找到了突破口。

一周内，日军借助空军优势和武装精良的地面部队连续攻破了昆仑关西面的武鸣、恩陇，北面的宾阳、邹圩、上林等地，切断了昆仑关的后路，在清水河一带与中国守军对持。

昆仑关形势危急，随时有可能全军覆灭。消息传来震撼了整个黔贵后方。

战斗打得十分艰苦，林正亨所在部队96师被日军死死包围住，几天几夜无饭可吃，人员死伤不计其数。

为了保存实力，遵照上级指示，林正亨所属部队趁夜幕分散突围。

"林正亨，情况紧急，命你带领情报排趁夜间撤退。不管付出多大代价都要冲出去。"参谋长下达了命令，被炮火和烟雾熏过的脸上是严峻的表情。

死伤太大了，他现在要做的是保存实力，能留下一个是一个。

"是。长官。"

"记住，一定要冲出去，活下来！"

"是。"

"身上不重要的东西先丢掉,尽可能多带弹药。"

"是。"

"我们分头行动,到指定地点集合。"

"是。"

"勤务兵——去把我剩下的那点压缩饼干给他们分了。"

"这——长官,这是您的最后一点吃的。"

"少废话,快分。"

"是。"

"长官,我们不要。"林正亨说。

"执行命令!这些兄弟交给你了,带他们冲出包围,活着去见我。"

"是。长官!"

"好,趁夜幕出发。"

林正亨含泪收下这一小盒饼干,挥手带领三十多士兵消失在夜幕中。

没有时间了,每一分,每一秒都在有人牺牲。

漆黑的夜空像是挂上了彩灯,明亮如昼,日军的炮弹一发接一发地射过来,爆炸声震耳欲聋,爆炸掀起的尘土和烟雾弥漫了整个阵地。

日军似乎知道中国守军要突围,他们连夜进攻,战斗没有片刻的停息。子弹像炒豆子般响个不停。

林正亨带领着情报排三十多个士兵就在这枪林弹雨中冲杀躲闪着连夜突围。

"弟兄们,现在咱们是同生死共患难,跟着我冲,一切听从我的指挥。"林正亨说。

"是。"士兵们异口同声。

"不要害怕,也不要紧张。我们要活着冲出去。"

"是。"声音短促有力。

在这种时刻,林正亨成了士兵们的主心骨。他的冷静镇定机智勇敢会影响到全体士兵。

在敌人的火力下突围并不容易，用机枪炮弹交织成的火力网形成了最难突破的封锁线。林正亨带着士兵们匍匐前进。

正当林正亨带领士兵们爬过一个小山坡时，突然一发炮弹在他身边不远处爆炸，巨大的爆炸气流向他们袭来，一块弹片击中了林正亨的头盔，只听"当"的一声，钢盔的左侧被击穿，撕开一个一寸长的大口子，万幸是没有伤及头部。

林正亨抹了一把脸上的泥土和灰尘，回过头时发现身旁几个士兵已经倒在血泊之中。他们不幸被弹片击中身亡。

"嗖——嗖——"子弹在空中划过，爆炸声越来越频繁。

"跟我来。"林正亨顾不上多想，他从地上一跃而起，带领士兵们继续向外突围。

他们几乎是边打边退，整整跑了四天四夜，才冲出了日军的包围圈。

清点人数时，林正亨发现，三十多人的队伍只剩下十几个人，牺牲了一半的弟兄。

林正亨在这次突围中表现优秀，很好地完成了上级交给的任务，顺利带领情报排突出重围。虽然死伤人数过半，但在如此日军围困之下突出重围已属不易。

与大部队会合之后，林正亨随部队开往湖南休整。

日军侵华期间，大量使用化学武器，施放毒气弹残杀我军将士，上级决定组建消毒连以应付日军的毒气战。

林正亨在军校学习的正是防化专业，加之他在战场上的勇敢机智沉稳，他成为了消毒连连长的不二人选。

林正亨被提拔为消毒连连长后，调往 50 师任职。

到了新的岗位，林正亨担负起更重的担子，他利用自己在军校学到的防化知识指导士兵们进行严格的训练，告诉他们如何使用防毒器械，如何防止敌人的毒气弹，如何甄别各种毒气。

在他的指导下，全连官兵很快学会了基本的防毒知识，掌握了防毒器械的使用方法，为在战场上对付日军做好了充分准备。

1941年由于林正亨在工作中的突出表现被晋升为中尉军衔。

第五章 爱情

(1941年——1943年)

一　书信往来

　　林正亨在炮火连天的战场上浴血奋战时，一个人一直在远方关注着他。
　　这个人就是沈保珠。
　　是那个花样的少女，是那个温柔、善良、美丽、家族财富雄厚却甘愿自我奋斗的少女沈保珠。
　　1938年夏天保珠高中毕业后，回到了印尼。

　　印尼棉兰。
　　美丽，宁静。
　　到处是巨大的椰子树和茂密的丁香花。瓦蓝的天空下，飘荡着四季不散的淡淡的花香。
　　这是一座漂亮别致的别墅，浅色的屋顶和白色的外墙隐秘在高大美丽的灌木丛中，浪漫优雅的钢琴声在别墅上空盘旋，让人感觉到十分舒服和惬意。
　　沈保珠正坐在家中宽大的落地窗前，弹奏着钢琴。巨大的三脚架钢琴看上去十分漂亮，琴体乌黑锃亮，钢琴四周都包着银白色的雕花装饰，钢琴前放置琴谱的地方还镶嵌有专门放置蜡烛的银质架子，整个钢琴看上去宛如一件精美绝伦的艺术品。
　　一曲结束，沈保珠跑到书桌前看着庭院里开满鲜花的美景提笔给林正亨写信。
　　自从沈保珠高中毕业回到印尼，两个人很久没有见面了，但却一直保持着书信往来。林正亨鼓励保珠继续到四川读大学，完成自己的理想。
　　林正亨也把自己上军校参战的事情告诉保珠，也详细告诉了她自己如何在战场上被炮弹弹片击中头盔而捡了一条命的惊险故事。林正亨文采很好，绘声绘色的描述把沈保珠带到一个惊心动魄的场景中，沈保珠更加崇拜林正亨，把他当作自己的梦中英雄。

就像电影画面一样，过着平静富裕生活的保珠在异国他乡日夜思念着林正亨，而正亨则在战火纷飞的国内读完军校，全副武装地开赴广西抗日前线，奋勇杀敌，连立战功，晋升为中尉连长。

一个是富家小姐，一个是抗日英雄。

一个住在富丽堂皇的乡间别墅，弹奏着优雅钢琴，享受着宁静舒适的生活；一个在硝烟弥漫的战场上，面对着身旁不断倒下的战友和日本鬼子狰狞凶残的面孔。

时空和画面在不同地点转换着。

一个个白色的小信封在空中传递着信息。

两个不同生活环境的年轻人因为爱情的维系，在两个国度两个时空忍受着思念和感情的煎熬。一个小小的信封寄托着他们的全部感情。

爱情也许就是这样，有时痛苦，有时美好。

保珠有些难过，她又坐到钢琴前，悠扬的钢琴声继续在别墅的上空盘旋响起。

约翰·施特劳斯的圆舞曲，抒情浪漫，将人们带入恬静美好的田园风光中，而另一个画面则是战火纷飞的战场林正亨英俊的面孔。

"保珠，保珠，吃饭啦。"是妈妈在喊她。因为沈保珠的婚事，妈妈为此操碎了心。

"来了。"沈保珠答应着，迅速把写给林正亨的信藏在口袋里。

沈保珠不忍心再让妈妈操心，但她也无法割舍对林正亨的爱，她只能悄悄地回复着她思念的人儿的每一封来信。

特别是林正亨来信鼓励她报考四川大学的信让她非常感动，她能体谅到正亨的一片苦心。她下决心重新回到祖国，回到正亨身边，继续学习为祖国服务的本领。

"保珠——保珠——"妈妈又在喊。

"来啦，来啦。"沈保珠应声跑出去。

"来啦——妈妈。"沈保珠跑向妈妈身边。

母亲慈祥地望着她,满眼都是对女儿的爱。一绺白发悄悄地爬上了她的额头,这些年来,为了女儿的婚事,她想尽了一切办法,软硬兼施,包括把沈保珠锁在家中。然而,女儿就是不愿意,同样也是想尽一切办法与父母周旋,逃避父母指婚,又要去上学,反正就是不愿意这么早嫁人。父母没办法只好等待时机,让保珠同意婚事。

沈保珠心中已经有了白马王子,根本无心父母的劝慰,她只能应酬父母的催促和安排,在父母面前做个乖乖女,让他们放松对自己的戒备。

餐厅里,阳光明媚,四处摆放着鲜花,长长的餐桌上摆满了沈保珠爱吃的美食。

空气中弥漫着面包和牛奶的清香,还有一种淡淡的奶油的气味。家人都已经坐在餐桌旁,等待着沈保珠。

"爸爸早安!"

"妈妈早安!"

保珠高兴地跟父母打着招呼。

自从保珠回到印尼,父母心中的一块石头才算落地。妈妈吩咐佣人给保珠做最爱吃的饭菜,甚至亲自下厨给女儿做饭。在他们眼里,女儿在中国受尽了苦头。

特别是日本发动全面侵华战争,让他们的心提到了嗓子眼,生怕女儿有什么闪失。

他们给大儿子写信,让他多关心照顾妹妹,千万不能出任何差池。

紧张得沈保庵三天两头地给妹妹写信、打电话,还把她送到好朋友林天祥处照顾。

好在现在沈保珠平安回来了,他们也不敢给女儿太多的压力,只要女儿能安静地待在家里,不四处乱跑,找个好人家平平安安过日子就好。

沈保珠是父母唯一的女儿，是父母的心头肉，是父母的掌上明珠。

女儿从小生活在蜜罐之中，没有受过什么苦，父母经过多年的创业给保珠及哥哥们留下了很好的物质条件，该受的苦父母都受了，他们就是不想让女儿再受什么苦了，希望她能幸福快乐衣食无忧地生活，但女儿似乎不能接受他们的生活观念，也不愿过那种衣食无忧的生活，她有着自己的理想及抱负，她想自己去寻找生命中的白马王子。

"保珠，多吃点。"妈妈提醒着。妈妈慈眉善眼地看着女儿，在她的眼中，女儿是世界上最漂亮的女孩，是任何金钱都无法取代的。

"好的，妈妈。"沈保珠最近很乖，因为她又想走了，想去四川上大学了。

因为心里有了梦想，她表现得很乖，她这次回到印尼看到了父母亲为她的事情操碎了心，白发爬上了鬓角，日夜为她担心。她心里有些内疚，她知道父母亲最疼爱她，也是希望她今后的生活能够幸福。但林正亨勇敢、坚毅、率真的个性也无时无刻不吸引着她，那是多么阳光帅气的大男孩呀，为了保家卫国他毅然放弃钟爱的美术专业而报考了军校，为了抗击日本鬼子他还战斗在第一线，险些牺牲自己，他是个真正值得爱的人。他身上有一种让保珠振奋的精神和魅力。

沈保珠犹豫矛盾，不知该怎样跟父母说，她只好等待机会，平稳地解决这个矛盾。

爸爸妈妈最近很高兴，保珠很听他们的话，也很孝顺。

全家人能每日团团圆圆地坐在一起吃饭，对于沈保珠的父母来说，这已经是很奢侈的事情。

大儿子在国内工作，一年到头见不到。二儿子也整日忙他自己的事情。女儿前几年离家出走，不见了踪影。现在她能回到家中陪伴父母，也是给了他们些许安慰。

虽然全家还不能全部到齐，但最疼爱的女儿在，这也或多或少弥补了他们的遗憾。

"保珠，不要整日钻在家中看书，白天多到花园里走走，呼吸点新鲜空气，也锻炼锻炼身体。"爸爸对沈保珠说。

"好的，爸爸。我会的。"保珠微笑着回答父亲。

一家人在晨光的沐浴下，吃着早餐。看上去气氛和谐、温馨。

1941年冬天。

春节。

印尼仍然是繁花似锦，郁郁葱葱。

"保珠——保珠——"沈保珠正在客厅里弹钢琴，一个熟悉的声音喊道。

"大哥？"沈保珠疑惑地抬起头。

"保珠——"沈保庵手提旅行箱一步跨进来。

"大哥——真的是你！噢——大哥回来喽。"保珠兴奋地喊道，又蹦又跳地扑到大哥怀里。

"保珠你好吗？爸爸妈妈都好吗？"沈保庵兴奋地问道。他很久没回家了，心情自然也十分高兴。

"好，都很好。他们总在念叨你，没想到你真不禁念叨，刚念叨完你就回来了。大哥你在国内怎么样？还好吗？"保珠叽叽喳喳地说着。在国内都是大哥照顾她，她与大哥感情很深。

"好，很好！就是工作忙走不开，这次是放假回来看看家人。"沈保庵说。

"保庵你回来了？"听到保珠的喊声，母亲从楼上下来，惊喜地问道。

"母亲，我回来了。"沈保庵恭恭敬敬地说道。

"保庵可是有日子没回来了。"母亲心疼地看着儿子。

"是呀，母亲，学校事情太多，我脱不了身。这次是趁放寒假回来看望你们的。"保庵说。

"好。这次回来多待几天，全家人团聚在一起不容易。"母亲高兴地说。

"好的，母亲。"保庵也高兴地说道。

沈保庵是老大，也是母亲的主心骨，母亲对他十分放心与信任，家里的一些事情她都愿意同他商量。

"刘妈，晚餐多加两个菜，去买只鸡，买几斤活蟹，做保庵最爱吃的咖喱鸡、咖喱蟹。"母亲吩咐家中的佣人刘妈道。

母亲平日里吃斋念佛，但对儿子却十分纵容娇惯，平日见到儿子的时间太少了，又怕儿子常年在外吃不上什么东西，所以儿子一回来，她竟然破了斋戒给儿子吃荤。

"好的，夫人。"刘妈答应着去准备了。

"谢谢母亲。我最爱吃咱们家的咖喱鸡、咖喱蟹了。这两道印尼特色菜在国内吃不上，可真馋死我了。"沈保庵吧唧着嘴一副陶醉的样子。

"好儿子，那就多吃点。国内兵荒马乱的哪儿顾得上做菜。"母亲抱怨着。

"妈妈偏向耶，哥哥回来就做好吃的。我天天在，也不给我吃！"沈保珠撇着嘴，撒着娇。

"你天天在家里吃香的喝辣的，还不知足？看看都快胖成小猪喽。"哥哥逗着妹妹。

"你才是小猪呢。"沈保珠不高兴地说。

"好啦，好啦。别闹啦！你哥哥刚回来，还不赶紧让他去放下行李，去洗个澡。"母亲为儿子解着围。

"好吧。大哥，我帮你提箱子。"

"给我买什么好吃的了？"

"馋猫，就知道吃？猜猜我给你带什么了？"

"护国寺小吃？"

"驴打滚，还有豌豆黄。"

"真的？噢——太好了。我就爱吃这个。在北平读书我和同学们下课就跑到小吃店去买。大哥万岁！"保珠高兴地又蹦又跳。

"疯丫头。"沈保庵看到妹妹高兴，他也很开心。

兄妹俩有说有笑地上楼去了。

"这俩孩子。"母亲嘴上说着,心里却是从未有过的高兴。孩子们都回来,家人能团聚,这比什么都强。二儿子就在印尼工作,经常能回家,这让她或多或少地有些安慰。

二 求大哥做父母工作让我继续回国读大学

沈保庵回印尼,最高兴的是保珠。

沈保珠早就盼望大哥沈保庵回来,大哥回来,她可以通过大哥来做父母的工作,让她去国内继续读大学。自从林正亨写信希望她能去四川大学读书后,她就开始想办法争取机会再一次出走。

已经偷偷跑过一次,父母对她有一定的警觉。但因沈保珠在国内读完了高中,拿着优异的毕业成绩回到印尼父母身边,父母还是很高兴。起码女儿是去读书,而且还毕了业。

沈保珠对大哥沈保庵开始了软磨硬泡。

"大哥,你能跟爸爸妈妈说一说,让我去国内把大学读完吗?"

"你还要去读大学?"

"是呀。大哥你看你大学都毕业了,找到了工作。我也想上大学读书,然后找一份自己喜欢的工作。"

"女孩子读个高中已经不错了,还要读大学?"沈保庵似乎不买妹妹的账。

"女孩子怎么了?女孩子就不能读大学了?受教育是每一个人的权利。"沈保珠不高兴地噘着嘴说。

"我亲爱的妹妹,我可没说不让你去读书,国内现在兵荒马乱的,你一个女孩子真的很不安全。"哥哥赶紧解释着。

"你不是也在那里生活得很好吗?"沈保珠说。

"我是一个男孩子,再说我为祖国做点事情也是应该的。"沈保庵说。

"我也要为祖国做点事情。你们都在那边奋斗,我却在这边享受着美食佳肴,这不公平。我长大了,我也要去学习、工作,为祖国做点事情。"沈保珠说。

"我的妹妹真的长大了,觉悟比我都高,快成女英雄了!"沈保庵打趣地说。

"大哥,你帮帮我吧!跟爸爸妈妈说说,让我去国内考大学吧。好大哥——"保珠开始撒娇,在大哥面前她永远是一副小女孩的样子。

"好吧,好吧,我去做做父母的工作,做不通可不要怪我呦。"大哥保庵终于又低头了,在妹妹面前他永远是甘拜下风。

在美丽的后院花园里,沈保珠终于说服了大哥去求父母让她回国继续考大学。她知道父母信任大哥,如果她自己去说百分之百地被驳回,大哥的话他们还是会认真考虑的。父母对她已经很警觉,即使她真的去考大学,他们也未必会同意。大哥是教师很会做思想工作,在父母眼中大哥踏实可信赖,也是他们的主心骨。她感到心里踏实了很多,有大哥出面,事情已经成功了一半。

沈保珠赶紧跑回自己的房间去给林正亨写信,告诉他自己争取说服父母回国去考大学。

"叽叽——喳喳——"一只长满彩色羽毛的小鸟站到了她窗外那棵开满了香喷喷桂花树的枝杈上冲着她开心地叫着。

沈保珠的心情很好。

如果父母能同意她回国,她就能见到日夜思念的正亨了。

青春、少女、爱情、传奇故事、生与死、爱与恨都摆到了保珠这个豆蔻年华的少女面前,让她的心情无法平静。

为了能尽早赶回国,她尽量压抑着自己的感情,等待着时机。

沈保珠悄悄下定决心,这次再见到林正亨绝不再离开他,她决定要同他结婚,永远守护在他的身边。

不动声色的保珠躲在房间里给正亨写了一封长信，告知正亨自己准备要同他结婚，但她要先回国考大学。

好消息终于传来。

大哥做通了父母的思想工作，同意她回国考大学。

大哥沈保庵为此在父母面前打了保票，他确保妹妹保珠在国内的安全及生活。

一向信任大儿子的父母看到大儿子如此为自己的妹妹说话，又做出承诺，他们终于点头首肯。答应待保珠上完大学即刻带她回印尼。

为了自己一向疼爱的妹妹的前途，保庵向父母做了保证。他没想到日后会与妹妹断绝多年关系，而妹妹也走上了一条如此艰难的人生之路。假如他知道了后面发生在沈保珠身上的故事，他是打死也不会答应带妹妹回国的。当然这都是后话。

"噢——"保珠得知父母同意她回国考大学的消息，高兴得跳了起来。

"大哥万岁！大哥，我爱你！"保珠搂着保庵的脖子又亲又喊。

"哎哟——疼死我了。好啦，好啦——别把我脖子扭下来。"沈保庵开着玩笑。看到妹妹开心，他也非常高兴。

"大哥，你这次回去就能带我走？"沈保珠突然问道。

"当然，只要你准备好了。"沈保庵说。

"真的？"

"难道你不想走？"

"想，太想了。"

"那你还担心什么？"

"我怕爸爸妈妈只是随便说说。"

"放心吧，我的小公主，老爸老妈已经同意你回国参加大学考试，上完大学让我把你送回来。"

"肯定？"保珠还有点担心。

"肯定，百分百地肯定。"保庵肯定地说。

"噢——大哥你太伟大了！"得到肯定的答复，保珠又一次激动起来。

"好了，好了，赶紧去准备吧。别到时候丢三落四的我可不等你。"保庵永远是大哥的模样。

"是。"保珠调皮地立正敬礼。

"不过，亲爱的妹妹，你可要听话，否则我跟父母交不了差了。我可是用我的人格担保了你，你可别让我失望。"

"放心吧，大哥。我保证听话。"

"那我就放心了。"

"好了，这几天好好准备准备，过些日子我们就出发。"保庵的假期也是有限的，寒假的时间并不长。

"谢谢大哥！"保珠说。

"学会客气了？"保庵拍了拍妹妹的肩膀，疼爱地说。

"嘻嘻——"保珠调皮地笑着，是的，她还从未跟大哥如此客气过。

"好啦，不用客气了，快去准备吧。我去陪父母再聊会儿天，这一走，又不知什么时候能回来。"保庵催促道。

"遵命。"保珠又是调皮地立正敬礼，像个小女兵。

"淘气包。"保庵用指头戳了戳妹妹的额头，笑道。

保珠终于连跑带跳地走了，像只快乐的小兔子。

三　再一次离开印尼回祖国

正当沈保珠沉浸在快乐之际，日本法西斯没有停止它的野心和魔爪，他们同样把魔爪伸向了印尼。

棉兰也没有逃脱掉，日本人攻入棉兰，杀人越货，胡作非为。

保庵利用假期在棉兰的学校为学生们上课，同时宣传抗日思想，遭到了日本人的警告和打击，无法再待下去，准备提前回国参加抗日。而城里日本人肆无忌惮地屠杀百姓，抢劫财物，保珠全家只得逃到乡下去避难，生活上也十分困难。沈保珠决定跟大哥提前离开印尼回国。

　　湛蓝的海水。
　　白色巨大的渡轮。
　　身穿紫底白花连衣裙、手提大红色旅行箱的保珠跟随哥哥沈保庵准备登船。
　　沈保珠还在不时地回头向远处张望。
　　"保珠，还看什么呢？马上登船了。"沈保庵提醒着妹妹。
　　"二哥，二哥怎么还没来？他不是说送咱们的吗？"沈保珠担忧地说。
　　"是不是他工作忙走不开？"
　　"可他说过送咱们的。"
　　"人家船可不等咱们。"
　　"再等等嘛。"
　　"好吧。咱们别走远，就在这里等，随时可以登船。"
　　"好。"
　　到处是送行的人群，男的、女的、老的、少的，熙熙攘攘。沈保珠踮着脚尖向远处张望着。
　　沈保珠对二哥有着很深的感情，上次逃离印尼躲避父母的包办婚姻就是二哥给的路费，帮她逃出了家。
　　二哥总是在她最困难和危急的时刻挺身而出，虽然后来免不了父母的一顿指责，但他对妹妹保珠总是有求必应。
　　兄妹俩最对脾气，保珠遇到解不开的困惑时都会去向二哥请教。
　　当然保珠跟大哥关系也很好，大哥也是时时刻刻地帮她，但她与二哥年龄更接近，有更多的共同语言，沟通上更无障碍。

这次一走，很可能是永久的，她很想能与二哥道个别。

"二哥，你快来呀，一会儿就要开船了。"保珠在心里焦急地喊着。

"嘟嘟——"邮轮拉响了汽笛，提醒旅客们上船。

"保珠，保珠——上船了。"大哥沈保庵催促道。

"嗯。"保珠不情愿地应道。

"走吧，来不及了。别误了船。"保庵转身登上了浮桥。

"知道了。"保珠泪眼婆娑地跟在大哥的身后，一步一回头地上了船。

"呜——呜——"轮船在巨大的轰鸣声中起航了。

沈保珠站在甲板的船舷边上郁郁寡欢。

轮船起航。

"保珠——保珠——大哥——"终于，二哥沈保池气喘吁吁地从远处跑来。

"二哥——二哥——"保珠看见远处跑来的二哥，激动地叫起来。

"保珠——"

"二哥——"

"保池——"

轮船终于启动了，吐着浓浓的黑烟，抖动着巨大的身体，笨重地扭转着腰身，缓缓地离开了岸边。

"二哥——"

"保珠——"

"保池——"

"大哥——"

二哥沈保池站在岸边，目送着轮船缓缓驶远。空气中传来妹妹保珠和大哥保庵呼喊的声音，断断续续，时大时小，忽强忽弱，声音渐行渐远。

沈保珠站在船舷旁抹着眼泪，沈保庵则站在一旁安慰着她。

"又不是不回来了，不要太难过。"沈保庵安慰着妹妹。

"想想二哥挺不容易的，咱们俩都走了，只有他一人在印尼照顾父母。"

保珠说。

"那你还要出来？在家里陪着父母多好？国内动荡不安的，兵荒马乱，要受很多苦。"保庵有点埋怨妹妹。

"这边日本人不也是肆无忌惮，烧杀抢劫吗？即使这样，我也还是想出来，我不想将来后悔。"保珠擦掉眼泪坚定地说。

"好啦，既然迈出这一步就不要难过了。学习完快点回来就好啦。"沈保庵搂着妹妹的肩膀安慰。

"嗯。"沈保珠点点头。

"大哥你先回舱里休息吧，我一个人吹吹海风就回去。"沈保珠对大哥说。

"好吧，不要太久，小心着凉。"沈保庵叮嘱着妹妹。

"知道了。"沈保珠听话地点点头。

大海。一望无边。

海面湛蓝平静，仿佛像一块铺开的巨大无边的蓝色绸缎，远处有很多白色的海鸥在飞翔。

望着这美丽的大海，保珠的心情渐渐恢复了平静和快乐，虽然还有些难过，但更多的是对未来的期待和马上见到正亨的快乐。

正亨不知怎样了？是在训练还是又上了战场？是平安还是受了伤？保珠的心瞬间飞向了遥远的中国，飞向了心爱的正亨身边。

"正亨，正亨。"保珠喃喃地念叨着他的名字。回忆着那每一个甜蜜的画面：玄武湖那长长的林荫小路、巨大古老的大柳树下的小院子、闪着灯光夜读的窗棂、正亨每天清晨在院子里练武的挺拔身姿和浑身的肌肉、俩人吵架时的情景、正亨道歉时的鬼脸……保珠沉浸在往事的回忆当中。

一只海鸟落在船舷上"咕咕"地叫着，雪白的羽毛和红红的尖嘴十分可爱。

保珠望着海鸟高兴地笑了。

正亨，我马上就回来了。

四　重庆　重庆

1941年。山城重庆。

阴沉、湿冷、云雾缭绕。

这是一座建在山上和江边的城市。美丽而独特的地形地貌形成重庆独特的山城魅力。城市内的道路蜿蜒曲折高低不平，时而突然隆起，时而滑向深渊。

许多的房子就建在高高低低的山上，大大小小，灰灰白白，形状不一，起伏不平。晚间灯亮了，闪闪烁烁，星星点点。

重庆以自己独特的山城风貌和地形地势成了日本人难以跨过的天然堡垒。

自然，抗战期间，重庆也就成为了全国人民抗日前线的文化、政治、军事中心。

沈保珠与大哥先来到了重庆。

沈保珠住到了大哥沈保庵好朋友林天祥的家中。沈保庵与林天祥的感情和关系使得他们亲如兄弟，沈保庵在国内最信任的人也是林天祥。

此时的林天祥已经在重庆国民党后勤部汽车修理厂任厂长了。

为人朴实厚道的林天祥不仅在事业上取得了进步，在个人生活上也是春风得意。

此时他已经与多年追求的女友，正亨的姐姐林双吉结为夫妻，成为林正亨的正牌姐夫。

林天祥与林双吉夫妻十分相亲相爱，生活虽然不是大富大贵，但小日子也不错，工作稳定，又是在军队中工作，工资也相对丰厚。

沈保庵把林天祥当作自己最好的朋友，回到国内最可依靠的人就是他。妹妹这次回国，他首选落脚之处就是林天祥家。不光是他们关系不一般，还因为妹妹保珠与他们都很熟，曾在他们家住过。

况且林天祥的妻子林双吉也与沈保庵很熟，关系也很好。林天祥升任修理厂厂长也有些实权，吃住也方便。

妹妹保珠住在他们家是最安全的。

沈保珠当然很高兴住到林天祥家，她暗自兴奋不已。原因是林天祥妻子林双吉是正亨的亲姐姐，林天祥是正亨的亲姐夫。都是她最爱的男友正亨的亲人。见到他们心里自然踏实了一半。

大哥保庵虽然知道保珠跟正亨关系不错，但并不知道保珠已经深深爱上了正亨，并决定要与他结婚。

这可是保珠藏在心底的秘密，不到万不得已她是不会轻易说出口的。她担心父母知道会坚决阻止她的爱情，她担心大哥知道会把她送回印尼。

林天祥夫妻也很喜欢保珠这个快乐单纯善良的小姑娘，把她当作自己的亲妹妹看待。但他们也万万没有想到保珠这次来是决定与正亨结婚的。他们并不知道这个小姑娘心里的主意是如此地大，如此地坚定。

保珠像一只逃出牢笼的小鸟，自由地在蓝天下飞翔，尽情地呼吸着新鲜的空气。每天都有新的事情发生，每天都有新的捷报传来，重庆成了中国抗日前线的大本营。

保珠寄居在林天祥家，除了每天帮他们干些家务之外，就是埋头复习功课，准备报考大学。

保珠很喜欢记者职业，她很想报考复旦大学新闻系。不巧的是，复旦大学的招生日期已过，没办法报考。

保珠只能先找个大学旁听外语，等待时机再报。

沈保庵了解了妹妹的情况，便去找重庆大学的教授冯简，求他帮忙给妹妹联系个大学旁听。

冯简教授是沈保庵的朋友，曾经在北平工业大学任教，抗日战争爆发后就转到重庆大学任教。

巧的是，冯教授还担任着重庆广播电台台长的职务，听说保珠想读新闻系，他劝保珠不如先到电台工作，在那里可以学到很多东西，为以后考新闻系积累经验。

1941 年 4 月。

保珠接受了冯教授的建议，在他的帮助和介绍下，进入重庆电台工作。

开始，保珠只是放放唱片，作为练习生。而后她被派去学习播记录新闻，之后转入正式的国语播音组成为国语播音员。

在重庆电台工作期间，保珠认识了播音组组长钱韵，还有钱韵的丈夫日语播音员林忠。那段时间保珠过得十分开心，因为没有压力和负担，除了白天在电台上班，就是下班后和同事们到重庆的大街小巷溜达，吃小吃。

5 月。

日本飞机大轰炸，保珠所在的重庆电台也在大轰炸中遭到严重破坏，幸运的是她没有受伤。

电台被迫迁到郊区的沙坪坝。

工作条件大不如从前，加之保珠惯常的作息规律被打乱，因此患上了严重的肠胃病。

5 月 20 日。

保珠接到家中来信，告知父亲突发脑出血逝世。接到这个消息，保珠大哭了一场，病倒了。

保珠躲在房间里几天不出门，任凭眼泪直流。父亲就这样走了，甚至连他最后一面也没有来得及见到。父亲还记恨她吗？父亲知道她现在的情况吗？妈妈怎么样？失去了父亲，她还能挺得住吗？妈妈是个虔诚的佛教徒，性格柔弱善良，她能独自承担起一大家子的重担吗？好在二哥在妈妈身边，能够带给她些安慰和支撑。

保珠哭着，想着，想着，哭着。

黑天和白天就这样过去了。

1941 年的重庆的确是当时中国最有名的城市。各路文化名人及国民党的总部、延安驻重庆办事处等等都在这里集聚。

大家不计前嫌都为了共同的抗日目标而留在重庆。

国民党的总司令蒋介石、宋美龄在这里。

共产党的领导人周恩来也在这里。

外国的媒体和政要名人也在这里。

重庆成为抗日时期的重要文化和政治中心。

但让世人永远记住这个城市的，是这里发生的一件举世震惊的大惨案。

1941年6月5日。晚9时许。

忙碌了一天的人们像往常一样吃过晚饭，准备洗洗睡觉。一阵刺耳的警报声突然响起。

日军轰炸机又开始对重庆展开大规模的轰炸。

本来对于日军的轰炸，重庆军民已经习以为常。自从1938年以来，这里遭到日军轰炸犹如家常便饭。如果哪天日军轰炸机没来轰炸，大家都感觉到有点异样。

但平时伤亡并不太大，一则大家都有所防备，二则重庆街道和山上挖了很多防空洞。

敌机来了，大家就钻进防空洞里躲避，等敌机走了，大家跑出来该干吗干吗，吃饭工作睡觉打麻将都不影响。

但今天来得太突然又是晚上，大家的警惕性有所放松。

这次日军对重庆进行的是大规模的"地毯式"的反复轰炸。

市中心居民因准备不充分而十分慌乱，接到警报后没有及时疏散，于是潮水般地涌向了市中心较场口的公共防空大隧道中，洞内避难人数瞬间暴增达万余人，几近饱和状态。

管理隧道口的国民党宪兵及防护人员，在慌乱中紧锁栅门，不准隧道内的市民在空袭间出入隧道。

结果在长达十个小时的高温和严重缺氧的情况下,除身距三个洞口较近的近百人得以出洞幸免于难外,其余近万名避难群众因窒息而亡。

大部分死者被挤压,衣服被撕烂,皮肤变成黑紫色,惨不忍睹。

据报道,这次重庆防空洞窒息大惨案市民死亡人数为9992人,儿童人数为1151人,重伤者1510人,而轻伤者不计其数。

这一惨案成为中国历史上最为惨痛的悲剧之一。

其实,从1938年2月18日起至1943年8月23日,日本对战时的重庆进行了长达5年半的战略轰炸。

据不完全统计,此阶段日本对重庆实施轰炸超过200次,出动轰炸机9000多架,投弹11500枚以上。

重庆死于轰炸的平民达10000人以上,超过10000栋以上的房屋被毁。

市区大部分繁华地区被破坏。

日本对重庆实施的空袭是继1937年4月德国空军对西班牙格尔尼卡平民实施轰炸之后,历史上又一次大规模轰炸。其目的是希望通过制造大量平民被杀的惨剧而瓦解我方的士气。

在轰炸中他们不分前线后方,也不以军事目标为对象,反而多以平民及繁华商业区为目标,大量使用燃烧弹,用以烧毁市区内的房屋。

日军的惨无人道的地毯似轰炸行为给重庆百姓造成了严重伤害。

但令日本人没有想到的是,重庆人民并没有被他们的疯狂轰炸吓倒,反而激起全体中国军民的抗日到底的决心。

令人安慰的是,山城重庆为了防止日本人的飞机轰炸,在山上修建了大大小小上万个造型各异的防空洞。

大惨案发生后,人们越加小心和谨慎。

重庆惨案让世人震惊,保庵十分担心妹妹的安危,他写信给妹妹叮嘱她的安全。

保珠告诉大哥她很安全,生活也很好,天祥大哥和双吉嫂子对她很照顾,让大哥放心。

9月。

已是秋天的季节了，天气稍微转凉。

身体虚弱的保珠从电台辞职，她已经无法胜任电台的工作，搬到林天祥家养病。

五　到重庆与心爱的人团聚

残酷的战争让保珠迅速成熟长大，她已经意识到了生命的无常和短暂。她决定先不考大学了，而是要把个人生活中最重大的问题解决掉——与自己最心爱的人生活在一起。

"正亨，我们结婚吧。我已经做好了准备，我们再也不分开。"

保珠在日军轰炸的间隙给正亨写了信，告诉他自己的近况，并郑重向他表明她准备跟他结婚的意愿。

保珠在躲避轰炸的防空洞中飞快地给正亨写信。外面则是日军轰炸机刺耳的轰炸声。不远处是爆炸后升腾的浓烟和女人的尖叫声。

不断有人从外面冲进防空洞。

湖南。

国民党第50师军营驻地。

已是中尉的林正亨正坐在大树下读保珠的来信。

远处是正在训练的士兵。

正在湖南休整，准备赴云南作战的林正亨接到了未婚妻沈保珠的来信。保珠的来信，让正亨高兴极了。虽然他为国家效力日夜拼杀在战场上，但他从未停止对保珠的思念。

风华正茂年轻帅气的林正亨与所有的年轻人一样对爱情充满了期待与渴望。

特别是与保珠的感情经历又是那样地曲折与众不同，俩人天各一方只得鸿雁传书，说不尽的亲密话语，道不尽的思念之情。如今保珠亲赴重庆等待他去完婚，让他惊喜异常。

一个柔弱的小女孩抛弃富家女的安逸生活万里迢迢来到他身边，要知道，他可是把脑袋别在裤腰带上的人，每天在战场上厮杀，不知哪日命就没了，保珠却想都不想就来了，来和他结婚，来与他共同面对人生。

真是个坚强勇敢的女孩。正亨想。

林正亨决定向上级打报告，准备趁部队在湖南休整期间去重庆与保珠完婚。

1941年11月。

林正亨终于得到上级批准，他打点行装赶赴重庆，与未婚妻沈保珠结婚。

山城重庆。

林天祥家。一家人正在吃饭。

一个年轻帅气的军官走了进来。

"姐姐、姐夫——"年轻军官有礼貌地喊道。

"是正亨？"姐姐林双吉怔了一下，犹豫地问。

"是我，我是正亨。怎么不认识我了？"年轻军官幽默地敬了个礼，把军帽摘下来，露出他光洁黝黑的脸庞。

"啊，是正亨，真的是正亨。"双吉惊喜地喊道。

"是正亨回来了——"姐夫林天祥也喊道。

"保珠，保珠——正亨回来了。"双吉冲正在厨房端菜的保珠喊道。

"保珠——"正亨有点迫不及待了。

"谁来了？"门帘一掀，娇小秀气的保珠端着热气腾腾的饭菜出来。

"保珠，保珠，是我。"正亨走上前激动地喊道。

"正亨？"保珠几乎惊呆了，面前这个帅气高大的年轻军官是正亨？几秒钟的停顿之后，她才反应过来。

她知道他要回来，知道他早晚会出现在她的面前，但正亨这么快就突然从天而降，她仍然无法相信自己的眼睛。

一别好几年，正亨经历了战场上的生生死死，假如不是幸运的话，他们今生还能见面吗？

林正亨不光长高了，也魁梧了很多，皮肤也黑了很多，看上去也结实了很多。真的是他。

"正亨——"保珠顾不得还在身边的双吉夫妻俩，激动地扑向正亨。

"保珠——"

两个年轻人紧紧地拥抱在一起，似乎分别了几个世纪。即使有姐姐、姐夫在面前，他们仍然是那样无所顾忌。

想象了无数次与正亨见面的情景，真见面时保珠还是忍不住落泪了。太多的思念和担心，让她在突然的惊喜前不知所措。多年的委屈与思念全部化作了泪水顺着她的脸颊流下。

"保珠，来，别哭了，快给正亨盛饭，他一定饿了。"姐夫林天祥张罗道。

"对，对，先吃饭。"姐姐双吉也附和着。

"嗯。"保珠抹着眼泪答应着。

"好了，我这不是完整地来跟你报到了？这次我们再也不分开了。"正亨怜爱地擦去保珠脸上的泪水，轻声说道。

"嗯——呜——"

"别难过了。脸都成了小花猫了。"正亨逗着保珠。

"讨厌——"保珠终于破涕为笑。

家里的气氛一下子缓和了。

姐姐双吉张罗着再炒两个正亨爱吃的菜，她也很长时间没见到弟弟了。

自从从台湾带着弟弟赴大陆考学，一晃好几年过去了，她忙着上学、工作、结婚、生子，而弟弟则上军校、上战场，南征北战，他们姐弟很难得见上一面，只有通过书信往来了解相互的情况。

这次弟弟能回来休假，她也非常高兴。她还不知道保珠已经与弟弟私下准备结婚之事，但她看得出来两个年轻人已经十分相爱，彼此非常投缘。

"天祥，我看正亨跟保珠的事情该帮他们办办了。"晚上双吉对躺在身边的丈夫说。

"是呀，看得出两个人很相爱。"天祥说。

"要不这次趁正亨回来休假，把他们的婚事办了？"双吉说。

"这要征求他们的意见，看看他们什么意思，不能我们说了算。"

"那我明天问问正亨。"

"好，早点睡吧。"

"嗯。"

"正亨，昨天睡得怎么样？"双吉一大早起来就看到正亨在院子里锻炼。这是他从小在父亲的敦促下养成的习惯。

"不错，很久没睡过这样踏实的觉了。"正亨回答姐姐。是呀，这些年南征北战，风餐露宿，即使在军校学习也是每天不分昼夜地训练，哪里睡过一个安生觉？

"这次回家来好好休息休息，这些年东拼西杀的太累了。"双吉说。

"是呀，每天都在紧张之中度过。"正亨说。

"正亨，你年龄也不小了，该有个自己的家了。"双吉把话引到了俩人的婚事上。

"哦。"

"男大当婚女大当嫁，妈妈远在台湾，姐姐自然要关心你的事情。"

"谢谢姐姐。"

"有目标了吗？有什么打算？"

"是的。有些打算。"

"保珠这姑娘不错,看得出她很喜欢你。"

"我也很喜欢她。"

"那不如趁你这次休假,把婚事办了。"

"姐姐,我正想跟你商量此事。"

"怎么?"

"保珠写信告诉我这次她来就是要跟我结婚的。"

"真的?她怎么没告诉我们,一点风声都没露?"

"她谁都没告诉,因为她的父母不会同意的。如果透露了消息,她怕父母又把她抓回去。"

"是这样?"

"我也想尽快与保珠把婚事办了,部队不容许我有太多时间待在家中。保珠千里迢迢来与我结婚,我要好好保护她爱她。"

"好,既然你们俩都商量好了,我去与你姐夫商量一下,选个好日子把事情办了。现在到处都在打仗,咱们只能简单点。"

"好的,姐姐。我也是这么想。"

姐弟俩在院子里谈着,把事情定了下来。

六 结婚的日子

接下来的日子,平淡、幸福、浪漫。

林正亨从姐夫林天祥的汽车修理厂里借来一辆掉了漆的敞篷车,拉着保珠把重庆的山山水水、街道胡同都跑了个遍。大家闺秀的保珠爱上了川味小吃,几角钱的路边麻辣烧串她都吃得满嘴留香。

山城重庆的每一条街道都留下了他们的身影。

一个高大帅气，一个娇小美丽。

"保珠，喜欢不喜欢重庆？"开着车的正亨大声地问保珠。

"喜欢——"坐在副驾驶位上的保珠喊着。汽车巨大的轰鸣声让她不得不大声地喊。风吹乱了她满头的秀发，遮掩不住她快乐兴奋的心情。

"兜风——的感觉——爽不爽——"声音被风吹成几截，断断续续的。

"爽——"

"那以后——我——经常带你出来——"正亨高兴地说。

"好——哇——"

"重庆真的——很美——是不是？"

"是。"

"我们就在这里——结婚吧。"

"我同意——"

"哈哈——保珠是我的新娘子——保珠万岁——"正亨大声地笑着、喊着，从未有过的放松和快乐。

"小心——开车——"保珠担心地大声说。

"坐好了——呦吼——"正亨踩下油门继续加快车速。

"正亨——慢点，我害怕——"

"呦吼——"快乐的正亨如何能慢得下来？

车在崎岖的山路上飞驰，路两旁的大树不断闪过。

天蓝得晃眼，这是重庆少有的蓝天。

重庆大多是云雾缭绕、雾气腾腾的日子，这少有的蓝天似乎是为了祝贺正亨和保珠的好日子而来。

一对新人从路旁走过，新娘大红的旗袍和新郎黑色的礼服都是那样惹人注目。正亨和保珠向他们挥手祝福，一对新人报以幸福的微笑。

一切都是那样美好、自然。

保珠幸福地依偎在正亨的肩膀上，小鸟依人的样子非常惹人怜爱。

"新娘子真美。"保珠羡慕地说。

"你更美！你是我心中最美的新娘。"正亨说。

"正亨，我们也要结婚了。"保珠轻声说道。

"是的，我们马上也要结婚了。"正亨肯定地说。

"正亨，我们结婚后能有自己的房子吗？我不想再漂泊了。"保珠问。

"有，我们不光要有自己的房子，还要有一个开满鲜花的小花园。花园里还要有秋千，将来孩子们可以在上面玩耍。"正亨充满了憧憬地说。

"我喜欢白色的，纯白色的房子。"保珠说。

"没问题，我们就要白色的。"正亨说。

"嘻嘻——"

"我们还要生一堆孩子，个个身强体壮。最好男孩子多一点，将来可以当兵上战场保家卫国。"正亨一本正经地说。

"我可不想让我的孩子去当兵了，整天提心吊胆的。"保珠不高兴了，说道。

"好，好，也许到那时已经没有战争了，国家和平了，也用不着当兵了。他们喜欢干什么就干什么，好不好？"正亨哄着保珠。

"嗯，这还差不离。"保珠开心地说。

汽车在盘旋公路上向前一路奔去。

"呜——呜——"连续刺耳的警报声打断了俩人的幸福憧憬。

日本人的轰炸机又来了，定时定点。

林正亨的车在崎岖的山路上盘旋，没有掩护体，成了空中敌机的目标。敌机吱吱叫着向他们俯冲下来，炮弹在车的周围炸响，掀起阵阵浓烟。

林正亨开着车在公路上画着蛇形。

高超的技术让敌机无法靠近，也追不上。

公路上空空如也。

正亨成了唯一的目标。

敌机群向公路包围过来。

"保珠坐好。看我怎么对付这帮混蛋。"正亨大声地喊着。

"正亨，小心！"保珠有些惊恐地喊道。

正亨加大了油门，向前冲去。

敌机又尾随上来，不断地向他们俯冲下来。

炸弹爆炸升腾起的浓烟将他们所在的汽车严严实实地包裹住，让俩人刹那间看不见彼此的身影。滚滚的浓烟让日军的飞机失去了目标，在上空无目的地盘旋着，四处散去，去寻找下一个目标。

浓烟渐渐散去。

正亨所开的汽车仍旧在公路上奔驰。

正亨一边开车一边寻找躲避的地方。

路旁有一片小树林，正亨把车瞬间转进小树林，下车拉着保珠钻进附近的简易防空洞中。

保珠连吓带累扑倒在正亨怀里，面色苍白，满脸烟灰，露出一双惊魂未定的大眼睛。

"保珠不怕，有我在。"正亨拍着保珠的头安慰着。

"正亨，我怕咱们俩还没结婚就被日本人的飞机炸死了。"保珠心有余悸地说。

"哪有那么容易死？咱们命大着呢。老子手中没武器，如有武器看我不把它揍下来！"正亨不屑一顾地说。

"正亨，你不要动不动就拼命，我要你平安地活在我身边。"保珠忧心忡忡地说。

"放心吧，保珠，我会的。我们还要生一堆孩子呢！"

"那你干吗玩命开车？"保珠仍然心有余悸。

"见到小日本我就气不打一处来，在战场上他们杀了我们太多弟兄！"正亨愤愤地说。

"可那样很危险，你现在已经不是一个人了。"

"好的，保珠，以后我会小心的。"

"正亨，你得向我保证，从今天起你要好好保护好你自己，不要动不动就拼命。"保珠说。

"好的，保珠。我保证。"

"你打小日本我不反对，但你要保护好自己，人都没了，还谈什么保家卫国？"

"嘻嘻，我们保珠长大了，会讲大道理。"

"我不管别的，反正我要你给我保证。我千里迢迢地跑来与你结婚，就是希望你能带给我幸福，我们俩不再分开。"

"明白。我会的，保珠。谢谢你对我的信任和爱，我也同样爱你，舍不得离开你，是你给了我保家卫国的勇气，一想到你我就什么都不怕了。"

"正亨——"

"放心吧，我会好好地保护自己的。但我也绝不能当战场上的孬种，国家培养我们，就是为了在国家需要时我们能挺身而出。我是一个军人，效命于国家是天经地义的。"

"我也不希望你躲在家中，逃避现实，我只是说要注意保护好你自己，不要做无谓的牺牲。"

"是，我的未来夫人。"正亨知道不能再说下去了，他调皮地说道。

"讨厌。"

"嘻嘻，不想当我的夫人？不想跟我生一堆孩子？我将来可是要当将军的。"正亨又开始跟保珠打趣。

"嘻嘻。"看到正亨调皮的模样，保珠忍不住笑了。

"等打败了小日本，我们去乡下买一块地，盖一栋白色的小别墅，种树种花，养鸡养鸭，你给孩子们做饭，我教孩子们武功和绘画。把我妈妈也接来一起住。"正亨给保珠憧憬着未来的美丽蓝图。

"嗯。"

"保珠，你愿意吗？"

"当然愿意。"

"好，我们回去跟姐姐姐夫商量结婚的事情。"

"嗯。"

1941年的重庆。

重庆市政广场。人山人海。

这里正在举办盛大的集体婚礼。

虽然是抗战期间，但仍然无法阻挡看热闹的人。广场上、楼顶上、阳台上到处是熙熙攘攘的人群。

正亨和保珠参加了重庆的集体婚礼。

婚礼很隆重，也很简朴。

战争期间，人们的衣食住行及思想都发生了改变。由于日本人地毯似轰炸，山城重庆的物资十分贫乏，在"新生活运动"思想的倡导下，人们把"礼义廉耻"结合到日常生活中，使人民能在艰苦的困境中坚持下去。

20世纪40年代的中国，国家经济困难，百姓生活艰难，国民政府号召人民抛弃奢华，回归简朴。

新式集体婚礼应运而生。

当时的重庆，国民政府要员都生活在此，蒋介石夫人宋美龄也积极宣传倡导这种新式生活方式以应对物质的贫乏和不足，还对简朴的集体婚礼给予了很高的评价。

这种集体婚礼不用花费很多钱，新娘新郎的衣服可租借，也可买，但价格很便宜，甚至连新娘手中的鲜花也可租借，用完还回即可。

集体婚礼都是政府组织承办，由市长作为主婚人，发给政府签署的结婚证书。

正亨、保珠手牵手站在新娘新郎的队伍里。

新娘大多是红的、粉的、格子的旗袍，而新郎则是黑色中山装。每个人胸前都佩戴着胸花。

但正亨和保珠与众不同的是，正亨没有穿中山服，而是穿着一身帅气的军装。

保珠则是一身紫红色剪裁合体的旗袍。合体的旗袍穿在保珠娇小的身上，显得文静高雅，透着大家闺秀的高贵气质。

正亨与保珠这一对很独特。

保珠依偎在正亨的身边，轻挽着他的胳膊，小鸟依人。

正亨则高大帅气、威武英俊。

姐姐双吉姐夫天祥站在人群中目不转睛地看着这一对新人，脸上是抑制不住的喜悦和骄傲。

双吉甚至控制不住留下喜悦的泪水。弟弟这一路走来太不容易了，今天能有这样的大喜日子实在是一件令人高兴的事情。

市府前大广场上，临时用木头搭起了一个巨大的主席台。主席台的后面墙上悬挂着两面国民政府的旗帜，中间是国父孙中山的大幅照片，照片下面是一个大红色的"囍"字。

今天的婚礼特别隆重。

因为蒋介石的夫人宋美龄也亲临集体婚礼现场。只要她在重庆时，赶上集体婚礼，她都要参加。

蒋夫人穿得十分漂亮、优雅。合体的深蓝色黑丝滚边短袖旗袍，耳垂上是一对小小的白色珍珠耳坠，简单、高贵。除了左手无名指上戴着一枚结婚戒指之外，身上没有任何饰物，这倒也符合她提倡的"新生活运动"，简单、朴素、大方。

蒋夫人虽然没带奢华首饰，但她独特的高贵气质却与众不同。她早早就来到了集体婚礼现场，表示了她的支持和赞赏。

她坐在主席台上，微笑着注视着大家。

重庆市长和一些政府官员站在台上为新人们主持婚礼。主席台的一侧还坐了几位外国友人，他们是被请来参加集体婚礼的来宾。蒋夫人的外交能力是超一流的，她要全世界都看到中国人民抗战的决心和信心。

市长首先举行一个简短的发言仪式，签署结婚证书。然后是新娘和新郎互扔五谷给对方，以示祝福，最后则互相鞠躬致礼。

新人们一对对走上主席台，领取市政府颁发的结婚证书。向主婚人和亲朋好友鞠躬致谢。

轮到正亨和保珠上台了。

两人手牵手走上主席台，靓丽的外表和高雅的气质赢来了阵阵喝彩之声。

宋美龄亲自为林正亨和沈保珠颁发结婚证书，微笑着与这对新人握手祝贺。

"多么漂亮的新娘子，小伙子你要好好珍惜。"宋美龄称赞道。

"谢谢夫人。"正亨双脚一并，敬了一个标准的军礼。

"谢谢夫人。"保珠也鞠躬致谢。

正亨和保珠从宋美龄手中接过结婚证书。

保珠向主婚人和来宾鞠躬致谢，正亨则敬着标准的军礼致谢。

"这位新郎是刚从抗日前线回来的英雄！"主持人向来宾们介绍着正亨。

人群中响起热烈的掌声和欢呼声。

宋美龄也为他鼓掌。

正亨敬礼表示感谢。

正亨和保珠在大家热烈的掌声中走下主席台。

接下来是新人大游行。

正亨和保珠走在队伍中向沿途百姓致意。

正亨与保珠经过几年的苦恋今天终于走到一起，幸福甜蜜的微笑一直挂在他们的脸上。

七　婚后的生活

正亨结婚后，没有再返回原部队，而是被留在重庆担任国民政府交通司上尉副官。

后又被调入总后勤部重庆汽车修配厂工作。

因为姐夫林天祥在汽车修配厂担任厂长，林正亨也算是找到了一个相对较不错的工作。

这是林正亨多年来第一次过上如此安稳、平静的生活。

姐夫姐姐帮他租到一间小房子，让他与保珠把家先安顿下来。

房子不大，但布置得温馨舒适，保珠手很巧，把小房子收拾得干干净净，姐姐双吉送来了新做的素面印花被褥。

保珠上街买来了印着布艺小老虎和胖娃娃的青花瓷碗，又给正亨买了一套平时出门穿的墨蓝色中山装。

正亨买来红纸自己用剪子剪了个巨大的"囍"字贴在墙上，整个屋子被这大红的"囍"字映衬得十分喜庆，为他们的家平添了几分温馨。

正亨第一次有了自己的家，他感受着从未有过的幸福和快乐。

每天安顿好保珠，便准时去单位报到上班，工作积极认真从不马虎拖沓。

或许是在战场上养成的习惯，他雷厉风行的作风，疾恶如仇的性格，让他得罪了一些人，甚至也得罪了一直帮他的姐夫林天祥。

林家男人的倔犟、耿直、火爆的霸气性格在正亨的身上表现得极为突出。

尽管有姐姐双吉护着，但他与直接上司、姐夫林天祥之间的矛盾似乎越来越深。

终于，在一次工作问题上，林正亨与姐夫林天祥爆发了激烈争吵，林正亨不辞而别。

姐姐双吉知道此事后，跑来劝说正亨，让他回去上班，跟姐夫道个歉，就过去了。毕竟在战争期间能有这样一份稳定的工作很不容易，况且林正亨已经结婚，要考虑到家里的经济生活来源。

正亨坚决不同意回到姐夫的修理厂工作，宁可要饭也不愿低三下四去求人。

他找到了他开大客车的朋友，开始跑运输。从重庆到广源再去成都，卖轮胎、卖酒精，甚至靠打短工干苦力活挣钱养家。

有时他跑运输挣了点钱，还要跑去给在重庆读书的妹妹林双盼一些，照顾她的生活。

妹妹不要，他不干，认为哥哥照顾妹妹是理所当然的。

这样一来，林正亨的生活压力更加大了，但他从不抱怨，而是寻找一切赚钱的机会来养家。

婚前的浪漫被婚后生活的窘迫所取代。从不知道攒钱过日子的林正亨终于尝到了生活的压力。

昔日军校的高材生、抗日战场上的英雄、威震一方护国护法大将军林祖密的儿子现在靠打短工生活，这就是现实。

战争期间，中国的经济到了崩溃的边缘，大家都生活在水深火热之中，谁也无法逃离这个现实。

婚后的保珠开始学着做饭、洗衣、干家务，开始了普通人的生活。

正亨辞掉工作一度使家里的生活差点无米下锅。保珠只好从方方面面节省开支，学着自己讨价还价地买菜买粮，尽量减轻正亨的压力。

从家里出来时，父母给的生活费现在花得差不多了。

自从母亲知道她结婚一事大发雷霆，不再给她生活费，把气都撒在沈保庵身上。沈保庵为此直喊冤枉，怪妹妹欺骗了他，因此也断了与保珠的联系。

失去了家人的支持，保珠陷入了生活的困境。

正亨一个人到处打短工已经无法维持家庭生计，保珠开始琢磨着自己出去工作赚钱养家。

晚上。夜幕降临。

满身泥土和汗水的正亨疲倦地回到家中。保珠让他先去洗澡，又端出热气腾腾的饭菜让正亨吃饭。

看着正亨狼吞虎咽地吃着饭，保珠很是难过。

"正亨，我想跟你商量个事。"保珠说。

"什么事？"累了一天的林正亨疲倦地问。

"我想出去找个事干，你一个人到处打短工太辛苦，收入也不稳定，不如我也出去找份工作，两个人挣钱肯定比一个人强。"保珠说。

"说什么你？我一个大男人让你出去工作赚钱养家？"正亨瞪大了眼睛，很不高兴地说。

"正亨，你听我说。现在我们生活很拮据，因为你的工作不稳定，我们也不能总靠姐姐他们的支持。我如果能出去找份工作，生活宽裕一点，将来有了孩子也能抚养，否则我们将来用什么养孩子？"保珠仍然温柔地说。

"这只是暂时的，时局这么不好，我们只能先度过这段时间。将来我会找到稳定赚钱多的工作。"正亨说。

"正亨，我相信你会找到合适的工作，但目前我们需要开始为今后做打算，我真的怕有了孩子我们养活不起。"保珠说。

"那我也不让你出工作。你就给我待在家里，好好地养着。"正亨仍然不松口。

在他眼里，男人出去工作挣钱养家养老婆是天经地义的事情，在林家从来都是这个规矩。

"正亨，我出去工作也是暂时的，等你有了稳定的工作，我立马就回家。再说你每天打工那么辛苦，我也该给你买点肉和营养品补补身体。每天看你那么累，我心里很难过。"说着，保珠的眼睛湿润了。

"我看你还是先不要出去工作，咱们再想想别的办法。"正亨坚持着。

"正亨——"保珠还想解释。

"不要说了，我很累，要睡觉了。"正亨打断保珠的话。

"唉——"保珠无奈地叹了口气。她了解丈夫的脾气，他认定的事情很难改变。

谈判失败，保珠只好另想办法。

保珠最终还是出来工作了。

不过，保珠工作的地点不是外面，而是正亨姐姐双吉的家里，帮助她做做家务、带带孩子。双吉已经有了两个孩子。家里急需一个帮手，保珠是双吉十分信任的人选。

这次，正亨同意了。

姐姐有困难当然要帮，他和保珠结婚，姐姐、姐夫全力帮助，这一点，正亨牢牢记在心里。

生活虽然艰难，但也充满了乐趣。刚强乐观幽默的正亨总能逗得保珠笑弯了腰。

正亨多才多艺，唱歌、跳舞、绘画、武功几乎无所不能。

保珠被正亨的才情深深地吸引，如此有魅力的男人只属于她自己，没有什么能比这更让她满足的了。而正亨也尽其所能地哄保珠开心。

小日子就这样有滋有味地过着。

敌机轰炸时就躲进防空洞。

敌机不来时该怎么生活就怎么生活。

该浪漫时就浪漫，该挣钱时就挣钱。该哭时就哭，该笑时就笑。

八　大儿子晶郎出生

时间过得真快，转眼间已经是1942年初了。

保珠怀孕了，这让她又喜又忧。

喜的是终于要有自己的孩子了，忧的是这个时候要孩子能否养得起？

她决定晚上等正亨回来告诉他。

"正亨，告诉你一件事，你可不要激动。"正亨下班回到家，保珠神秘又幸福地对他说。

"什么事？"正亨一头雾水地说问。

"正亨，我怀孕了。"保珠轻声说道。

"什么？保珠你再说一遍。"正亨睁大眼睛问道。

"我怀孕了。"保珠大声地说。

"怀孕了？就是说我要当爸爸了？"正亨不敢相信地问。

"对呀，你要当爸爸了。"保珠说。

"真的？"正亨仍然问。

"真的。"保珠使劲地点点头。

"噢——我要当爸爸喽——我要当爸爸喽——"正亨高兴地蹦起来，一把把保珠举起来。

"正亨，别摔着我。我头晕。"保珠在空中喊着。

"哈哈，我要当爸爸了。我要当爸爸了。"正亨仍然无法抵制他的激动。

正亨的性格很外向，所谓疾恶如仇，表里如一，放在他身上非常合适。哪怕是心里有一点事情就会在脸上表现出来，绝不藏着掖着。

雾峰林家原本人丁兴旺，家族人口众多。林正亨的父亲就娶了四房太太，生了十几个孩子。

但他的父亲四十五岁就牺牲于军阀的枪口之下。

今天他终于要当爸爸了，心情可想而知。作为林祖密的儿子，林家的血脉又可延续了。

这不能不叫人兴奋。

"放我下来。"保珠还在嚷着。

"保珠你有我们的孩子了，以后你要好好照顾自己，不要干重活，家里有我。"正亨把保珠放下，搂在怀里，轻声说道。

"嗯，我会照顾好自己的。"保珠说。

"姐姐那里要不先别去了？"正亨说。

"没事，瞧你大惊小怪的，我刚怀孕不久，没关系，七八个月时就不敢到处乱跑了。"保珠笑着告诉正亨。

"那你也要小心点，人家说怀孕头三个月是最重要的。我可不想让我儿子跑了。"正亨一本正经地说。

"哈哈，谁告诉你是儿子的？"保珠大笑起来。

"就是儿子，我知道就是儿子，肯定是儿子！"正亨歪着头一连串喊道。

"哈哈——"看到正亨可爱的样子，保珠笑得喘不过气来。

"你是大仙哪？竟然这么肯定？"保珠笑够了，停下说。

"肯定，我敢肯定。"正亨就是不改口。

"好吧，就算是儿子吧。"保珠不想再跟正亨争论，他说是什么就是什么吧。

"我们林家的后代肯定是儿子。"

"好，是儿子。不过要是女儿我也很喜欢，你可不能重男轻女哟。"保珠说。

"不会的。男孩子女孩子我都喜欢。但我敢肯定第一胎是儿子。"

"正亨你真是犟。"保珠笑着用指头戳着正亨的脑袋说。

"嘻嘻。"

"正亨，我们目前经济很紧张，你的工作也不稳定，我担心我们养不起这个孩子。"情绪安静下来后，保珠忧心忡忡地说。

"别担心，有我呢。"正亨说。

"咱们俩凑合凑合还可以，孩子一出生要吃要喝的，我们无法凑合。"保珠仍然担心。

"放心，保珠。天塌不下来。"正亨坚定地说。

"正亨，我相信你。但我们也要做好准备，起码给孩子一个安稳的家才是。"娇小柔弱的保珠说。

"对，保珠你说得对。我们一定要给孩子一个温暖舒适的家，让他快乐地成长。"正亨乐观地说。

"现在到处打仗，这孩子来得太不是时候了。"保珠仍然忧心忡忡地说。

"打仗怕什么？我儿子一出生就又多了一个抗日战士。"正亨骄傲地说。

"你就知道当兵打仗。"保珠说。

"男人生来就是保家卫国的，否则要男人干什么？"正亨说。

"好啦。大将军快睡觉吧，都11点钟了，明天还得去打工呢。"保珠像是在哄小孩。

"嗯。"爬上床的正亨疲倦地闭上了眼睛。

"今天白天日本人来轰炸，炸死一个四岁的小男孩，他的父母肯定难过死了——"保珠躺在正亨身边轻声说道。

"呼——呼——"身边传来正亨的鼾声，累了一天的他早已进入了梦乡。

看着正亨又黑又瘦的面孔，保珠叹了口气，吹灭了蜡烛，闭上了眼睛。

战争期间，爱情成了奢侈品，生活的代价是昂贵的。

蜡烛熄灭了。

屋里屋外都陷入了黑暗之中。

战争期间，作为陪都的山城重庆有着严格的灯火管制，为的是不给敌机提供轰炸的目标。

家家户户的窗户都用厚厚的窗帘堵上，停电也是常有的事情，蜡烛成了这个城市最珍贵的东西。

夜深了,大地难得沉睡,今晚没有日本人的轰炸,大家都能睡个好觉。

1942年9月3日。

重庆。歌乐山医院。妇产科的产房里,保珠正在产床上挣扎。

"哎哟——哎哟——正亨——正亨——"保珠满头汗珠,疼得直喊。

"保珠,保珠,再忍忍,再忍忍——"姐姐双吉守护在她的身边,不断劝说着。

"双吉姐姐,我实在太疼了——啊——"保珠眼泪都快出来了。

"保珠,要咬住牙,省点劲,一会儿再用力。"双吉给保珠传授着经验。

"双吉姐姐,我坚持不住了。"保珠痛苦地喊着。

"保珠,坚持。"双吉继续鼓励着保珠。

"双吉姐姐,正亨,我要正亨——"保珠说。

"已经给正亨捎信了,他快回来了。"双吉安慰着保珠。

这时,林正亨外出打工还没回家,保珠预产期提前,一切计划都打乱了。

"正亨——正亨——"保珠只是疼得大叫丈夫的名字。

保珠是初产。毫无生育经验又没受过苦的她除了感觉撕心裂肺的疼痛之外,没有任何办法。

更让人难以忍受的是,到了晚上医院里漆黑一片,为了防止敌机轰炸,医院有严格的灯火管制,任何人不许开灯。

保珠在漆黑的医院产床上整整折腾了一夜。

正亨没有赶回来。

"哇——"一声响亮的哭声划破夜空,声音响而脆,不由得让人精神为之一振。

折腾了一夜,在黎明到来之前,保珠终于生下一个大胖儿子。

当孩子呱呱落地那一刹那,负责接生的医生护士都松了口气。

紧张了一夜的气氛骤然松弛下来。

"好了，一切顺利。"

"称称孩子多少斤？"

"八斤。"

"这小子够胖的。"

"大人孩子都很好。不错。"

保珠使劲睁开眼，看到自己身旁躺着一个白白胖胖的孩子。

"沈小姐，看看你的大胖儿子吧，多漂亮的一个胖儿子。"

"真是个英俊的小男孩。"

"沈小姐，你先生一定很帅吧，瞧这孩子的模样。"

"沈小姐，你不是不想要这个孩子吗？给我好了，我正缺个大儿子呢。"

护士们轻松地跟保珠开着玩笑。

"给不给呀？"

"给了你们，我丈夫回来不跟我拼了？他就盼望着生儿子，还真让他说中了。"保珠疲倦但开心地说。

"哈哈，快回家让你丈夫看看大胖儿子吧，他得乐坏了。"

"你丈夫怎么没来照顾你？"

"他去外地还没赶回来。"

"哦，你真棒。"

"记得产后医生告诉你恢复身体的方法，注意营养。尽量早点给孩子喂奶。"

"好的，我记住了。谢谢你们。"

保珠虚弱地说。

姐姐双吉来接保珠出院。姐夫天祥专门派了车。正亨不在家，一切都得靠姐姐姐夫来照顾。

保珠与正亨的第一个孩子，取名林晶郎。

1943年春天。

大儿子林晶郎七八个月时,家中的生活仍然没有改善,正亨仍然没有正式的工作。保珠不得不带着儿子前往成都大哥沈保庵处谋生。

此时保珠的大哥沈保庵在成都开了一家酒精厂,生意做得还不错,他让妹妹来厂里任办事员,以此来补贴家用。

看到妹妹的生活如此窘迫,大哥沈保庵非常担心。想当年妹妹在家中是多么受宠,享受着多么平静富有的生活,而今不仅连最基本的生活都保障不了,还拖着个孩子,四处找工作。为此,他对林正亨非常不满,认为他没有照顾好妹妹。

"我们富家之女,怎么会嫁给这么一个穷小子!"沈保庵气哼哼地抱怨。

"穷小子怎么了?他以后会有很好的发展的。"保珠不服气。

"以后?现在怎么办?你和孩子喝西北风吗?"看着保珠和孩子,沈保庵气不打一处来。

"他也正在努力嘛。"保珠说。

"努力?连自己的老婆孩子都养不起,还努力?"沈保庵仍然满脸怒气。

"大哥,你不能这样说他。"

"我怎样说他?当初你说是要考大学,我才把你从印尼带出来,可你出来后背着我和家人与他结婚。甚至都不告诉我们一声,连商量都没有。"

"怕你们不同意嘛。"

"你偷偷结了婚我们就同意吗?你知道母亲有多么伤心吗?你知道她是怎样骂我的吗?"

"对不起,大哥。"

"不是对不起的事,你现在拖着个孩子怎么生活?现在时局又这么不好,到处在打仗。"

"我也不知道,走一步看一步吧。"

"你想得容易,以后孩子花钱的地方多了,万一生病住院,你有钱吗?"

"我还没想那么远。"

"你没想不等于不会发生。"

"……"

"算了,说什么都晚了。先安顿下来再说吧。"沈保庵对妹妹又气又恨,无奈地说。

沈保珠在大哥的酒精厂里工作不久,沈保庵对林正亨强烈的不满引起了妹妹的抗议,结果两人激烈地吵了一架,大哥沈保庵打了妹妹一个耳光,保珠哭着离开了大哥,兄妹俩从此断绝了来往。这一断就是很多年。

第六章　参加远征军

（1944年——1945年）

一　第一次远征军的惨败

1944年初。

亚洲地区抗日的烽火越烧越旺，疯狂的日军大举进攻湖南，妄图尽快拿下中国，称霸亚洲。

1944年6月，日军调集了大牌主力部队进攻湖南。

6月18日长沙失守。

8月8日经过四十七天的血战，衡阳陷落。

衡阳这一战震惊日本朝野，是中国抗战史上敌我双方伤亡最多、正面交战时间最长的城市攻防战。

国民革命军陆军第十军在湖南衡阳以孤立无援的情况下抗击六倍于己的日军，血战四十七天，日军在付出巨大代价后攻占了衡阳。

日军在长沙、衡阳取得暂时胜利之后，野心骤然膨胀，妄想一举拿下中国。他们组织空军主力昼夜轰炸重庆，陪都危在旦夕。

同时为切断世界援华的唯一通道——滇缅公路，日军派重兵赴缅甸作战。

中国抗日战争形势残酷、严峻，不容乐观。

全国人民掀起空前的抗日热潮。

同时为了配合世界反法西斯同盟的战略行动，保住世界反法西斯援华物资的唯一通道——滇缅公路，国民政府开始大规模组织第二支远征军赴缅甸抗日。

说起滇缅公路来还有一段残酷的历史。

抗战爆发后，由于中国的工业基础薄弱，急需大量物资和外援，为了外援的通道，于1938年初修筑滇缅公路。

来自滇西二十八个县的二十万民众在抗日救国信念的鼓舞下，历时十个月，在高山峡谷激流险滩上，沿滇西、缅北九百九十公里的山野上，用双手和血汗修筑了滇缅公路。

期间因爆破、坠崖、坠江、土石重压、恶性痢疾等死伤的民众不计其数。

1938 年底终于通车，从此滇缅公路成为中国抗战的输血管。

日本侵华开始后，妄图以武力强迫中断第三国的援华活动，切断中国抗日物资的输血管。

1939 年冬天，日军占领南宁，切断我国通往越南海防的国际交通线。

1940 年春，日军开始对滇越铁路狂轰滥炸。

9 月，日军入侵越南，并与泰国签订"友好"条约，滇越线全面中断。滇缅公路成为唯一一条外界援华通道。

滇缅公路是中国重要的国际交通线，日本切断滇缅公路会威胁到中国西南大后方。而缅甸对于中英双方来说都有着重要的战略意义。

太平洋战争爆发后，日军在短时间内占据了东南亚，随后盯上具有重要战略意义的缅甸。为保卫缅甸这一东南亚战略要地，中英双方早在 1941 年初就商谈成立军事同盟。中国提出由中国军队进入缅甸布防。

1941 年 12 月 25 日，日军派出 54 架轰炸机空袭缅甸首都仰光。

1941 年 12 月 26 日中英双方在重庆签署了《中英共同防御滇缅路协定》，中英军事同盟初步形成。

协议签署后，重庆军事委员会开始着手组建赴缅的第一支中国远征军。第一支远征军约为十万人，下辖三个军。

由于英军轻视中国军队的力量，过高地估计了自己的力量，又不愿外国军队深入自己的殖民地属地，因此一再拖延阻挠中国远征军入缅。

1942 年 2 月 16 日，日军进攻，仰光告急。英军急忙请中国军队入缅参战。

中国第一支远征军立即开赴缅甸战场。

日军入缅后，利用当地人的仇英心理，到处散发传单蛊惑人心。"日本军队是为了帮助缅甸独立！""现在是赶走英国人的时候了！"日本又派了大量特务用重金收买缅甸的和尚，让他们为日本人说话。

缅甸是个佛教国家，大多数人信仰佛教，和尚的话他们当然十分相信，加之日本人的宣传使很多不明真相的缅甸人倒向日本人一边，给英军及中国军队都造成了严重的威胁。

由于缅甸人的支持和帮助，中国远征军刚一进入缅甸，便陷入了日军的重重包围之中。眼看形势不利，英军甩下前来救援的中国远征军逃往印度。

已经失去了作战的先机，中国远征军陷入被动和不利的形势。

由于英国坚持先欧后亚的既定作战方针，战局一旦失利，他们便决定放弃缅甸，使中国远征军保卫缅甸的作战目的演变成了为掩护英军撤退而进行的战斗。

为了保存实力，中国远征军开始了大突围。中国远征军分成两部分，一部分由远征军副司令杜聿明带领下冲出包围圈向国内撤退；另外一部分人马在孙立人将军的率领下向印度撤退。

因不熟悉缅甸原始森林的地形，抱着侥幸心态的杜聿明带领的一部分人马钻进了野人山的热带原始森林。

野人山位于缅甸最北部，是密支那以北一片原始森林，再往北就是常年皑皑白雪的喜马拉雅山。

野人山又名克钦山、枯门岭、胡康河谷山。野人山绵延千里，纵深二百公里。因常有野人出没，故起名野人山。

野人山方圆数百里渺无人迹，而浩瀚的原始森林如同一望无边的大海，千百年的大树巍然耸立着，层层叠叠的树叶遮住了天空，白天阳光照射不进来，晚上虎豹豺狼全都跑出来寻找食物，野兽的凄厉吼叫声回荡山谷，让人毛骨悚然。

中国远征军的将士们在杜聿明的带领下走进这蛮荒之地，也走上了死亡之路。

野人山的险恶境况完全超出他们的想象，他们不仅要对付凶猛的野兽，还要对付蚂蚁、蚂蟥、蚊子、吸血蝙蝠等吸血的小型昆虫，更甚者有野人出没，远征军中时有士兵被他们掠去虐杀，尽管大家都保持着高度警惕，还是防不胜防。

1942年当远征军终于走出野人山时，三万多仅剩三千多人，其中两万多人惨死在这片危机四伏的绿色魔窟之中。成为世界军事史上最悲惨的一页。

即便如此，中国远征军却仍然做出了让英美同盟军敬佩的战绩，并达到牵制日军的战略目的，为欧洲战场赢得了时间。

第一次远征军入缅作战，歼灭日军四万五千人，英军伤亡一万三千余人，中国远征军伤亡五万余人（其中绝大部分伤亡在野人山）。

二　没有国哪有家？

1944年春天。

由美国史迪威将军统帅的代号为"X"的部队从印度进军缅甸，打响了远征军的复仇之战。

美国1942年委派史迪威赴中国战时首都重庆，任同盟国"中国、缅甸、印度战区"总参谋长（最高司令为蒋介石），并兼任驻华美军司令、美国总统特使。

史迪威当时的主要任务是确保对中国的战时物资供应，而中国对外接受战备物资的交通均被日军封锁，唯一的通路就是滇缅公路。

然而当日军向英国宣战后迅速攻占新加坡、马来西亚和缅甸，滇缅公路岌岌可危。

缅甸陷落后，中国在陆地及海上的运输线被全部被切断，所有物资只能由印度经驼峰空运进入中国。

史迪威对此不罢休，决心收复滇缅公路，一雪前耻。他将撤到印度的两个师进行训练及全部美式武器装备，让他们熟悉丛林作战的技巧，改编为"新一军"。另一方面派遣中国军队二十个师至云南配以美械装备，由美军顾问加以训练，准备从两面夹攻收复缅北。

1944年。重庆。

重庆报纸刊出大字红色标题《一寸山河一寸血，十万青年十万兵》。

"看报，看报。政府号召知识青年参军报国，中华民国到了最危险的时刻。"

"日本人杀我同胞，占我家园，妄图独霸中国。"

"一寸山河一寸血，十万青年十万兵。"

"看报，看报。保家卫国，参加远征军！"

重庆街道上卖报纸的小商贩们高喊着。

重庆市民争先恐后地买报。

为配合中国战场及太平洋地区的战争形势，也为了夺回滇缅公路及雪耻第一次远征军的失败，中国国民政府第二次组织远征军赴缅甸作战。

1944年9月16日，蒋介石在国民参议会上演讲称："国家在此紧急战时关头，要先急其所急，使知识青年效命于战场，因为知识青年有知识，有自动判断的能力，队伍中增加一个知识青年，就不亚于增加十个普通士兵。"他号召全国知识青年积极从军，并提出"一寸山河一寸血，十万青年十万军"的口号。

公共场合又拉起了大红标语，号召年轻人参军报国。

路过报摊的林正亨买了一份报纸。

"林正亨。"背后有人喊他的名字。

"是你，阿宇？"正亨转身抬头惊喜地喊道。

两人亲热地搂抱在一起。

"你来重庆有公务？"林正亨问。

"嗯。除此之外，我这次来重庆是为了报名参加中国远征军的，你有这想法吗？"

"参加远征军？最近形势很紧张。"

"是呀。现在湖南的衡阳和河南的洛阳都失守了，日本人妄想灭亡中国。"

"我也得知这个消息了。我就是死也不会让他们灭亡中国。"

"一寸山河一寸血，十万青年十万军。正亨，我们都是热血青年，又都受过国家培养，现在国家需要我们，我们要挺身而出啊。"

"是啊，我也正在考虑这件事，听说连残疾学生都报了名。"

"真的？学生们的热情很高。"

"是呀，现在国家有难，谁的心里都着急。更何况我们本身就是军人出身。"

"是呀，当初在军校，我们没少吃苦。"

"只是我老婆又怀上孩子了，我需要安排一下。"

"啊，又怀上了，那你还是不要去了，他们没人照顾怎么办？"

"想办法呗，活人还能让尿憋死？"

"我看你还是慎重考虑一下。"

"怎么你不愿意我参加？"

"哪儿的话？你要是去，我举双手同意。战场上就需要你这样文武双全的指挥官。"

"怎么这样巧？报军校也是我们俩共同报的，这次又走到一块？"

"要不怎么叫兄弟呢？我们俩上辈子就是兄弟，这辈子还是兄弟，下辈子还是兄弟。我们要同生死共患难。"

"哈哈，走，兄弟，到我家去。我那还留着一瓶四川老酒呢。"

"那我有口福了。"

林正亨家。

又是夜晚了。

一切都安宁下来，日本人没来轰炸，四周显得特别安静。

屋子空间小，大床挨着小床。

正亨和保珠睡大床。

晶郎睡小床。

晶郎已经进入甜甜的梦乡，吧嗒着小嘴，满脸的笑意。孩子小，在他纯洁的心里只有对世界的爱，他并不懂得人世间的残暴和杀戮。

望着熟睡的儿子。

正亨犹豫了半天，还是鼓起勇气对保珠表达了要去参加远征军的心意。

"保珠，我想去参加中国远征军赴缅甸作战。"正亨对保珠说。

"什么？你又要走？"保珠瞪大了眼睛。

"是，我想去参加中国远征军，赴缅甸作战。"

"你疯啦。我马上要生老二了，老大也才两岁，家里又没钱，你走了，我们怎么生活？"保珠满脸愁容地说。

正亨轻轻地把爱人搂在怀里，说："我知道我不该在这个时候离开你，也理解你的难处。把你们扔下，我心里也不好受。可没有国，哪儿来的家？现在国家有难，需要我，我们不去谁去？"

"道理是这么个道理，可我拖着这么大个肚子，还有晶郎，这么小，我该怎么办？"保珠仍然很为难地说。

"不要怕，我会让姐姐和妹妹来照顾你。"正亨抚摸着保珠的头发说。

"保珠，我很爱你，爱儿子，爱这个家。可日本人杀我同胞，占我国家，作为一个男人、一个中国军人必须挺身而出，否则我会终身遗憾的。"

"正亨，我理解你。可就是害怕，上次生晶郎时你就不在身边，这次又……"保珠有些难过，扑在正亨怀里。

"保珠，别怕。"正亨把保珠搂在怀里，轻轻地抚摸着她的头，这个娇小柔弱的女人跟着他受了太多的苦。

"保珠，等赶跑了日本鬼子，我天天陪在你身边，哪儿都不去，好吗？"

"嗯。可那得等到什么时候？"

"快了，小日本是兔子尾巴——长不了了。"

"正亨，我要你保护好自己，保证活着回来。我和孩子们等着你回来。"她抚摸着自己的大肚子说。保珠知道正亨的脾气，他决定了的事情，就是八匹大骡子也拖不回来。

"会的。放心吧，保珠。我一定会回来的。我还要回来看我家老二呢。"正亨把头轻轻地贴在保珠的肚子上说。

"唉，我知道说什么也没用，你要好好照顾好自己。"保珠叹口气说道。

保珠理解自己的丈夫，他是一个以国家利益为重的人。

"保珠你真是我的好老婆。谢谢你。"正亨亲了保珠的额头，感动地说。

"正亨，你给孩子起个名字吧。还不知道你多会儿才能回来，先给孩子把名字起好吧。"

"好。让我想想。"

"老大叫晶郎，老二叫什么呢？"

"还不知道是男孩还是女孩呢？"

"让我想想，如果是男孩就叫为民，如果是女孩就叫少萍吧。"正亨想了想说。

"唔，好。我们已经有个男孩了，希望这次是个女孩。"保珠说。

"男孩越多越好，多一个男孩多一个兵，可以上前线打小日本。"

"不嘛，我偏要女孩，女孩跟妈妈好，是妈妈的贴心小棉袄。"保珠任性地说。

"好，好。那就要个女孩陪着你，好不好？"正亨哄着保珠开心。

"如果是男孩就会像你一样长大了不顾家。我就要个女孩子。"保珠很有些埋怨的情绪。

"好，这次咱们就要个女孩子，漂亮的女孩子，像你一样漂亮温柔贤惠。"正亨说。

"这还差不离。"保珠说。

"保珠，别难过。打完仗，我立马回家陪你，哪儿也不去了。"正亨嘴巴有时也很甜。

"正亨,我有时真怕失去你,真怕你突然有一天不回来了,我和孩子们该怎么办。"对于正亨的许诺,保珠不买账,她仍然担忧地说。

"保珠,我真的是这样想的。这次去打仗是我必须去的,不把日本鬼子赶出中国就没有我们的好日子过。"正亨的表白似乎是有道理。

"我也明白这个道理,一想到要出生的孩子和晶郎,我仍然是担心。我们又没有钱,也没有正式的工作。"

"我会安排好的,保珠。"

"正亨,我害怕……"

"别怕,保珠,别怕,有我在……"

夜深了。重庆的上空与重庆的大地一样黑暗。天空是缺失了月光被乌云遮挡。大地是因为实行灯火管制,防范日军轰炸机寻找目标。

万籁俱寂,两个人思绪万千。

正亨搂着保珠,心里有着万千的纠结。妻子娇小的身子在他的怀中是那样柔弱。是呀,妻子怀着孕,身边还带着一个两岁的孩子,自己又没有什么钱给他们留下,妻子也没有稳定的工作,自己走后,他们怎么生活?他的心中掠过一阵又一阵的酸楚,他甚至想放弃走的念头,但一想到前方的战事,想到国家的兴亡,想到千千万万在战争中英勇杀敌的战友,他克制住了自己的感情。

是的,自己也有着柔情似水的儿女情长,妻子孩子也需要他的呵护,但国家面临生死存亡,千万同胞处于水深火热之中,国家千秋大业需要自己去捍卫,参加远征军就是再难也不能更改。雾峰林家的男人从来都是战死沙场而不会只为一己私利贪图享受。

正亨想到了自己的父辈都是为国捐躯战死沙场的英雄。自己虽然还算不上什么英雄,可自己也在战场上拼杀冲锋死里逃生,屡建战功,为国效力。正亨感到自己肩上的担子并不轻。舍不得小家,也保不住大家,没有大家,哪有小家?

雾峰林家到林正亨这一代已经是第八代传人，已有百年历史。上几代传人都是名震八方，留名史上的英雄。无论是在台湾，还是在内陆，提到雾峰林家都是响当当的。

雾峰林家男人血脉中的东西是丢不了的，那是一种发自内心的使命感，是一种看不见的遗传。

林正亨也无法抗拒他的使命感，这种几乎与生俱来的使命感让他作为雾峰林家的传人摆脱不掉也无法摆脱掉，国难当头，林家人不挺身而出似乎就是一种耻辱。

雾峰林家的男人似乎就是为国而生，林文察、林朝栋、林祖密、林献堂、林幼春……一个个爱国事迹彪炳史册，数不胜数。

"保珠，等我打完仗，再回来陪你和孩子们。请理解我。"正亨心里默默地说。

三　参加远征军告别家人

重庆。

广场上。

第二批中国远征军赴缅甸作战的将士们正在召开誓师大会。

几万名头戴钢盔、身穿军服的将士们排着整齐的队伍聆听指挥官讲话。

林正亨身穿军装胸戴红花挺立在队伍中，英俊的脸上表情严肃、庄重，他的身后是同样表情严肃庄重的士兵们。

远处是一排排披着绿色迷彩的军用大卡车，开完会，林正亨他们就是乘坐这些军车前往昆明参加训练，开赴缅甸战场。

欢送将士们的家属和亲人都站在不远处的山坡上等待他们出发。

保珠站在远远的地方注视着正亨，娇小的身材由于怀孕更显柔弱。

晶郎拉着她的衣摆也赶来给爸爸送行，刚刚两岁的他，还不懂得现实的残酷，他只知道爸爸要出远门，要很长时间才能回家。

保珠的心情是复杂的，她不知道正亨走后，她的生活是什么样子。她不敢想，也不想去想，没有生活来源，带着一个两岁的幼儿，还有一个即将出生的婴儿，虽然有双吉姐姐和双盼妹妹的帮助，可毕竟她们也各自有她们的生活，不能把全部时间用来帮助她。可他又要走了，而且是去那么遥远的地方，而且是去作战，去冒着枪林弹雨与日本人拼杀，去真刀真枪地与敌人拼个你死我活。或许还会受伤，或许还会牺牲，或许就永远回不来了。保珠心里倒海翻江，她第一次对他这样地牵肠挂肚，第一次这样魂不守舍，她甚至有点后悔答应正亨去参加远征军了，他已经为国家上过战场了，他已经与小日本真枪实弹地在战场上打过了，他已经差点牺牲在战场上。这次应该可以不去了，国家不缺他一个人，而于自己和孩子们他却是整个天，是全部。

保珠的眼睛湿润了。

"妈妈，爸爸去哪儿？"晶郎用稚嫩的声音问。

"爸爸去打仗，去打日本鬼子。"保珠低下头，对儿子说。

"什么是日本鬼子呀？"

"日本鬼子是世界上最坏的人，杀中国人，不让我们过好日子。爸爸去把他们赶跑。"保珠喃喃地说着，不知是说给儿子听，还是说给自己听。

"日本鬼子坏，爸爸赶跑他们。"晶郎噘着小嘴说。

"是的，爸爸去赶跑他们。"

"爸爸好，爸爸保护我们。"晶郎的词需要一个一个地往外蹦。

"是的，爸爸好，爸爸是世界上最伟大的爸爸。"保珠的泪水从眼角流下。

是的，爸爸是好爸爸，可是这一去不知能否再回来。孩子纯洁稚嫩的心灵哪里懂得战争的残忍和无情？

正亨要出发了。

士兵们一个接一个地登上军用大卡车。

送行的人群一阵波动。军乐队奏起了雄壮悲昂的中国远征军战歌。

"君不见，汗终军，
弱冠系虏请长缨，
君不见，班定远，
绝域轻骑催战云！
男儿应是重危行，
岂让儒冠误此生？
况乃国危若累卵，
羽檄争驰无少停！
弃我昔日笔，
著我战时衿，
一呼同志逾十万，
高唱战歌齐从军。
齐从军，净胡尘，
誓扫倭奴不顾身！
忍情轻断思家念，
慷慨捧出报国心。
昂然含笑赴沙场，
大旗招展日无光，
气吹太白入昂月，
力挽长矢射天狼。
采石一战复金陵，
冀鲁吉黑次第平，
破波楼船出辽海，
蔽天铁鸟扑东京！

一夜捣碎倭奴穴，

太平洋水尽赤色，

富士山头扬汉旗，

樱花树下醉胡姬。

归来夹道万人看，

朵朵鲜花掷马前，

门楣生辉笑白发，

闾里欢腾骄红颜。

国史明标第一功，

中华从此号长雄，

尚留余威惩不义，

要使环球人类同沐大汉风！"

远征军的将士们雄壮有力的歌声在上空久久盘旋，让人心里既悲壮又悲伤。

保珠拉着儿子登上更高一点的土坡，为的是看得更远一点。

正亨看到保珠和儿子，向她们挥着手告别，远远地，他向保珠敬礼致敬。正亨的同学阿宇也站在队伍中向保珠招手致意。

保珠的泪水大颗大颗地滴下。

这一走，不知是否是永别。

军车启动了，汽车马达的轰轰声淹没了人们送行的口号声。

雄壮的歌声还在空中飘荡，但远征军的车队渐渐远去了。

重庆的天空永远是这样的云遮雾盖，湿气袭人。天空又下起了毛毛细雨，保珠一只手拉着儿子的小手，一只手护着肚子里又一个幼小的生命，孤独地走在阴冷的城市街道上，雨水打湿了她的头发，又顺着她的脸颊混着泪水一起流下，她不去擦它，让它任意流，肆无忌惮地流，这样她会感觉好受很多。晶郎小手用力拉着妈妈，他似乎感受到了妈妈的忧伤，晶郎已懂事了许多，他不要求任何人抱他，自己踮着小脚跟着母亲，一步一步地走。

"晶儿累吗？"

"不累。"

"让妈妈抱吗？"

"不，晶儿自己走。妈妈累。"

"晶儿真是个乖孩子。妈妈肚子里还有个小弟弟，妈妈没有力气抱晶儿。"

"晶儿不累，晶儿自己走。"

母子俩手牵手走在回家的路上。

儿子的小手柔软细腻热乎乎的，保珠牵在手里感觉十分踏实。尽管儿子走路还不稳，说话也不清楚，但他却给了保珠巨大的精神力量，心底似乎有一股热流在涌动，让她的忧郁和悲伤在减轻、消退。

尽管保珠不知今后的路该如何走，但儿子的信任让她感觉到自己必须坚强起来，必须要自己面对今后的生活，让儿子和另一个即将呱呱落地的孩子有一个温暖的家。正亨是为保卫国家而战，而我要抚养好他的孩子，让他们健康成长。

"走，儿子，妈妈回家给你做黑芝麻糊去。"

"妈妈，我最爱吃黑芝麻糊了。"

"是呀，黑芝麻糊是晶郎的最爱。"

"妈妈，你就要生小妹妹了，晶郎不吃了，留着给小妹妹吃吧。"

"晶郎真是个好孩子，不过，小妹妹还不会吃东西，等她出生后，妈妈再给她做，好吗？"

"好的，妈妈，咱们快回家吧。晶郎要吃黑芝麻糊。"

"好。"

母子俩手牵手向家走去。

背影消失在雨幕中。

正亨走后，保珠生活艰难，只好搬到正亨姐姐双吉处住。

四　赴缅甸作战

1944 年 7 月。昆明。

第二批中国远征军乘军车到了云南昆明。

这些优秀的中国远征军青年们要在这里参加几个月的集训，然后赴缅甸作战。他们将学习如何在热带丛林中与日军作战，避免第一次中国远征军因不适应缅甸热带丛林作战而葬身在那片荒凉野蛮之地的悲剧重演。

教官是史迪威将军从美国请来的军事专家，精通热带丛林作战技巧，了解日军的作战方式和布局。短短几个月的训练，让这些年轻的士兵们学习到了很多军事技能，为打回缅甸，雪耻第一次远征军失败，夺回滇缅公路，奠定了扎实的基础。

在昆明魔鬼式训练的间歇期，正亨给妹妹林双盼写了一封信。

在这封信里，正亨拜托妹妹去帮助照看保珠。他也简单介绍了自己在部队的生活，并告诉她们自己即将赴缅甸参战，也许很长时间不能写信，希望大家互为关心照顾。这封信是正亨赴缅甸参战前的最后一封信，也是他唯一的一封家书，从此他与家人中断了联系。

几天后，正亨与第二批中国远征军乘飞机离开昆明到达印度雷多。

一下飞机，中国远征军的将士们即被通知脱下国民党军服，换上全新的美军制服，配备崭新的美式装备。

这是史迪威将军的命令，也是中美两国政府谈判的成果。

中国远征军夺回滇缅公路，势在必得。

此时，林正亨已被正式任命为中国远征军学兵总队步兵团指挥连上尉连长。

正亨军校同学阿宇被分配到他同一个部队。

换上美军制服的正亨显得帅气无比,人显得高大了许多。军校出身的正亨充满了自信,管理起部队来也井井有条,显示出他很高的职业军人的素养。

这次赴缅的中国远征军大部分都是知识有文化的学生和知识分子,所以整个部队的素质非常高,理解力及使用新式武器的能力也非常强,这让史迪威将军很满意,也让中国远征军增加了必胜的信念。

很快,正亨所在部队接到上级指示,进入缅北森林,杀向曾经吞噬了我第一批中国远征军几万将士生命、白骨累累的野人山。

野人山初看上去仍然是那样美丽、安静、神秘、绿荫婆娑、遮天蔽日。但这平静之下却潜伏着日军第18师团。

这个臭名昭著的第18师团可不是一般的军队,它曾经参加了震惊中外的南京大屠杀,杀害我成千上万的中国同胞,双手沾满了中国人民的鲜血。

得知面前的敌人就是南京大屠杀的参与者,中国远征军的将士群情激奋,发誓决不让一个日本人活着走出野人山。

这次史迪威将军进行了周密的军事部署,加之美国军事专家的魔鬼式热带丛林作战训练,中国远征军的心理素质及军事素质都远远超过第一次中国远征军,特别是面对仇敌,大家集聚了太多的仇恨,复仇的情绪与卫国的情绪都十分高涨。另外,这次全盘及周密的总体作战计划与第一次英军不配合、盟军指挥混乱及对作战地理不熟悉等失败原因大不一样。这极大地坚定了远征军将士们的必胜信念。中国远征军几十门大炮悄悄对准了扼守在野人山的日军。

复仇行动开始了。

远征军几十门大炮同时开火,无数发炮弹投向日军的阵地。

正亨所在中国远征军被定名为"X"部队。他们先后攻占了日军长期盘踞的孟关、加迈、孟拱……

第二支中国远征军的部队代号为"Y",从云南进军缅甸,展开了滇西战役。

两支中国远征军从缅北向缅中地区挺进,以两面夹击的战术围攻包抄日军,这突然的袭击让日军措手不及，日军溃不成军。

此时正是缅北的雨季，日军中流行病肆虐，加之中国远征军的强大火力及围攻，断粮断药的日军更是饥寒交迫。困守在缅北的日军有八万人，其中有六万人惨死在阵地上。

中国远征军越战越勇，林正亨所在的学兵总队，参加了反攻密支那的战斗，并一举攻下密支那，取得了预期的胜利。

但攻破密支那时，已是缅甸的雨季，江河暴涨，中国远征军接到上级命令，暂时停止进攻，部队休整。

林正亨自进入缅北反攻战役之后，就没睡过一个好觉，这次部队休整，他也想趁机养精蓄锐。

五 死里逃生的林正亨

天气转凉。

已经进入 11 月份，缅甸传统的雨季已过，旱季来临。

中国远征军又投入了打击日寇夺回滇缅公路的战斗中。

12 月 5 日，林正亨所属中国远征军攻下敌军要塞八莫，将日军两个连队合围于南坎地区。

战斗激烈，日军接连败退。

在缅中最后一场战役中，林正亨带领部队乘胜追击，准备一举全歼残敌。

狡猾的日军派出大量空降兵从天而落，截住了正在乘胜追击的林正亨所带领的先头部队，把正在追击日寇的中国部队拦腰切断。

后续部队被截在了包围圈的外面，正亨与他的部下完全陷入了日军空降兵的包围圈之中。战役突然有了变化，逃跑的日军掉头开始了反击。

"报告连长,日军空降兵已经从四面包围了我们,我们目前与后续部队失去了联系。"部下向林正亨报告道。

"他奶奶的,小日本居然给我来这手。不给他点颜色看看,他就不知道自己是谁!"林正亨抹了一把脸上的灰尘,骂道。

"通知部队,做好战斗准备,这帮子兔崽子恐怕是来者不善!"林正亨下达了紧急命令。

"是。"

"另外告诉兄弟们,扔掉身上所有负重物,枪上刺刀,节省子弹,近距离杀敌。"

"是。"

与后方部队失去了联系,无法得到他们的地面支援,又被日军空降兵团团围住。

现在只好拼了,林正亨当机立断下达了命令:与敌人展开肉搏战。

"弟兄们,准备刺刀与敌人拼了,誓死不投降,宁死不当俘虏。"林正亨大声喊道。

"誓死不投降,宁死不当俘虏——"士兵们也高声喊道。

"二十年后,我们又是一条好汉!"林正亨继续喊道。

"杀——"士兵们高喊着随连长冲向敌群。

一场短兵相接的肉搏战开始了。

远征军士兵与日军伞兵展开了厮杀。

林正亨的勇猛和霸气引起了敌人的注意,八个凶残威猛的日本兵将他团团围住了。

"杀——杀——"林正亨高喊着,左右拼杀着。枪托、刺刀都用上了,动作速度之快,像闪电一样。嗖嗖的冷风中带着血腥味,一个日本兵倒下了,又一个日本兵倒下了,正亨似乎已经忘记了自己是一个人与八个日本兵在拼杀。

身旁的部下们也都与日本人展开了白刃战,每个人都同时被几个日本兵包围。

场面血腥。

"八格牙鲁——"一个日本军官挥着马刀冲了上来，马刀砍向正亨的脸颊，刹那间正亨满脸是血。

正亨与凶狠的日本军官拼杀。

正亨的左手被日本军官的马刀砍中，露出了雪白的骨头茬。

"啊——"杀红了眼的正亨忍着剧痛，将刺刀刺向了日本军官。

日本军官躲闪不及，左臂受伤。

但其他几个日本兵又冲了上来，正亨与其拼杀时，日本军官又挥舞着马刀将正亨的右手砍断。

血像泉水一样涌了出来，正亨已经成了血人。

正亨的刺刀狠狠地刺向了日本军官。日本军官高声怪叫着倒下。

正亨的脚下横七竖八地倒下了一片日本兵。

正亨已经身负十六处重伤，浑身上下都是血，他的身体摇晃着已经无法站稳，但他还在做最后的拼杀。

"呀——"一个鬼子兵从他的背后偷袭上来，刺刀深深地刺进了他的后背。他艰难地转过身，用被砍断双手的胳膊死死地勒住了日本兵的脖子，日本兵倒下了。

血人一样的林正亨依然站立不稳。

又一拨日本兵扑了上来，日本兵的刺刀扎进了正亨的前胸，他摇晃了几下，终于倒在血泊之中。

残阳如血。

大地突然安静下来。

似乎这里不曾有过一场异常残暴血腥的杀戮和搏斗。

林正亨与他的士兵们安静地躺在了这片茂密荒芜的森林之中，几乎每个人都变成了血人。

嘹亮的《中国远征军军歌》似乎还在响起，低沉悲壮的歌声久久在上空盘旋不肯离去。

"……
一呼同志逾十万，
高唱战歌齐从军。
齐从军，净夷尘，
誓扫倭奴不顾身！
忍情轻断思家念，
慷慨捧出报国心，
昂然含笑赴沙场，
大旗招展日无光，
气吹太白入昴月，
力挽长矢射天狼。
……"

"杀——"

后续赶来的中国远征军大部队终于冲破敌人的封锁杀了过来。一场残酷的厮杀后，全歼了残余的日本军。

打扫战场时，眼前战场的惨烈让赶来增援的后续部队震惊了。

阵地上死尸遍地，血流成河。

阵地上几乎没有一具完整的尸体。

刺刀卷了刃，长枪折了把儿，尸体上插了四五把日本军刀。远征军将士的身体与日本兵的尸体紧紧地抱在一起，掰都掰不开。

有人闭上了眼睛。泪水顺着他们的脸颊淌下。

他们齐刷刷地脱帽向牺牲的壮士们致敬。

"林正亨——林正亨——"一个声音从阵地上传来。声音悲哀凄凉,带着哭声。

"林正亨——你在哪儿?你在哪儿?"

是阿宇。林正亨的军校同学好朋友好兄弟。

他是跟随着后续大部队赶来的。

"林正亨你快出来!出来我陪你喝酒!林正亨你快出来呀?"

阿宇念叨着,寻找着。

终于,阿宇在一堆死尸底下找到了浑身是血、昏迷不醒的林正亨。

"林正亨——林正亨——"阿宇惊喜若狂地喊着。

阿宇摸了摸林正亨的脉搏,微弱地跳动着。

"哈,林正亨你真的没死,你真的没死!我就知道你死不了!"阿宇激动得不知说啥好了。

"走,我送你去医院。"阿宇背起了林正亨,向战地医院跑去。

"林正亨你要坚持住!"

六 美国军医把他从死亡线上救回

战地医院。

一间乳白色干净整洁的手术室里。

温暖的阳光从窗外斜斜地射进房间,高大的樟木树缀满了浓密的叶子。阳光经过叶子的过滤,呈现出斑驳的影子,出现在屋内的光线变成了网状或点状的不规则的形态。

手术室很安静。

墙上的钟表滴答滴答不停顿地走着。

高鼻子、蓝眼睛长着一头稀疏金发的美国军医卢卡斯正在为林正亨做手术。

"止血钳——"

"剪子——"

"纱布——"

"手术刀——"

"上氧气——"

"擦汗——"

手术室里一片寂静，只有美国军医卢卡斯短促的命令声和氧气瓶发出的嗞嗞声。

林正亨的伤势很重，头上、脸上、前胸、后背、手上、腿上……大大小小的刀伤、枪伤共有十六处，他的双手几乎被完全砍断，露出了白花花的骨头茬子。脸型几乎看不出来，皮肤和肉都挪了地方。

美国军医卢卡斯简直无法相信这个躺在手术台上昏迷不醒的伤员伤势如此严重，却创造了生命的奇迹。

他为面前的中国远征军人顽强的生命力所折服，他想尽全力救活这个年轻的生命。他知道，只要努力，一切奇迹都会发生。

一个小时过去了，又一个小时过去了……五个小时后，卢卡斯医生结束了手术。

已经在生死线上走一回的林正亨终于告别死神回到了人间。

因右手伤到了筋脉，双手无法握拳，成了残废。令人欣慰的是，右手恢复了功能，能勉强写字，成为不幸中的万幸。

尽管他满脸的伤疤，双手无法握拳，双腿也有些拐，身体虚弱摇晃，但毕竟他站立起来，又恢复了他男子汉的雄风。坚毅的眼神，钢铁的意志，还是他——林正亨。

战地医院病房里。

美国军医卢卡斯正在查房。

"林，你今天感觉怎么样？"卢卡斯带着助手走进来。

"卢卡斯医生，我感觉很好。"

"你还需要慢慢恢复，不要着急。"

"好的。卢卡斯医生。"

"让我来听听。"卢卡斯把胸前的听诊器放到了仍然绑满纱布的林正亨的胸前。

"嗯，还不错。"卢卡斯听了一会儿，满意地说。

"谢谢。"林正亨感激地说。

"不过，你还需要很长一段时间休养，让伤口新的肌肉长出才行。"卢卡斯关切地说。

"好的，卢卡斯医生。我听您的。"林正亨点点头。

"伤口恢复得不错，需要时间让它们愈合，你的身体基础不错，换其他的人可能已经无法再躺在这里与我交谈了。"

"林，让我来看一下你的手腕恢复得怎么样了？"

林正亨举起被纱布包裹着的双手。

"嗯，还不错。不要用力，要放松。"卢卡斯满意地点点头。

"嗯。"

"林，因为这里是战地医院，医疗设备还是有限，过些日子，你将被转送到印度的医院继续接受治疗。"卢卡斯认真地说。

"是。卢卡斯医生，我的生命是您给的，我服从您的安排。"林正亨感激地说。

"No！林，是上帝的恩赐，是上帝救了你。你是非常幸运的。要感谢就感谢上帝吧。"卢卡斯医生在胸前画着十字说。

"谢谢您，感谢上帝。"林正亨感激地说。

"林，你是英雄，一个人与八个日本人拼刺刀，令人敬佩。我喜欢你这样的中国军人！"卢卡斯举着大拇指，满脸敬佩的表情。

"我是军人,保卫自己的国家,维护世界和平,消灭侵略者是我的责任。"林正亨平静地说,没有丝毫的傲气。

"真正的军人!"卢卡斯再一次竖起大拇指。

这天下午,林正亨的病室门窗口一顶钢盔晃来晃去。正亨奇怪地看着这个在外面晃动头盔的人。

片刻后,门终于被打开了。

一个人轻手轻脚地走了进来。

"林正亨——"来人轻轻地喊道。

"阿宇——"正亨看清了来人,正是将自己从死人堆里扒拉出来的最好的军校同学、战友阿宇。

"正亨——我就相信你死不了!"阿宇激动地扑了过来。

"阿宇——哎哟——"正亨激动地与阿宇拥抱在一起,碰到了伤口,正亨疼得直叫。

"正亨,你的伤?"阿宇停止了激动。

"没事了,医生说恢复得不错,就是需要时间调养。"正亨不在乎地说。

"那你可得要小心呀。"阿宇很担心地说。

"没事,死尸堆里都待过了,还有什么可怕的?"正亨梗着脖子说。

"这次我可救不了你了,上次差点没把我累死,那么大的块头沉死了。"阿宇抱怨着。

"那你还救我?"正亨故意问。

"不救你?不救你,嫂子跟我要人怎么办?再说,没有你了,我上哪儿去吃那么好吃的重庆菜?"阿宇认真地说。

"臭小子,就知道吃。原来不是为救我,是为了吃呀?"正亨打趣地说。

"哼哼,有一部分吧。"

"悲哀,悲哀,我还不如死了呢!"正亨佯作生气状。

"哎——哎——老大,你可不能死呀,你死了,嫂子少生多少小远征军呀?"阿宇说。

"你这个臭小子,敢开我的玩笑?哎哟——"林正亨笑着给了阿宇一拳,自己却不小心碰到伤口,疼得直咧嘴。

"你看看,你看看,又碰着伤口了不是。"阿宇心疼地说道。

"等我伤好了,看我怎么收拾你。"林正亨无奈地说。

"好,等你伤好了,赶快回部队,我等着你收拾我。我愿意。"阿宇乐呵呵地说。

"说说前线的事情。"林正亨迫不及待地问。

"前方仗打得不错,小日本连连败退,我们一直追着他们的屁股打,上次要不是他们的空降兵,咱们也不会吃那么大的亏。"阿宇说。

"是呀,害我的兄弟们牺牲那么多。"林正亨气愤地说。

"现在他们可狂不起来了,四处逃窜。打败他们只是时间的问题了。"阿宇自豪地说。

"棒!太棒了!早日收拾完他们,我们就可以回国了。"林正亨兴奋地说,"我就盼着我的伤尽快好起来,好重返前线打狗娘养的小日本去!"

"老大,别着急,仗有的是你打的,快点养好伤倒是真的。"阿宇说。

"好,借你的吉言。"林正亨说。

"林正亨你一直是我的榜样,我从来都是以你为榜样,我希望看到一个坚强、刚毅、幽默的林正亨,和从前一样的林正亨。"阿宇说。

"谢谢你,阿宇。谢谢你的鼓励,我会努力让自己好起来。我不会输在医院病床上。"林正亨说。

"林正亨,这是我想听到的,我就知道你是条汉子!"阿宇兴奋地说。

"好了,阿宇,你该走了,一会儿医生又该查房来了。记得在前线替我多杀几个鬼子。"林正亨催促说。

"好吧,你好好休息,等你的好消息。"阿宇起身告辞。

两个生死兄弟拥抱告别。

1945年8月6日。

美国在日本广岛投下了原子弹。

1945年8月14日。

日本政府照会美国、英国、苏联、中国四国政府，宣布接受《波茨坦公告》。

1945年8月15日。

日本天皇裕仁宣布日本无条件投降。

这一消息震撼世界，整个亚洲形势发生了巨变。

受此影响，中国远征军也收兵回国。

林正亨是在医院中得知这一消息的。他已于1945年8月被转入印度继续治疗。

一直到9月中旬，林正亨的伤势才基本痊愈，但完全恢复还需要相当长的时间。

9月20日，林正亨被转入疗养院继续疗伤休养。

9月26日，林正亨终于忍耐不住了，他告别了疗养院，搭上了回国的军车，到了云南。

到云南后，林正亨发现自己由于长时间负伤住院，加之原部队已经改编，他现在变成军队的编外人员。

好在林正亨终于联系上云南昆明云南驿一处专门接待远征军伤兵的疗养院，继续养他没有彻底好利索的伤病。

七　离家九年后给妈妈的信

在云南驿养伤期间，生活恢复了正常，林正亨享受着从未有过的放松。

自从考上军校，踏进军队的那一天起，他的生活就不再由自己掌握，几乎每一分钟都在紧张中度过。经历过无数次战场上的血雨腥风和生生死死，他其实早已把自己交给了国家，告别妻子儿女那一天起，他就没打算活着回来。

战争中谁能把握自己的生命？他明白这一切，但他无法跟妻子明说，结婚才几年，妻子如此地爱着自己，如果失去他，妻子的巨大悲痛是无法想象的。

好在自己没有死，经历了九死一生又返回了人间。林正亨对此已经很感恩了，想想那些永远长眠在缅北土地上的兄弟们，他已属万幸。

林正亨靠在病床上，望着窗外绿油油的芭蕉树宽大的叶子，一只浑身上下长满了彩色羽毛的不知名的小鸟在树枝上叽叽喳喳地叫着，空气中有一种甜甜的气味。林正亨把窗户全部打开，让窗外的空气涌入，瞬间，房间里充满了甘甜清新的味道。林正亨舒服地伸了个懒腰，或许是抻着了伤口，他皱了皱眉头。

看着窗外美景，听着小鸟的叫声，正亨想起了自己的妻子，想起自己的儿子和未曾谋面的孩子，更是想起了远在台湾的老母亲。从自己决定出外求学离别母亲，一别就是九年，不知母亲怎么样了？鬓边是不是添了几绺白发？步伐是否变得不再那么矫健？他突然很想立马见到妈妈。

他走到床前，拉开床头的小书桌抽屉，取出一摞信纸，先给妈妈写封信吧，不然她看见我的样子会吓坏的。

正亨坐到了桌前，铺开了信纸，提笔给妈妈写分别九年来的信。

亲爱的母亲：

我以一半兴奋一半悲伤的心绪写这封信给你，记起自南京分别后已经是过了九个年头，这漫长的征战中，以前曾在湖南写一封信寄表姐处转交给你，民国三十一年我回漳洲的时候，寄一封信及照片由四哥处转寄，这两封信我都不敢相信能寄到。我们时时在想念你，也会流掉了不少思亲的眼泪，我们想象你老人家一定也日夜为烽火中的儿女焦愁，你那油黑的双鬓也随着时光变为苍霜。现在战争是胜利了，故乡也已经收复，你要为你作战九年的儿女光荣而骄傲，姐和盼妹大概比我先写信报告你了，我说不定明春就可回台。

我来报告你这不肖儿子九年中的经过吧！我在枪林弹雨中蒙你老人家一生善良的福泽，在百死中庆护生返，我感谢你福荫。记得二十六年七月你自南京返台，八月十三日上海就打起来了。我在十六日到上海住了一个月。九月间就重返南京为着国民的责任，我不能逃避这国家兴亡神圣的战争，我违背了你的嘱咐，我承认我不能尽孝，我投考航空学校和陆军军官学校，结果我进了军官学校十五期生。在上海战事不利的时候十月底，学校迁移汉口，后来又到湖南，在湖南长沙才找到姐姐，同时盼妹也自安徽来长沙。二十七年，我们在湖南训练，冬迁四川，二十八年九月间毕业。那时候，姐随天祥兄到重庆，也已在湖南沅陵生下第一个男孩，名少谷，盼已在湖南贵州交界的铜仁县国立中学读书。

我军官学校毕业后，即被派往三十六军军部当见习官，二十九年元月随36军前往广西作战，不久，我即被派往九十六师当少尉军官，在参谋处服务。那时候（二月间），我们和日军第五师团在昆仑关大战，我们在日军包围中死战突围，几天没吃饭，差一点失了生命，我那时率领情报排三十多名士兵退却了四日，只剩下十多个了。后来我们开拔到湖南，我被调往五十师消毒连（任）连长（即等于日本军的中队长）。三十年，我晋升中尉，那时候前往云南省，可是沈保珠（即你现在的媳妇）由南洋前来与儿结婚，儿即请假到重庆，十一月在重庆结婚。很受天祥兄和姐的帮忙，三十一年，任交通司上尉副官。九月三日生一个男孩取名义旻，乳名晶郎，相貌生得还好，有点像你老人家，眼睛完全不像林家的三角眼，还聪明，人人都喜欢他，叫他为洋娃娃，因生得又白又红的缘故。保珠很贤惠，教养小孩有条有理的，我半生的困苦，在这点上我还算幸福。

三十三年（去年），因为湖南衡阳的失守和陕西洛阳的失守，感念国家时局的危急，我是年轻力壮的军官，不应留在后方。我毅然别了临产的保珠投进军政部远征军到印度、缅甸作战，七月坐汽车到云南昆明市，不久就乘飞机到印度、缅甸作战，那时我任步兵团指挥连连长。

三十四年(今年)春,由缅北战到缅中,日军望风败北,儿因土人助日军为逆,沿途杀戮过多,三月底在缅中战争结束最后一役,追击败退的日军,受到逆袭,儿不幸受重伤十六处,出血过多,当时死去,幸救治迅速,在缅甸医院治疗四个月,动两次手术,痛苦自不待言。

八月间转印度治疗,九月中旬才算痊愈。但是双手因伤了筋无法治疗,成半残废,幸右手尚可以执笔作书。九月二十日转入休养院,二十六日由印度雷多返国。现在住在云南省云南驿,但是不久我就要出院到重庆去。这是九年来儿大略经过的情形,其中的细节待回家再向你慢慢地禀告。

差一点我忘记了,保珠在去年七月间生一女,取名小频,我还没见过,看像片眼睛像我(很丑),林家的女儿多是不好看的,听说很白很胖。保珠和姐姐住在一起,但是自我负伤以后,还没接到保珠和姐姐的来信,使我很记挂。天祥已来电,大概不日就有信来。

在这场神圣的战争中,我可算尽了责任,台湾的收复,父亲生平的遗志可算达到了。要是有知,一定会大笑于九泉。我的残废不算什么,国家能获得胜利强盛,故乡同胞能获得光明和自由,我个人粉身碎骨也是值得。

请母亲不要为我残废而悲伤,应该为家族的光荣来欢笑,你并没有为林家白白地教养了我,我现在成了林家第一勇敢和光荣的人物。

回顾这悲惨的战争中,我现在忏悔我在缅甸杀人过多,日本人和缅甸人至少要遗下数十个的孤儿寡妇,我虽然已得着报酬,但梦中常常听得人类临死惨呼和叹息,战争是可诅咒的,我希望我的儿子不要像我这辈的不幸,杀人和被杀都是感到痛苦的。

使我日夜记挂的是宏弟,自他离香港到厦门后就没得到消息,这战争使他失去了学业,现在在哪里?希望他平安。水弟也是我日夜记挂的,会不会被日本征出作战,那太可怕了。其他的弟弟都好吗?大概他们都已成家立业了。

献堂叔祖及诸叔都健在吗?二哥大概又多了不少小孩,家中的人代为问好。

意妹听说嫁了一个医生住在上海,很受虐待,祝妹、招妹大概都已出嫁,一别十年一切都已变了,你们生活很好吧?我想家人多少对你总要敬重,回家我自有办法。

盼妹还在读大学没出嫁,在重庆暨南大学。清弟在军事委员会任无线电员,去年我远征的时候,他已是两个男孩子的父亲了。清的媳妇很贤惠,生活方面的苦是吃够了,我想他明年也会回台。

一切的事情大略已经写完了,最后关于我目前生活还算好,国家非常优待出国远征受伤归来的将士,衣食住都算满意,我还能做事还有前途不愿在这休养院吃一辈子(可以吃一辈子),我已经健康了,只元气还没有复原,不必记挂。

天祥现任军政部修理厂厂长,以后很有前途,你老人家的晚景一定能获光荣和幸福的。好!这是我生平给你老人家最长的一封信,用来庆祝国家的胜利和故乡的收复,以及安慰你老人家九年来日夜悬念异乡烽火中的儿女。好,再谈。祝你老人家福寿康宁。

远别不孝的儿子正亨叩书
三四年十月三十日

信写完了,正亨长长地出了口气。

第七章　回到重庆的日子

（1945年——1946年）

一　一路讨饭回到重庆（一）

在昆明云南驿休养院期间，林正亨因作战有功，被授予少校军衔。

可这军衔已经没有了意义，部队已经改编、撤改，他长期负伤住院已经是编外人员。

有什么办法呢？能从战场上捡条命回来就已经是万幸了，还能要求什么？

在昆明云南驿休养院住了一段时间，林正亨终于待不下去了。尽管这里条件很好，生活舒适，可他非常想念家人，想孩子，想母亲，想参加工作，不能坐等政府养着了。尽管他已经残废，阴天下雨身体的伤口也时常发痛，但他不想继续这样过下去了。正亨想：我还年轻，可以去工作，赚钱来养活自己。

摆在林正亨面前的有两条路：一条是在休养院长期待下去，政府答应永远提供生活所需的一切。

还有一条路，就是自我谋生。这条路充满了未知和冒险，一不留神就可能成为乞丐。

很多休养院病友们劝阻林正亨不要冒险，但他还是选择了这条路。这就意味着林正亨准备放弃舒适轻松有保障的生活，选择重新开始。

"院长，我准备告别休养院，回重庆去。"林正亨对休养院院长说。

"林正亨你想好啦？"院长问。

"想好啦。我还年轻，腿脚也还利索，我不能躺在休养院吃闲饭。我要去参加工作，干一点力所能及的事情。"

"你是为国家负的伤，国家有义务养你。"

"我是为国家利益去参战，也尽了自己的责任，但我不能就此赋闲下去，国家还不太平，需要我去工作。"

"你现在已经被部队取消编制，现在军队大整编，你原部队也不存在了。

这个休养院是唯一还能接收你的地方,你考虑过今后的生活吗?"院长人不错,直言不讳地告诉他。

"我考虑过了。这么多年的确在军队在前线打仗拼命,没有任何积蓄,但走一步说一步吧。我还没考虑那么远。"

"年轻人,要考虑好,生活不易。我希望你再考虑考虑。"

"院长,不用考虑了。谢谢你的好意,我主意已定。"

"好吧,年轻人。你迈出这一步就变成平民百姓了,今后就全靠你自己了。"

"战场上杀敌寇是我的职责,是我应尽的义务,但想想那些已经牺牲了的战友,我是幸运的,我不能居功自傲。"

"好样的!你让我为你骄傲。年轻人你走吧,你康复得如此快完全是你的身体底子好,继续锻炼,不能放松。"院长竖着大拇指说。

"好的,我会的。"

"恢复期是一个长期的过程,要注意平日的生活,不能干重活,要量力而行。"

"知道了。"林正亨给院长敬了一个标准的军礼。

告别休养院那天,很多战友及工作人员到休养院大门口去送林正亨。

他的行李很简单,只有一个军用背包和军用挎包,装了一些简单的洗漱用品。

林正亨挥手挡住了送行的队伍。

他回头望了望这些朝夕相处的兄弟。

这是一群身有残疾的战友,有的拄着拐棍,有的坐在轮椅上,有的被工作人员搀扶着。他们都有一个共同的特征,就是都有一张年轻的面孔。

他们都是远征军的英雄,都是从前线下来的将士,都是二十几岁曾经风华正茂的年轻人。为了这个国家、为了这个国家的人民免受屈辱、免遭亡国之难,他们献出了自己的一切。他们曾经是天之骄子,曾经是父母宠爱的孩子,曾经是学业优秀的高材生,曾经是儿子,曾经是年轻的父亲……但他们现在……林正亨望着他们残疾的身体和充满了朝气年轻的脸庞,心里一热,泪水涌上了眼角。

"兄弟们，多保重，把身体养得结结实实的，早日回家。"他把头扭到一旁，不愿他们看到自己的泪水。

自己在战场上与八个日本鬼子拼刺刀时，他没落泪。在手术台上做手术醒来后剧痛难忍时，他没落泪。得知自己双手残疾再也无法开枪时，他没有落泪。但现在看到这么多的伤残兄弟，他落泪了。

"大哥，你也要多保重。"

"路上小心。长官。"

"一路平安。"

"后会有期。"

"回去吧，有机会我会回来看你们的。"正亨挥着手说。

人群并不动，站在那里像一群雕像。

林正亨走回去，与每个人拥抱。

然后，头也不回地走了。

他不敢再回头。他怕看他们年轻的面孔和那残缺不全的身体，他不敢看他们充满了期待的眼神。他怕他们看到自己像泉水一样涌出的泪水。

"君不见，汗终军，

弱冠系房请长缨，

君不见，班定远，

绝域轻骑催战云！

男儿应是重危行，

岂让儒冠误此生？

况乃国危若累卵，

羽檄争驰无少停！

弃我昔时笔，

著我战时衿，

一呼同志逾十万，

高唱战歌齐从军。

……"

不知是谁又唱起了那首著名的《中国远征军战歌》，声音低沉、悲伤……渐渐更多的人加入了歌唱，声音越来越大，响彻整个云空。

"……

净胡尘，

誓扫倭奴不顾身！

忍情轻断思家念，

慷慨捧出报国心。

昂然含笑赴沙场，

大旗招展日无光，

气吹太白入昴月，

力挽长矢射天狼。

……"

悲壮的歌声让林正亨浑身一震，他停下了脚步，但只是片刻。

他头也不回地走了。

他低声吟唱着这首远征军将士人人都会唱的战歌，让眼泪随意在脸上流淌。

再见了！兄弟们。

林正亨用力抹去脸上的泪水，大步向远方走去。

他将走向新的征程，他将开始自己新的生活。

二　一路讨饭回到重庆（二）

尘土飞扬的土路。

林正亨正在行走的孤独身影。

抗日战争刚刚胜利，土路上一派混乱、嘈杂、繁忙……卡车、马车、独轮车、双轮车、毛驴车、人拉车，老人、孩子、妇女、儿童，背着包的、扛着行李的、拉着羊的、赶着猪的……汇成一道独特的风景线。

林正亨背着背包，汇入了这道人流。

天很蓝，太阳很大，照在身上暖暖的。

林正亨迈着大步向前走着，想着很快能见到家人，他的心情放松了许多，少了忧郁，多了快乐。

一个坐在马车上的小女孩引起了林正亨的注意。小女孩有着一双大大的眼睛，一个宽宽的额头，小小的嘴巴，嘴角边有一个深深的小酒窝，笑起来很好看，像外国的洋娃娃。

林正亨冲她扬了扬手，小女孩开心地笑了；甜甜的，透着天使般的纯洁。

"我的女儿也该有这么大了吧？还没见过她的面。"林正亨心想。

保珠第二胎即将分娩时，林正亨参加中国远征军到了缅甸作战，孩子的出生以及保珠和孩子的安危他都不知道。还是前线的战友从家人的来信中得知后告诉他的，保珠生了个女孩，大人孩子都平安。算算与家人失去联系已经有一年了，他们目前的现状一点都不知道。保珠怎么样？晶郎怎么样？小女儿怎么样？她们在何处？还住在老房子吗？姐姐和姐夫还在重庆吗？保珠是否和他们住在一起？我走后，保珠和孩子们是怎样生活的？打仗时他完全忘记了所有的一切，这个时候全都在他的脑海中活跃起来，撕扯着他的每一根神经和脑细胞。好在快见到他们了。

正亨不由得加快了脚步。

开始了回家的漫漫征程。

当初告别妻儿外出打仗时，他受到了政府和当地百姓的热情欢送，他们把他当作英雄，当作国家的功臣；如今经历了血雨腥风的他已经成为真正的国家功臣、真正的英雄，准备寻找回家的路时，却成为孤独寂寞的一个人。没有了鲜花，没有了掌声，甚至没有了生活保障。

时过境迁，形势变化无常，国家有太多的大事情，已经无暇顾及他了。

林正亨没有抱怨任何人，他只知自己问心无愧，为国家为百姓尽心尽力了。他变得更加坚强更加坚定，始终无任何一句怨言。

我还有家人，我还有母亲，我还有妻儿，这么多年欠他们的太多，现在已经报效完祖国，应该去回报他们了。他想。

回家的路并不好走。

林正亨边步行边搭顺车。

路上什么天气都能碰上。晴天是一身汗，雨天是一身泥。好运气时一天能吃上两顿饱饭，不顺利时，能买两个芋头充饥就不错了。最差时，正亨一天只喝了一肚子凉水。要不是傍晚在路边碰上一个萝卜地，拔了几个生萝卜吃，正亨几乎是饿昏了。

口袋里那几个钱花完了，正亨基本只能靠乞讨来填饱肚子。

头发越来越长，衣服越来越烂，皮肤晒得又黑又干，人瘦得脱了型。看上去就是活脱脱一个乞丐，与那个曾经帅气、阳光、勇敢、洒脱的国军少校军官有着天壤之别。谁也不会相信面前这个乞丐就是那个令众人羡慕不已的林正亨。

当林正亨终于走回重庆时，别人已经完全认不出他来了。

他凭着记忆找寻自己曾经的家。

天还是那样阴沉的天，地还是那样绿油油的地，然而，家却再也找不到了。不见了保珠，不见了孩子，也不见了家中熟悉的一切。

房子的主人已经换了，谁也不知曾经的主人去向何方。

希望、目标、支撑、力量突然丧失，正亨一屁股坐在曾经的家门口，再也无半点力气。

保珠你在哪儿？他望着阴沉的天空想。

谁也不认识他，来往的行人用奇怪的眼神看着他。

保珠，保珠你们在哪儿？孤独、饥饿、疲劳、无助，正亨陷入了从未有过的绝望之中。

他决定先安顿下来，慢慢寻找。

他只好辗转来到重庆郊外一个叫七星岗的地方，这个地方有一家便宜的小旅社，虽然破烂些，可价格便宜，他还能接受。

安顿好住处，他就开始寻找家人。

听朋友说妹妹林双盼在苏联塔斯社驻渝记者站工作。

林正亨决定先去找妹妹。

早晨，正亨匆匆吃了点东西就往妹妹工作的地点重庆枣子南丫走去。

在塔斯社大门外，正亨被保安截住。

他告诉接待人说自己要找妹妹林双盼。保安人员让他在外等待，叫人通知林双盼出来见面。

不一会儿，一个年轻漂亮的女孩子从里面出来，向林正亨跑来。

"请问你是找我吗？"女孩子走到正亨面前客气地问。她弄不清楚这个穿一身破烂长衫、长长的头发、满脸胡子的乞丐找她有什么事情。

"双盼，我是正亨哥哥呀。"看到妹妹，林正亨有些激动。

"谁？"女孩子显然吓了一跳，她后退一步，惊讶地问。

"我是正亨哥哥。"林正亨嗫嚅地说道。

"正亨哥哥?"女孩子惊恐地瞪大了眼睛。

"是我。"林正亨点了点头。

"你?你是正亨哥哥?"女孩子不相信地重复道。

"是。"林正亨苦笑着。

"你,你怎么变成这个样子?"林双盼无论如何也不能相信,面前这个人是她的亲哥哥——那个帅气、潇洒、阳光的哥哥。

他不仅人瘦得不成样子、满脸的胡子茬,那张曾经英俊阳光线条分明的脸也是蜡黄蜡黄的,失去了往日的青春和朝气。

最让双盼吃惊的是,他的脸上手上全都是恐怖的伤疤,左一道、右一道的,泛着红红的新长出来的鲜肉。

只有那双炯炯有神的眼睛还依稀看得出熟悉的神情。

"正亨哥哥,真的是你?"双盼扑到了哥哥的怀里,哭出了声。

"双盼——"林正亨抱住了妹妹。

"正亨哥哥,这究竟是怎么回事?发生了什么事情?你不是在前线作战吗?"双盼边哭边问。

"唉,一言难尽。"林正亨叹了口气说。

"你脸上的伤疤……你受伤了?"双盼指着哥哥的脸问。

"何止受伤,我差点见不到你们了。"林正亨说。

"家人都十分担心你的情况,母亲也问过好几次。"双盼说。

"让她老人家担心了。"林正亨难过地说。

"你一走连个音信都没有,保珠嫂子带着孩子没法生活,就和姐姐姐夫去广州了。"双盼告诉哥哥保珠嫂子的下落。

"我去找她们了,没找到。"林正亨说。

"保珠嫂子不想走,想在重庆等你,双吉姐姐不放心,把她们都带走了。保珠嫂子还给你留下一些生活费。"双盼红着眼圈说。

"保珠——"林正亨难过地低声说道。

"对了,正亨哥哥你住在哪里呀?"双盼想起什么忙问。

"住在郊区的七星岗,你跟我去看看吧?"林正亨木然地说。

"你等一下,我去跟领导说一声,跟你去看看。"双盼说。

"好。"正亨答应着。

"我再给鲁明打个电话,让他陪咱们去。"双盼对哥哥说。

"鲁明是谁?"林正亨疑惑地问。

"鲁明是我的同事,也是我的男朋友。他人很热情。你正好认识他一下。"双盼说。

"噢。"正亨说。

"正亨哥哥你先到传达室坐一会儿,我去跟领导请假,顺便给鲁明打个电话。"双盼利索地安排着,这几年的记者生涯让她受到了锻炼。她早已不是当年那个羞涩的小姑娘。

"好的。"林正亨答应着。

鲁明正在写稿子,听说双盼的哥哥从前线回来了,他赶紧放下手头的工作赶了过来。

三个人开车来到了重庆郊区七星岗一个破旧的小旅馆。旅馆很小,看上去不像一个旅馆,倒像是一个农家院子。

林正亨带着双盼和鲁明爬上了窄小摇晃的楼梯,正对着楼梯的那间小阁楼就是正亨的租住地。

房间很小,小到只能放一张床。一张又黑又脏的单人木板床上铺了一些干稻草,稻草上铺着一张少了半边的席子,没有褥子,也没有被子,只是光光的一张席子。

房间里空气很差,尘土飞扬,空气中弥漫着一股潮湿发霉的味道。双盼被呛得一连打了两个喷嚏。

"正亨哥哥你就住在这里？你可是中国远征军舍生忘死的抗日英雄啊，回到祖国却落到这个地步？"双盼带着哭腔问。

"哭什么？我这不是活着回来了吗？一起上前线的官兵牺牲了多少？比起他们来，我算是幸运的了。"林正亨不以为然地说。

"可也不能这样对待你呀？"看到哥哥悲惨的境遇，双盼终于哭出了声。

"我没觉得有什么不好，为国家尽力是我应该做的。"林正亨安抚妹妹。

"我也懂得你的心情，可看到你这个样子，让我心里很难过。以前的你那么阳光、帅气、健康，可现在身上这么多伤，手也残疾了，今后怎么生活？"双盼难过地说。

"不要怕，我会好起来的。"林正亨自信地说。

虽然哥哥的话让双盼平静了不少，但哥哥那憔悴的身体、变了形的脸庞还是让她难过得说不出话来。

"来，坐下。告诉我这两年你和家人的情况。"林正亨拍了拍床沿说。

"来。鲁明，你也坐。"林正亨招呼着。

"好。"双盼和鲁明都坐在铺着破席子的木床上，屋里也没有其他地方可坐。

"母亲在台湾还好，就是惦记着咱们，特别是你，她总是念叨。"坐定后，双盼对哥哥说。

"很对不起母亲。我没有机会与她联系，更无法去看望她老人家。"林正亨愧疚地说。

"保珠嫂子在你走后，生了一个女孩，她一个人带着两个孩子无法生活，就搬到双吉姐姐家，与姐姐姐夫在一起生活。平时帮姐姐管管家，同时帮姐姐带着老二阿凌。保珠嫂子的奶水足，两个孩子都是吃她的奶。"双盼说。

"她们受苦了，我也没钱给她们。"林正亨低着头说。

"还好，天祥姐夫工作稳定，收入也好，养活这一大家人还算说得过去。姐姐、姐夫对我们这些弟弟、妹妹非常照顾。"双盼说。

"多亏了姐姐、姐夫帮助，我也很感激他们。"林正亨感动地说。

"是呀，多亏了天祥姐夫。抗战胜利后，政府派天祥姐夫到广州去接收日本人开设的华南汽车修配厂，担心保珠嫂子和孩子们的生活，就把她们一家子都带走了。"双盼说。

"双盼你这几年生活还好吗？"林正亨问。

"我还好。当年你参加了远征军要去缅甸打战，给我写信，让我去照顾即将临盆的保珠嫂子。正赶上我所在学校期末英文考试，我担心自己考不过，留级，就接了同学从桌底下递过来的答案。结果被老师发现，不仅被取消了考试资格，还被学校开除了。当然考试作弊是个幌子，真实原因是因为我领导学生们对抗学校的陋习教规得罪了学校领导。但我们的斗争还是胜利了，学校取消了原有的陋习教规。被学校开除后，我就转入了复旦大学去读书。"双盼说。

"唉，没想到你嫂子生孩子还牵累了你？你现在的工作怎么样？"林正亨歉疚地说。

"我从学校毕业后，开始想去延安，后没去成，就来到重庆塔斯社做记者，平时跑新闻口。工作还行，就是挺危险的，总有坏人捣乱。"林双盼说。

"谁敢给你捣乱？哥哥回来了，以后谁给你捣乱告诉我，瞧我怎么收拾他们。我可是从死人堆里出来的，什么没见过？"林正亨一脸正气地说。

"好呀，好呀！正亨哥哥你以后给我当保镖得了，出去采访时，带上你，没人敢欺负我了。"双盼高兴地拍手说。

"没问题，有哥哥在，什么都不用怕。"林正亨说。

"太好啦！"林双盼说。

"另外，正亨哥哥你不能住在这里了，离市里太远，条件又太差。可是我那里因为是外事新闻单位，你也不能去住，咱们得想个办法先找个工作。"双盼担心地说。

"我先住在这里，没关系。条件差点，总比睡大街上强。这里离鲁明单位也近，有事情也好联系。给我找套被褥就可以了。"林正亨说。

鲁明所在单位新华社报社馆当时也在重庆郊区的七星岗。

"那好吧，先让鲁明给你找套被褥吧，等我们找到新的住处，你就搬走。"双盼转向鲁明说。

"没问题。"鲁明说。

"至于工作问题……"双盼说。

"我去找朱老（朱学范），他是搞工会工作的，信息和机会都多。"鲁明打断双盼的话，自告奋勇地说。

"太好了。你去找朱老，看看能不能想办法先给我哥哥找个工作。"双盼高兴地说。

"好。"鲁明点头答应着。

"正亨哥哥，咱们去吃点饭，恐怕你很久没吃饱饭了吧？"双盼看看表说。

"不瞒你说，我是一路讨饭回来的，要到什么吃什么，饿肚子是常事，哪能吃得上饱饭？"林正亨点头承认说。

"可怜的哥哥。"双盼眼圈又红了。

"好啦，双盼，咱们赶快陪哥哥去吃饭吧。"鲁明看到双盼又要哭，赶紧说道。

"好吧。"双盼抹了抹眼泪说。

三个人从小旅店里出来，在附近找了一家干净的饭馆。

"哥哥你想吃什么？"三人坐定，双盼问哥哥。

"你点吧，哥哥现在吃什么都香。"

"好，我来点。服务生，请给我们来一盘南山泉水鸡，来一个磁器口豆花鱼，来一盘麻婆豆腐，再来一个辣子干煸鳝丝。"双盼一口气说道。

"够了，够了，太多了。"正亨赶忙阻止道。

"不多，不多。你今天好不容易回来，是件大好事，我们要好好庆祝庆祝。"双盼按住了哥哥的手。

"双盼说得对，正亨哥哥你就别管了。"鲁明也说。

"好吧，你们安排吧。不要浪费，你们也都不富裕。"林正亨不再坚持了。

菜上来了，鲁明又叫了一小壶老四川白酒，三人吃了起来。多日不见荤腥的正亨见到这么多好吃的菜，眼睛都亮了。

"好吃，好吃。真解馋。"林正亨边吃边说。

"正亨哥哥你多吃点。"双盼边说边往哥哥碗里夹菜。

"自己来。"林正亨说。

"正亨哥哥我敬你一杯。"鲁明举着酒杯说。

"谢谢。来，干。"林正亨破了自己的戒，喝了未来妹夫敬的第一杯酒。话又说回来，能活着回来，还能跟家人坐在一起吃饭已经是很幸福的事情了。自从上了战场，他从未期望自己能活着回来。多少兄弟死在了战场上，数也数不清。

"哥哥，你在战场上九死一生，这次回家一定不要再受苦了。"双盼说。

"好呀。这次哪里也不去了，就守着孩子老婆了。"林正亨开玩笑说。蜡黄的脸上浮起了开心的微笑。

"正亨哥哥，我怀疑你的话，你肯定是闲不住。"双盼噘着嘴说。

"嘿嘿，知我者妹妹也。"林正亨更加开心地笑了。

"哈哈。"鲁明也笑了，他也看出这位英雄哥哥不是个吃闲饭的人，他的抱负和责任感是与生俱来的。

夜色悄悄地爬上了天际，小餐馆里的人渐渐多起来。林正亨几个月来漂泊动荡历尽艰辛终于回到重庆，他感到从未有过的踏实和安静。

一切恍如隔世。

看到家人真好，找到亲人真好。新的生活准备开始，刀光剑影的昨天让它过去吧。他在心里默默地想。

三　在重庆工作的日子

第二天，鲁明去找了当时在重庆做工人运动的领导人朱学范。

朱学范是著名的近代中国劳工运动领袖，是著名的政治活动家，担任国际劳工局理事、国际工会联合会理事、世界工会联合会副主席。

他自1925年起就投身于中国劳工运动，先后参加了爱国反帝的五卅运动、上海邮局的罢工斗争和上海工人第三次武装起义。

1935年中国劳动协会成立，朱学范作为劳协领导人之一，自觉自愿地接近中国共产党，坚持国共合作的工人运动方向。

1939年朱学范当选为中国劳动协会理事长。

鲁明把林正亨的情况汇报给他。

朱学范得知了林正亨的情况，立即把他安排到了重庆劳动协会工作。

中国劳动协会简称"劳协"，自从1935年在上海成立之后，于1937年迁往武汉，后又迁往重庆。最初为国民党控制，但自从接受各民主党派的政治主张后，开始与解放区合作。

1945年解放区九十多万职工全部加入了"劳协"，并成立了共产党的外围组织。由于"劳协"亲近共产党，国民党对此十分不满，开始迫害该组织，设置了许多的条条框框制约"劳协"的发展。

无奈中国"劳协"归属于国际工会组织，直接受国际工会组织领导，同时中国"劳协"主席朱学范也担任世界工会联合会的副主席，所以国民党也不敢有太大动作。

中国"劳协"极受广大工人们的欢迎，是中国最广大工人阶级的"娘家"，也是中国共产党最忠诚的同盟军。

林正亨加入"劳协"时正是"劳协"的鼎盛时期。他被分配到重庆朝天门码头做码头工人的工作，晚上则陪伴妹妹林双盼去各处采访。

因为劳动协会有宿舍，林正亨的住处也有了着落，他从七星岗小旅社搬到了劳动协会的宿舍中。

林正亨开始了他新的生活。

这种生活与他以前的军旅生活完全不同，没有了血雨腥风，没有了面对面的拼刺刀。

生活中的黑暗与不平并没有随着抗战的结束而结束。重庆仍然充满了暴力，充满了尔虞我诈，充满了贪污腐化。在灯红酒绿的重庆，他开始对人生重新思考。

当时抗战刚刚结束，国共两党谈判破裂，国家形势严峻。

身为军人在前线冲锋陷阵流血牺牲，他从未后悔过，但看到了后方一些贪官污吏不关心百姓生活，弄虚作假，贪污腐败，他震惊了。

身上的伤痛越来越轻，但心里的伤痛却越来越重。

特别是在朝天码头工作使林正亨这位富家少爷有更多的机会接触到底层工人，看到那些有钱有势的恶霸们肆无忌惮地欺压和剥削工人，林正亨感受到了社会变革的必要性。

发生在重庆校场口的血案事件终于让林正亨猛然惊醒。

1946年2月10日。

重庆各界二十多个团体到校场口广场举行庆祝政协成功大会，同时王若飞、郭沫若等共产党人到会向群众报告国共重庆谈判进展情况。

到会群众达一万多人。政协代表沈钧儒、梁漱溟、罗隆基、邵力子等应邀参加大会。

会议开始时，国民党当局突然派遣大批特务、打手七八百人，以重庆工务会、农务会、商务会等名义强行入场，抢占主席台。

暴徒打手们用事先藏好的铁条、砖头蓄意挑衅、毒打参加会议的记者、群众，大会主持者李公朴上前劝阻，被特务包围，拳打脚踢倒在大会主席台下，头部被混在人群中的便衣特务用铁尺打伤，血流不止。出席会议的演讲人郭沫若、马寅初、章乃器、施复亮等人也遭到辱骂追打。当场致伤者达六十余人，制造了震惊全国的校场口事件。

中国共产党代表周恩来、国民党爱国将领冯玉祥将军赶到会场时，痛斥国民党特务的暴行，特务打手们才四散而去。

此事引起全国各地民主人士极大义愤，纷纷发表声明谴责国民党特务暴行，要求惩办追拿凶手。关于此事的报道大篇幅刊登在报纸重要版面，百姓无人不知无人不晓，街头巷尾都在评论。

林正亨看到报纸后，极是愤慨。不是国共谈判吗？不是团结起来共同管理治理国家吗？为何采用这种卑鄙手段制造血案呢？对待自己人也要采取以暴制暴的手段吗？我们同是中国人，为何不可以坐下来谈判呢？这还是那个带领我们在前线与日本鬼子拼杀的国民政府吗？这还是那个号召我们十万青年十万兵的政府吗？

他有些想不通。

他无法把那个曾经号召他们用自己的青春和生命保家卫国的国民政府与眼前的这个腐败堕落不守信誉的政府画等号。城市里灯红酒绿的饭店彻夜歌舞升平与食不果腹的码头工人形成了鲜明对比。通货膨胀，物价飞涨，民不聊生。

林正亨陷入迷茫之中。

这个时期，林正亨的思想发生了很大变化。他看到国民党政府的腐败和无能，看到了国民党政府的荒淫无耻。

假如不是他亲自上了前线，假如不是他负伤后九死一生回到重庆，他是不会改变信仰，不会如此失望和愤怒。

林正亨是个热血青年，是个百分百的爱国主义者，为了国家的利益他什么都能舍，甚至不惜牺牲自己的生命。

可是他不能忍受欺骗，不能忍受对人尊严的践踏。

他完全失望了，眼前的一切让他从梦中醒来，他陷入了深深的迷茫之中。

他读书读报，开始思考社会问题，开始接触一些进步人士。

妹妹给他拿来一些进步书籍让他读，每天的新报纸更是第一时间给他送来。

"哥哥，这是今天的新报纸。你读一读这个头版头条，是关于国共两国谈判破裂的真相。"

"哥哥，这是鲁明所在新华日报关于校场口血案真相的报道。"

"哥哥，这是一些我平时读的书，你看看吧。"

双盼看到陷入迷茫的哥哥，尽可能多拿一些进步的书籍和报纸给他读。

双盼还向哥哥介绍了红色根据地延安的情况，告诉他有很多热血青年冒着生命危险投奔延安参加革命，抗日救国。

双盼还向哥哥介绍了共产党领导的八路军进行的百团大战。

妹妹的介绍让林正亨的思想豁然开朗，他像是在黑夜中突然见到曙光，心中无比兴奋与激动。

他意识到中国共产党才是中国真正的希望，才是为中国劳苦大众谋福祉的队伍。此时的林正亨开始关注共产党，开始接受共产主义思想。

重庆校场口血案事件发生后，林正亨更加看清了国民党独裁专制的本质，他的思想迅速蜕变。

此时的林双盼已经加入了进步组织，并开始参加一些共产党的进步活动。

像大多数进步青年一样，她曾经梦想去延安参加救国运动，但由于重庆更需要她这样有文化有抱负的青年人才，所以她听从组织安排留在重庆，并进入塔斯社做记者。

林正亨经常到妹妹住处，找妹妹和鲁明喝茶聊天，谈对社会的看法，谈未来的理想，谈中国的形势。每个周末成为他们最期待的日子。

"我通过这几个月的观察，看到了一个与我以前听到的完全不一样的共产党组织，他们一心为民，为劳苦大众服务，很得民心。"林正亨深有感触地说。

"正亨哥哥，你有什么想法？"正在泡茶的双盼看到哥哥的进步，高兴地说。

"回重庆后，我发现将士们在前方抛头颅、洒热血为祖国献身时，国民党政府的腐败官僚们却在后方过着花天酒地、纸醉金迷的生活。他们不仅不关心百姓生活，还雇佣特务打手横行霸道，欺压百姓。这样的政府能长久吗？能为百姓服务吗？"林正亨说。

"说得好，正亨哥哥。"双盼直点头。

"国民党政权腐朽没落，只知道搜刮民脂民膏，将国家资产据为己有，发国难财，却不关心国家前途、百姓生活，这样的政权是担负不起治理国家的重任的。"鲁明也说道。

"对，我赞成鲁明的说法。"林正亨赞同地说道。

"正亨哥哥，朝天门码头工人的工作开展得怎么样？"双盼关心地问。

"工作开展得很顺利。工人们、善良、正直、能干，生活都很贫困，他们是生活在最底层的人。"林正亨说。

"这些人也是我们最可靠的朋友和依靠的对象，他们是我们最忠诚的同盟者。"双盼说。

"是呀，这些人特别淳厚、善良，且身上充满了力量和斗志。"林正亨喝了一口双盼端过来的普洱茶说。

"双盼，接下来怎么办？是在码头上继续干下去，还是有新的安排？我需要有一个长远的安排和计划。"林正亨说。

"好的，哥哥。我找朱老询问一下。他对你的工作很肯定，看看他怎么说。"双盼说。

"好的。"林正亨点点头。

朱老的工人运动经验丰富，有开阔的国际视野，与共产党有多年的合作关系，有他的安排，林正亨心里很踏实。

小屋里灯光明亮，茶香袅袅，三个胸怀远大理想的年轻人各自抒发着抱负与理想，为一个新世界的诞生而探索、寻觅。

四　回台湾开展党的秘密工作

1946年国共两党谈判签订了和平协议，但暗地里蒋介石却拉开了国共内战的序幕。

1946年10月，国共合作宣告失败，中国进入了全面内战时期。

已经参加了很多进步组织活动的林正亨面临着重新选择生活道路的问题。

"正亨哥哥，嫂子又给你来信了。"双盼进门就举着信喊。双盼来哥哥的住处给林正亨送信。

"快进来坐。"林正亨放下手中正在读的书说。

"嫂子是想叫你赶快去广州团聚，孩子们都很想你。这么久没有你的消息，知道你回来了，她们肯定希望尽快见到你。"双盼喝着水，坐在正亨的书桌旁说。

"我也很想她们，可现在工作正是全面展开的关键时刻，我脱不开身啊。"林正亨为难地说。

"趁朱老还没给你安排新工作，你可以先回广州看看嫂子她们。"双盼说。

"等等再说吧。我先给保珠写封信。"林正亨说。这段时间码头工人的工作刚刚有了些进展，朱学范对他的工作非常支持。

"嫂子肯定是着急了，你负伤的事情姐姐已经告诉她了。"

"我安排好了就会去看她们。我也很想他们，只是事情有轻重缓急之分，不能没了章法。"林正亨犹豫地说。

"嗯。"

咖啡馆。

林正亨正与妹妹林双盼、双盼的男朋友鲁明一起喝咖啡，谈国家的未来，谈当前的形势。

咖啡馆的空气中飘荡着浓郁的咖啡味道，林正亨的心情很好，他喝了一口咖啡，对妹妹双盼说：

"我最近看了你给我拿来的几本书，感触很深，对国家的前途有了重新的认识。"

"正亨哥哥，下一步，你准备怎么办？"

"我在思考，还没有做最后的决定。"

"你毕业于军校，军事技术过硬，到新四军去准能发挥作用。另外，你也可以回台湾做一些工人运动的工作。这两条路都可以走。"双盼说。

"是的，我也在考虑。看看组织上怎么安排吧。我还是想回台湾去，台湾人脉多，回去有可能发挥一些特殊的作用。"林正亨说。

"听听朱老有什么建议，他对正亨哥哥很器重，或许有安排。"鲁明说。

"是的。我也想听听他的建议。"正亨点点头说。

"好的。哥哥有了决定告诉我们一声。"双盼说。

"好，就这么决定了。"林正亨说。

投新四军或回台湾发展，这两条路对林正亨来说都可以走，但他首先要去看看许久未见的妻子保珠和两个孩子了。

与爱人孩子分别得太久了，特别是经过了生与死的考验，林正亨更加深切地体会到生命的短暂与命运的未知。能够陪伴在家人身边的时光，是多么可贵。

加上妻子保珠不断地从广州来信，让他尽快到广州与家人团聚。从死亡线上回来还没见到爱人和孩子的林正亨，经过一番考虑，决定带妻子孩子回台湾做地下工作。

接下来发生的事情很顺利。

工人运动领导人朱学范也建议林正亨回台湾工作。

林正亨接受了安排，决定带领二十多个台湾青年返回台湾，开展台湾的工人运动。

这是个秘密任务，大家只知道林正亨自己想回台湾看望母亲，在外征战多年想回家乡尽孝。

五　回到广州见到家人

不久，林正亨到了广州。

"保珠。"

"晶郎，少萍——"

林正亨还没进门就高声喊道。

"正亨？"听到这熟悉的声音，保珠简直不敢相信自己的耳朵。

一个高大的身影闪了进来。

"正亨，真的是你。"保珠扑了上去，见到差点牺牲在战场上的丈夫，她难以控制自己的感情，喜极而泣。

自从正亨参加中国远征军赴缅甸作战，保珠经历了太多的磨难和相思之苦。先是独自生下女儿少萍，然后是面临无钱生活的窘境，丈夫一走，杳无音信，自己又无工作，带着两个嗷嗷待哺的幼儿，保珠真不知如何是好。如果不是双吉姐姐和天祥姐夫帮助，她真的不知如何生存下去。一个印尼富商的女儿能吃下这番苦，如果不是爱情支撑，也真没有别的理由了。

保珠带着两个孩子住到了姐姐家，一方面帮助姐姐管家，一方面照顾两个孩子。

因为姐姐的二儿子阿凌奶水不够吃，而保珠奶水足，少萍吃不了，正好可以喂阿凌，解决了姐姐喂养阿凌的问题。

姐姐、姐夫给了保珠很多帮助，他们走到哪儿就把保珠和孩子们带到哪儿。天祥对正亨不满，但对保珠却十分关心。

最好朋友的妹妹，从遥远的印尼嫁到国内，没有亲人在身边，一个人带着两个孩子，丈夫又远赴前线抗日，这一切都让天祥对保珠充满了同情心。况且与她哥哥的关系也不一般，他认为自己有责任照顾她。

在这一点上林正亨十分感激姐姐、姐夫，他在多个场合表达了自己的谢意。

"正亨，你终于回来了。"保珠抹着眼泪说。

"是的，保珠，我回来了。"林正亨说。

"让我看看你的伤口。你的脸？"保珠看到正亨脸上的刀疤，伤心地说。

"没关系，都已经好了。"正亨安慰着保珠。

"你那么结实的身体，怎么瘦成这个样子？"保珠还是忍不住地伤心。

她心目中那个帅气、英俊的大男孩不见了，面前这个伤残瘦弱的男人让她感觉陌生了许多。

"怎么，嫌我变丑了？变老了？不要我了？"林正亨打趣地跟保珠说道，试图让伤感的妻子跳出沉闷的情绪。

"你能活着回来，我已经烧高香了。一年多没有任何音信，我都急疯了。"保珠噘着嘴说。

"不用怕，我有菩萨保佑，死不了。"正亨幽默地说。

"那你也不捎个口信？"保珠埋怨道。

"我的好老婆，那可是战场，每天真刀真枪地拼杀，命都保不住了，哪有工夫捎口信？"正亨说。

"反正让人家担心死了。"保珠撒娇道。

"这不是活着回来报到了嘛。"正亨抚摸着保珠的头，安慰着。

"这次你不许再离开我们。你是我和孩子们的主心骨、顶梁柱。有时，我一个人好怕，好孤单，怕失去你，怕你把我和孩子们扔在这个孤独的世界上。"说着，保珠就要抹眼泪。

"放心吧，这回再也不离开你们了，我走到哪儿就把你们母子带到哪儿，你就是拿着棍子赶我我都不走。"正亨仍然幽默地说。

"这还差不多。"保珠终于破涕为笑。

"孩子们呢？"两人光顾着说话，正亨突然想起，问道。

"噢，晶郎——少萍——快来见爸爸。"保珠喊道。

房间里静悄悄的，没有了动静。

"晶郎——少萍——"保珠又喊了一声。

"妈妈——"一个弱弱的声音从门后传来。

"晶郎、少萍——"保珠拉开门，发现晶郎带着妹妹藏在门后小心地张望。

"晶郎，快出来，爸爸回来了。"保珠喊道。

"妈妈。"孩子们没动，仍然是小声地喊着妈妈。

"晶郎、少萍快出来，爸爸回来了。"林正亨兴奋地喊道。

"孩子们快来见爸爸呀，干吗躲在门后？"保珠说。

"妈妈，你不是说见到陌生人不要理睬吗？"晶郎小声说道。

"嘻嘻，这是爸爸，不是陌生人。"保珠说。

"妈妈，我不认识他。"晶郎说。

"妈——妈——"少萍刚学会说话，吐字还不是很清楚，单词量也少，只是咿咿呀呀地重复着几个词。

"这是爸爸，爸爸回来了。"保珠对孩子们说。

"晶郎、少萍，我是爸爸。爸爸回来了。"正亨抱起了女儿。

正亨心里既兴奋又心酸。自己走了这段时间，保珠不仅生下女儿，还把他们拉扯大了，真不容易。自己离开的时间太长，孩子们对自己非常陌生。

"少萍，叫爸爸。"正亨亲着女儿的小脸说。

"爸——爸——"少萍稚嫩的童音怯怯地喊道。

"哎——"正亨拉着长音高兴地答应着，这是他听到的世界上最幸福的声音。

"爸爸——"晶郎在妈妈的鼓励下也小声地喊道。

"哎——爸爸的好儿子。"正亨把晶郎也抱在怀里，高兴地答应着。

或许是妈妈的信任，或许是爸爸的亲切，或许是天然的血缘关系，孩子们似乎不再害怕，任由爸爸抱着，静静地依偎在爸爸的怀里。

很久了，都是妈妈一个人带他们，这个自称爸爸的人让他们感觉到安全和踏实。

正亨一脸幸福，尽管伤残改变了他的容貌，但见到了自己的孩子们，他仍然感觉自己是这世界上最幸福的人，这种幸福是任何金钱和荣耀买不来的，为了这一刻的来临，他即便受再多的苦也值了。

"给，这是爸爸给你们带的糖果，尝尝甜不甜。"正亨从挎包里掏出一大袋糖果抓给孩子们。

"噢，吃糖去了——"

孩子们高兴地拿着爸爸带来的糖果去床上分糖去了。

正亨和保珠坐在桌子旁，互相倾诉着分别之后的各自遭遇。

"正亨，你这一走就是一年多，音信全无，我日夜担心你，生怕你遭遇不测。"

"我很好，就是在战场上与日本鬼子拼刺刀时受了些伤，治疗时耽误了些时间，要不然早就回来了。"

"这段时间姐姐、姐夫帮了我很多忙，你这次回来一定要去感谢他们一下才对。"

"好的，没问题。"

"下一步怎么办呢？我们该如何开始生活？你不会再走吧？"

"保珠，是这样的，我决定带你和孩子们回台湾生活。一来这些年我一直在外面南征北战，没有照顾过母亲，她年岁已大，希望子孙们能在身边生活，享天伦之乐。二来，我的家族都在台湾，在那儿我人脉熟，找份工作比较容易，还有些祖上的产业，生活应该不成问题。第三，我还有一些组织交的特殊安排，也需要我回台湾。"正亨说。

"这不会有什么危险吧？"保珠担心地说。

"不会，我们只是做工人的思想工作，是让广大劳动者通过自食其力，过上平静安全有尊严的生活。"正亨说。

"我和两个孩子都跟你回台湾?"

"当然。我们不再分开了,全家人在一起,我不能再让你们受苦。"

"孩子们也需要父爱。"

"是呀,这些年辛苦你了,一个人带着孩子们。"

"再苦再累,心中有你,就不觉什么了。我担心的是你,在外面枪林弹雨的让人揪心。"

"不用担心,我这不是好好地回来了吗?"

"可你受了那么多的伤,两次在战场上差点丢了性命,手也残疾了,你还说会保护自己?"保珠伤心地说。

"我是受了很多伤,也险些丢了性命,但我能完整地回来,已经算很不错了。很多兄弟都牺牲在战场上了,想起他们我就感觉自己应该为国家多做些事情,不能让他们的血白流,不能让他们的梦想落空。"

"正亨,我理解你,所以我一直没有扯你的后腿,不管生活多艰难,我都毫无怨言。"

"保珠,谢谢你,难得你这么通情达理。如果不是跟我在一起,你不会受这么多苦,起码不会这么担惊受怕,生活无着落。"林正亨歉意地说。

"正亨,我也曾经后悔过,但只是一时,心中更多是幸福、快乐和自豪。我的丈夫是个英雄,是为这个国家做出了牺牲的英雄,你教会了我如何做人,如何去生活,给了我两个天真可爱的孩子,我很知足。"保珠坚定地说。

"保珠——我的好老婆。谢谢你。"正亨感动地一把抱住了妻子,轻轻吻着她的头发,喃喃地说道。

保珠的一席话,让林正亨感到非常欣慰。她能这样理解自己,是他没有想到的,本来保珠是可以选择不过现在的生活,她可以去过太平的日子,不愁吃,不愁穿,但她却选择了和他在一起,即使他上了前线,不在身边,没有任何经济来源,她也没有后退,令人感动和敬佩。

林正亨突然感觉妻子好伟大，她不是普通的妻子，她身上有着非常难能可贵的品质。这让他不禁低头细细地端详起妻子。

黑黑的头发，白白的皮肤，高高的鼻梁，大大的眼睛，文静高雅的神态，外表柔弱，内心却有无比强大的意志力。

他越看越感觉妻子无比美丽与端庄，就是他心目中的女神。

"看什么看？不认识了？"沈保珠被看得不好意思了，红着脸说。

"保珠，你真好看。"正亨说。

"讨厌，没正经。还好看？都老了。"沈保珠笑着捶了正亨一拳。

"哪儿老了？在我眼里你永远年轻，永远是我最爱的美丽妻子。"林正亨说。

"谢谢。"

"保珠，你本该过平静安宁富足的日子，跟着我受了不少苦，我心里总是很愧疚，今后我一定会加倍地补偿你。"

"正亨，从我决定跟你结婚起，我就已经知道自己必定要过动荡不安的日子，因为你不同于其他人，你对这个国家和人民有着与众不同的感情和责任，像你的家族众多英雄一样。我不后悔，这是我自己选择的生活，只要跟你在一起，什么样的苦我都能吃。"

"你真是我的好妻子，你放心，我不会叫你失望的。"

"哎呀，我们光顾着说话了，孩子们肯定都饿了。正亨你去跟孩子们玩吧，我去做饭，今天是咱们家的团圆日，我去做点好吃的。"

"好的。"

"孩子们，爸爸来了。"正亨高兴地跑向孩子们。

家，真是个奇妙的地方，一切烦恼和不快在孩子们面前都消失得无影无踪。

正亨的到来，让保珠和孩子们都非常高兴。更令保珠高兴的是，自己的母亲终于认可了女儿的婚事，也突然跑到广州来看女儿和孩子们。

"沈保珠住在这里吗？"一个打扮华丽、长相富态的老太太站在门口问道，她的身后还跟着一个年轻的女子。

"谁呀？"保珠打开房门，她几乎惊呆了。

"妈妈？"保珠站在门口惊呼道。

"保珠，我的女儿。"老太太话音未落，已经是泪流满面。

"妈妈——"保珠清醒过来，哭着扑向母亲。

"保珠，妈妈的宝贝女儿。"老太太抱住了女儿，母女俩相拥而泣。

多年的恩怨，在这一瞬间消失得无影无踪。

"保珠，你让妈妈找得好苦啊。"老太太抹着眼泪说。

"妈妈——对不起。"保珠哭红了眼睛。

"可算找到你了，孩子。"老太太说。

"弟妹——"保珠看到妈妈身后的人叫道。

"好在一路有你弟妹陪伴，否则我自己也找不到。"老太太说。

"保珠——谁呀？"正亨从屋里跑出来问。

"正亨，是我妈妈来了。"保珠抽泣着说。

"妈妈？"正亨疑惑地看着老太太。

"妈妈，这是我丈夫林正亨。"保珠向母亲介绍道。

"这就是林正亨？"老太太说。

"您老快进屋吧。"正亨说。

一家人进了屋。

晚饭后，保珠与妈妈几乎聊了一夜，分别后的酸甜苦辣、婚礼、孩子、印尼家中的情况、爸爸的去世、大哥、二哥的情况……母女俩无所不聊，恨不得把所有的事情都聊到。

直到天边露出了鱼肚白，她们才沉沉地睡去。这也许是黎老太太多少年来睡得最踏实的一次，见到了女儿、女婿、外孙、外孙女一家人，悬着的心终于放下来。

还有什么比儿女的健康幸福更重要?

妈妈的到来，让保珠和正亨都感到突然，同时他们也感到从未有过的轻松。

多少年来保珠的父母对保珠和正亨的婚事持坚决反对的态度，他们结婚后便断绝了与女儿的关系。保珠的母亲黎秀英心里十分惦记女儿，常常想念这掌上明珠的小女儿，从大儿子那里知道了一些女儿的情况，得知她生活上十分艰难，心中更是不安。尽管丈夫坚决不肯原谅女儿，她还是动摇了，毕竟是自己身上掉下的肉，谁不心疼呢？听说女儿到了广州，她不顾一切，买了船票，千里迢迢地跑到广州来看女儿和外孙子、外孙女。

见到女儿一家人，黎秀英高兴得合不上嘴，以前的一切成见不愉快都灰飞烟灭。

女婿很帅，很英俊，虽然受过伤，脸上手上都有伤疤，可仍然掩饰不住他的英气。

孙子孙女都白胖可爱，活泼懂事，"外婆，外婆"叫得她心花怒放。老太太每天都乐呵呵地帮助保珠做饭，带外孙子、外孙女。

一天晚饭时，黎秀英亲自下厨做了好几个女儿、女婿喜欢吃的菜。

"正亨、保珠，妈想跟你们说个事情。"

"妈您说。"正亨边吃边说道。

"沈家在印尼也算是数得着的富商，你和保珠已经有了两个孩子，应该过稳定的生活了。妈希望你们能到印尼去做生意，家里可以给你们一笔钱，当作你们的经商本钱。"黎秀英说道。

"妈妈，谢谢您的好意。我们还年轻，可以自己奋斗。"正亨说。

"正亨，你已经为国家做了很大的贡献，如今已经残疾，下半辈子要为自己和孩子们想想了。保珠也经不起折腾了。"黎秀英继续劝道。

"妈妈，我准备带保珠和孩子们去台湾生活，那里是我的家乡，家族大部分人都在那里生活。我的母亲也在那边。那里的百姓还在遭受苦难，作为林家的后代，我有责任去家乡帮助他们。"林正亨对丈母娘慢慢地说道。

"妈妈，你就别管了，正亨有他自己的主见和安排，你就放心吧。"保珠说。

"保珠，妈就你这么一个女儿，这么多年你吃苦受累的，我能放心吗？"老太太说着抹起了眼泪。

"妈，您放心，我不会再让保珠吃苦了。她自己也是一个很坚强的人，孩子们也带得很好。"林正亨劝慰着丈母娘。

"是呀，我也是看到孩子们才更加替你们担心，这么好的两个孩子，不能让他们过不安定的生活了。"老太太还是忍不住地抹眼泪。

"妈妈，您放心吧！孩子们会越来越好，到了台湾他们会生活得很好。您别难过了。"林正亨说。

"妈您别哭了，您不是天天烧香拜佛吗？菩萨会保佑我们的。"还是保珠会说话。

"是呀，是呀。求菩萨保佑我的孩子们。阿弥陀佛。"老太太不哭了，双手合十连声说道。

"妈妈，您老不用担心了，我们会好好照顾您的外孙子、外孙女，等他们长大了去孝敬您。"正亨笑着说。

"晶郎、少萍，快安慰安慰外婆。"正亨又对两个幼小的孩子说。

"外婆不哭，晶郎将来照顾您。"晶郎说。

"外——婆——萍萍照顾你。"少萍嘟嘟囔囔说道。

"嗯，好好，还是我的宝贝外孙子、外孙女好，知道疼外婆。来，外婆亲亲。"老太太终于笑了，搂过两个孩子。

正亨与保珠相视一笑。

他们知道老太太很疼爱两个孩子，这是他们的撒手锏。

全家乐乐呵呵地吃完了晚饭。

晚饭后，老太太把正亨、保珠叫到房间里，从包里掏出二十根金灿灿的金条和首饰。

"正亨、保珠，既然你们执意要回台湾，我也没有什么好说的了，这二十根金条和首饰是妈妈的私房钱，就算妈妈给你们去台湾的安家费，你们做点生意也算有个本钱。"老太太说。

"这——"正亨吓了一跳，他没想到老太太会出手这么阔绰。

"妈妈。谢谢您的好意，我们不能要您的钱，我们还年轻，自己会努力的。"正亨婉拒道。

"正亨，这是妈的一点心意，请你们收下。"老太太执意道。

"妈妈，您老这是？保珠你劝劝妈吧，我们自己能生活得很好，不用您担心。"正亨对保珠说。

"妈妈，您老不用操心了，正亨有能力养活我和孩子们。"保珠劝说道。

"我知道正亨有这个能力，但他要为国家做事，没有太多精力去挣钱，也缺少本钱。这二十根金条和首饰虽说也不是太多，但起码能帮你们渡过目前的难关。"老太太并没有放弃的意思。

"正亨，既然我妈这么说，你就收下吧，回台湾做个起步的本钱，晶郎和少萍也需要钱。等咱们发达了，再还给妈不就得了？"保珠看到母亲执意要送金条给正亨，也就不再反对。

"保珠，咱们还年轻，靠自己的力量应该没问题，我们不能用父母的辛苦钱。"正亨仍然坚持自己的意见。

"正亨，我知道你的为人，但这点黄金就算是妈妈给你们的结婚礼物。你们结婚我们什么也没有给你们，那时我们还反对你们在一起，看到这么多年你们相依为命、相亲相爱，我们也很感动。保珠是我们唯一的女儿，是我们的掌上明珠，希望你好好待她，也希望你们生活幸福美满。"黎秀英歉意地说道。

"妈妈，您放心，我会好好待保珠的，我不会让你们失望的。"正亨肯定地说道。

"这就好，这就好。"黎秀英高兴地点着头。辛苦了一辈子，不就是希望孩子们能过得好些吗？女儿找到自己喜欢的如意郎君也算是个不错的归宿，至于当年逼女儿嫁印尼富商的事情她也不想提了，女儿喜欢什么样的人由她自己吧。

"不过，正亨，这二十根金条你必须收下，既然拿来了，我是不会带回去的。我们老了也花不了多少钱了，可你们今后的路还很长，还有孩子们都需要钱。"老太太把放金条的盒子交给了保珠。盒子沉甸甸的。

"拿着，这是妈妈的一点心意。"老太太虎着脸说。

"好吧，我们先收下，赚了钱再还给您。"看到妈妈要生气了，保珠笑着收下盒子，安慰着母亲。

"哎，这就对了。"老太太顿时脸上有了笑容。

一个朴素干净的小客栈，来来往往的客人很多。正亨带来的二十多个台湾籍的青年就住在这里。

正亨到客栈去看望他们。

快回家了，大家心情都不错。这些台湾青年都是有着各种原因从台湾来到大陆寻找机会的，也有的是因为参加抗日来内地的。

现在他们就要回家了，感觉非常高兴。有正亨这个曾经参加过中国远征军的英雄带领回台湾，更是叫他们兴奋不已。

他们非常崇拜林正亨，与他亲如兄弟，一有时间他们就缠着正亨讲他在缅北战场上的战斗传奇，听他讲自己赋有传奇色彩的故事。

"快回家了，看来大家都很开心？"正亨看上去情绪也不错。

"是呀，想家了。"

"想你妈了吧？"

"你还想媳妇了呢？"

"哈哈——"

"哈哈,不管想谁了,都是正常的,我们很快就会回去了,很快就见到他们了。"正亨说。

"正亨哥,嫂子也回去吗?"一个台籍青年问道。

"当然回去,那里是我的家,当然也是她的家。"正亨肯定地说。

"对呀,所谓叶落归根,走得再远,也要回家乡呀。"阿龙说。

"阿龙说得对,台湾是我们的家乡,是我们赖以生存的土地,我们不仅要爱他,还要保护他。"正亨因势利导地说道。

"正亨哥,你说得太好了。"

"我们要争取每一个人都过上富足、自由、平等的生活。"正亨说。

"这话说得在理,正亨哥,你今后多给我们开导开导,让我们也提高提高思想觉悟。"

"好的,兄弟们。我们不仅仅要求有好的体面的生活,还要有做人的尊严,这些都需要我们自己去努力奋斗,自己去争取。"

"我们听你的,正亨哥。你说怎么办我们就怎么办!"

两天后,二十多个台湾籍青年先行回到台湾。这二十多个台湾青年成为林正亨后来在台湾进行党的秘密地下工作的最重要的依靠对象和基础。

就在林正亨即将启程回台之际,接到了远在台湾的同父异母的大哥林正熊的来信。

林正熊在信中极力劝阻林正亨不要回台湾,且言辞甚重,说如果他回台湾是一定要死的。

此前,林正亨曾经将一些进步的书籍寄存到大哥那里。

林正熊收到书籍后全部偷偷烧掉,他担心这些书籍会给林家带来巨大的危险。

但林正亨决心已定,他不听任何人的劝阻,执意要回台湾。他是带着台湾未来的希望回去的，他是肩负历史重任回去的，他认为台湾人民需要的是新的思想和新的目标。

满怀革命激情的林正亨并没有料到政治斗争的残酷性，也不会想到在战场上自己九死一生没有倒在敌人的屠刀下，却会倒在自己为之效力的国民党政府的枪口之下。

几天后，林正亨送走了丈母娘黎秀英，带着家眷和全部家产登上了去往台湾的轮船。

时间是1946年的6月。

第八章　在台湾进行秘密地下工作

（1946年——1948年）

一　阔别九年终于回到台湾

1946 年 6 月 14 日，林正亨带着妻儿回到了阔别已久的家乡——台湾。

一切都是那么熟悉。

一切又是那么新鲜。

此时的林正亨性格深沉而坚毅。

他已经不是当年那个林正亨，他已经脱胎换骨，肩负历史使命是有着坚定理想、有远大抱负的共产党人。

林正亨回来了。

见到了阔别九年的母亲，见到了梦里才有的雾峰林家大宅子，见到了雾峰林家的众多亲朋好友，见到了满山遍野的茶林碧溪，见到了久违的蓝天白云。

雾峰林家家族以隆重的欢迎仪式迎接这位曾经在战场上出生入死屡建战功且为林家赢得巨大荣誉的英雄。

即使大哥林正熊不希望他回来，但也无法不正视现实。

林正亨刚回台湾就得到雾峰林家众多头领及族人的一致好评和信任，很快被推选为雾峰林家下层的族长，担负起雾峰林家家族持续发展和家族延续的重任。

雾峰林家的杰出代表人物、台湾著名的民族运动领袖林献堂对这个侄子喜爱有加，他说："正亨说论中国事迹颇为明了而有条段，胜其父多矣！"

当年因对日本殖民统治台湾不满而一怒返回大陆的单身小子林正亨，如今不仅长大成人锤炼成抗日英雄，更是娶妻生子的真正男子汉了。而妻子沈保珠文雅大气、处事不惊，出身印尼富商之家也给林正亨增色不少，不仅让他了却了后顾之忧，还担负起家庭总管的角色。沈保珠刚一进门，就赢得了林家人的喜爱。

最高兴的当然是他的母亲郭玲瑜。

九年未见儿子面，让郭玲瑜饱受了思念之苦。丈夫早早就牺牲了，儿子也不辞而别上了战场。似乎是上天的安排林家男儿就是为人间的正义而战的，就是报效国家的军人命。她哭干了眼泪，陷入了绝望之中，以为此生再也见不到儿子面。

林正亨突然携妻子回到台湾，让已经放弃了希望的郭玲瑜竟然惊喜得说不出话来。

"母亲，正亨回来啦。"林正亨跪在母亲面前，说。

"我的儿啊，你可回来了。"郭玲瑜蹒跚地走上前，抱住儿子，老泪纵横。

"母亲。"林正亨也不禁泪流满面。

"我的儿啊，这九年你都去哪儿了？"郭玲瑜声音颤抖，泪水模糊。

"母亲，儿子不孝。"林正亨把头靠在母亲的怀里，感受着母亲的温暖。母亲身上有一种淡淡的香气，柔弱而温馨，时轻时重，让他仿佛回到了儿童时代。

"儿啊，你可知母亲这九年是如何度过？你可知母亲增添了多少白发、皱纹？"母亲语句缓慢却字字揪人心肺。

"母亲，儿同样想您，同样撕心裂肺。"正亨心酸地说。

"母亲知道你明事理、重大义，是在为国家效力。"郭玲瑜一字一顿地说。

"是的，母亲。儿这九年来为国效力，南征北战，没有给您丢脸，儿问心无愧，让父亲九泉之下安心。"林正亨自豪地对母亲说。

"母亲知道你的苦衷，无法分身，自古忠孝不能两全，母亲不怪你。你为家族争得了荣誉，为你父亲争得了荣誉，母亲为你骄傲。"郭玲瑜说。儿子的一番话，让她开心了很多，她的心情也好转很多。

"谢谢母亲。"林正亨说。

"母亲，这是您的儿媳保珠。这是您的孙儿晶郎和孙女少萍。"林正亨指着身后的妻子孩子们说。

"来，晶儿、萍儿快给奶奶磕头。"林正亨招呼身后跪在地上的孩子们。

"奶奶好。"

"奶奶好。"

"乖，乖。噢，我的宝贝，快来，到奶奶身边来。"郭玲瑜慈爱地招呼着孙子、孙女。

孩子们怯生生地走到奶奶身边，第一次见到奶奶，还有点陌生。

"这是晶儿？"

"奶奶好。"

"这是萍儿？"

"奶奶。"

"这晶儿虎头虎脑的像你爹，这萍儿秀气文静倒像妈妈。这孩子们像极了林家的人，都是细眉长眼的。"郭玲瑜高兴地端详着孙儿、孙女说。

"母亲说得正是。外人也这样说。"林正亨说。

"哈哈，说得是呢。"郭玲瑜开心地说。

"正亨，你终于回来了，还带着妻儿全家，好啊，母亲没有白求菩萨保佑。阿弥陀佛！"郭林瑜说。

"母亲，感谢您的慈爱庇护，孩儿在战场大难不死。儿子回来了，我们以后会生活得越来越好，儿子会好好尽孝的。"正亨说。

"好啊，儿子。见到你们回来母亲非常高兴。今晚母亲亲自下厨做你最爱吃的台湾菜。"郭玲瑜越说越高兴。

"啊，真的，太好了。谢谢母亲。"正亨说。

晶郎与少萍很快就和奶奶熟悉了，趴在奶奶身边与奶奶玩了起来。

看着母亲和孩子们玩得开心，正亨与保珠对视一笑。

台湾，我终于回来了。

雾峰林家，我终于又见到你了。

林正亨高兴地想。

晚饭吃得热闹而庞大。

雾峰林家大宅子里放置了长长的桌子，各家各户做的林家特色菜肴摆满了桌子。亲朋好友都赶来祝贺正亨大难不死英雄凯旋。

郭玲瑜亲自为儿子做了最爱吃的地道台湾菜，兴奋心情难以言表。

一别九年的林正亨举杯向亲朋好友致谢。如今的林正亨早已不是当年那个四处来家里告状的调皮小男孩，而是经历了战火硝烟、生死考验而变得越来越勇敢坚毅的男子汉。

沈保珠第一次近距离地领略了雾峰林家的真实面貌：一个近百年有着强大的经济势力和浓厚中国传统文化背景的庞大家族。

林正亨为了让保珠这个第一次来到林家的儿媳妇认识雾峰林家，晚饭后，林正亨带着保珠和孩子们参观庞大的家族宅院。

她没想到雾峰家族竟然有如此精美绝伦的建筑艺术群。这点她可从未听正亨谈起过。

漂亮的黑白相间的九开间大宅院，飞檐走壁，雕梁画栋，朱红色的圆形大柱子布满整栋大宅子，铺满整个院子的是灰砖大瓦，显示出林家家族的雄厚实力及张扬个性。

雾峰林家老宅子很大，占地开阔，霸气非凡。

雾峰林家的豪宅位于台湾台中县雾峰乡民生路42、38、28号及莱园路91号，是一个庞大的建筑群。从咸丰八年（1858年）开始兴建，经过各代子孙的不断增修扩建，并融合了漳州、泉州、福州的传统建筑风格以及西洋的建筑艺术，成为目前台湾仅存的最为庞大、最为完整，也是最为精致、最有韵味、最让人流连忘返的古代建筑群。

雾峰林家其建筑形式之独特、外貌之华丽、建筑之经典，都让人叹为观止。

雾峰林家的宅邸分为顶厝、下厝和莱园三大部分。

顶厝和下厝建筑大多坐东朝西，从北到南分别为景薰楼、蓉镜斋、新厝、颐园、草厝、宫保第、大花厅、二房厝，另外还有已改建的二十八间，共有九大建筑群。全算起来足足有十大建筑群。

雾峰林家的建筑从祖上林文察的爷爷林甲寅就开始了，历经几代人，近百年的时间。

而林甲寅的两个儿子林定邦和林奠国在父亲宅邸基础上，又一北一南分别派生出两个宅邸，即顶厝和下厝。

顶厝和下厝的建筑风格并不相同，各自有着自己的特点。下厝的建筑风格尚武，顶厝的建筑风格属文。

下厝为林甲寅长子林定邦及子孙们的居住地，因盖得较早，加之林定邦子孙习武人较多，故房屋风格属武功路子。

林定邦子孙中出现了好几代名震四方的武将，如林文察、林文明、林朝栋、林祖密等等。他们军功显赫，威震八方，为林家赢得了功名。

当然，下厝尽是尚武之将，也不乏尚文之才，其后代中如林仲衡、林痴仙、林幼春等都是台湾著名墨客文人。

总之，下厝的建筑风格威武质朴，蕴涵着一种震慑力量。

林正亨就属于下厝，他身上明显秉承了下厝武将的风格和作风。

下厝从北至南，建筑群依序分为草厝、宫保第、大花厅、二房厝、二十八间。

顶厝的建筑群组明显带有文人气韵，也是雾峰林家典型的建筑群。

顶厝的建筑群是在蓉镜斋的旧址上开始兴建的，原来只是草屋的形式，后来陆续扩建为景薰楼建筑群组，在以后的岁月中不断地翻修扩建并添加到第四进。

顶厝包括蓉镜斋、景薰楼、荷花池、打石寮、新厝、颐圃等。

与顶厝的文人气韵与下厝的武将风格不同的是雾峰林家最大的花园——莱园。

莱园是雾峰林家的主花园，原因是它不同于一般意义上的花园，它充分利于了自然景观，把建筑艺术与自然风光完美地糅合到一起，在自然中体现艺术，在艺术中展现自然。

莱园的兴建分为两个时期，一个是林文钦时期，也就是林正亨的曾祖父时期；一个是林献堂时期，也就是林正亨的伯父时期。林文钦时期创建，林献堂时期扩建。

在他们独特的建筑理念指导下，莱园整个园景与后面的火焰山连成一片，没有任何界线，据说莱园最大时，占地一百多亩。

莱园还把山间溪水引进园内，顺势而流，盘旋蜿蜒，汩汩涓涓。清澈的溪水把莱园映衬得郁郁葱葱，婀娜多姿，美不胜收。

一路走来，保珠惊叹不已。

"妈妈，奶奶家真大，花园真漂亮。"晶郎一边走一边对妈妈说。

"是呀，妈妈也觉得奶奶家的花园真漂亮。"保珠同意地点点头。

"晶郎，这些漂亮的房子和花园都是爸爸的前辈们建造的，爸爸可没出力呦。"林正亨说。

"那些前辈们都在哪儿？"晶郎天真地问。

"他们很多都已经不在人世了，但他们却把雾峰林家的优良传统传给了子孙后代。你们都是雾峰林家的子孙，将来也一定要为这个家族争光。"林正亨像是对儿子说，也像是对自己说。

"嗯。"晶郎似懂非懂地点着头。

"正亨，儿子才多大，你就跟他说这些，他哪里听得懂？"保珠笑着说。

"现在听不懂，早晚能听懂，我父亲就是从小这样教育我的。"正亨一本正经地说。

"好，好。好好教育儿子，将来让儿子继承雾峰林家的光荣传统，也要为国家多做些事情。"保珠说。

"这还差不离，我的儿子将来一定要子承父业，为国家做事情。"正亨说。

在他的眼里国家利益高于一切，父亲是这样教育他的，他也要把林家的精神传承下去。雾峰林家几代人都是这样教育自己的后代，延续了一个家族近百年的爱国史。

"我长大了也要为林家争光。"更小的少萍突然冒出一句话，让大家先是一愣。随后林正亨爆发出一阵大笑，他把女儿抱在怀里，说："女儿，真棒！有出息，是我林家后代。"

"嘻嘻。"女儿得到了爸爸的表扬，高兴地直摇晃头，至于爸爸说的啥意思，她不懂，但爸爸的表扬，她还是懂了。

一家人高高兴兴地四处观看，边走边聊。

回到台湾老家让林正亨很是惬意。在外面奋斗了很久，为了国家的利益，南征北战，驰骋沙场，抛头颅，洒热血，他从未想过个人的安危，也没时间考虑妻子孩子，这次能与妻子孩子一起回老家看望母亲，他的确是有一种从未有过的幸福感，心里甜滋滋的，很踏实，很舒服。他想所谓天伦之乐也不过如此吧。

第二天，正亨又带妻子孩子们来到了不远处的郊野。

碧空如洗，没有一丝乌云，远处群山起伏，绵延不断。近处，到处是盛开的金灿灿的油菜花和粉红色的桃花，一片片，一排排，如云如雪，如梦如幻。

"正亨，这雾峰山区可真美。"保珠不禁赞叹道。

"是呀，我父亲非常喜欢雾峰，要不是当年因为反抗日本人的殖民统治，他是不会离开这里的。"正亨说。

"这雾峰的空气真好啊。"保珠深深地吸着空气。

"这里气候温和湿润，很适合人居住。"正亨也很喜欢这里。

"要不是你工作在台北，咱们也来这里住多好。"

"只要你和孩子们喜欢，咱们随时可以回来住。"

"嘻嘻，还是先以你的工作为重吧，自己的老家，啥时不能来？"

"说得是。"

"正亨,你看孩子们玩得多开心。"保珠指着正亨的身后说。

晶郎和少萍跑到油菜地里玩耍,鲜艳的衣裙淹没在一望无边、大片大片的油菜花里,时隐时现。孩子们开心稚嫩的笑脸与美丽的油菜花交相呼应,令人心旷神怡。

"晶郎——"

"少萍——"

"爸爸——"

"妈妈——"

看着孩子们开心的样子,正亨和保珠也开心地大笑。

"晶郎、少萍,爸爸来喽——"

正亨开心地笑着张开双臂扑向孩子们。

保珠站在田埂上看着丈夫与孩子们在油菜花地里嬉笑玩耍,太阳光温暖地洒在保珠的脸上,那张文雅秀气的脸上满是幸福的模样。

难得一家人历经磨难后终于聚在一起,其乐融融。

二 初任林本堂产业股份有限公司董事长

林正亨久经沙场、九死一生的英雄事迹和勇敢无畏的精神让久居雾峰的林家老少敬佩不已,特别是林正亨的热血、正直、果敢、见多识广、敢于承担责任都让林家族人所赏识。既然林正亨回归雾峰林家,大家一致推选林正亨担任雾峰林家下厝族长,并担任林本堂产业股份有限公司董事长(这是雾峰林家下厝的家族产业管理公司)。

林本堂产业股份有限公司成立于1902年。当时有土地约14甲,旱田约1.1

甲，每年可收入5220元。到后来林祖密时期，雾峰林家下厝宫保第在台湾的财产已经十分庞大，有水田两千多甲，山地两万多甲，还有樟脑专卖权和其他的一些产业。

遗憾的是，当年林正亨的父亲林祖密（林季商）憎恨日本人的殖民统治，在其家族鼎盛时期，毅然放弃了台湾巨大家族产业，放弃日本籍，毅然决然回到中国。成为当时轰动海峡两岸的大事情。

林祖密当年放弃了股份，也给其子孙带来了不便。林正亨回台湾后，则无法进入董事会。因担任其产业的主要负责人必须是其产业的股东之一，才有资格选为董事长。虽然族人都十分赞同林正亨担任家族领头人，但无奈没有家族产业股份，不是股东，他无法承担。

雾峰林家大花厅大堂。

雾峰林家下厝族人代表正在开会。

"今天股东开会是为商讨林正亨进入董事会的事宜。"德高望重的族人代表说道。

雾峰林家下厝比较有影响的人物都到了，重要的股东也都到了，家族选领头人是很重要的事情，谁也不想放弃这个权利。

"正亨从大陆回台，是件大好事，是我林家的荣耀，他应该回归家族。"

"我林家自古就有习武保家卫国之习惯，代代英雄辈出。正亨报效国家，参加中国远征军是英雄壮举，是我林家自古以来报效国家的延续。"

"我建议正亨进入董事会，负责管理我们下厝的家族事务和资产。"

"我同意。正亨是个有担当的年轻人。"

"我也同意。他为国家身负重伤、九死一生，却从不居功自傲，低调朴实，这是非常难得的。"

"正亨做事认真，心细，又公平，交给他还是很放心的。"

"我看大家都很倾向林正亨加入我们董事会，负责家族事务，我也很赞同这件事。"

"我提一个相反的意见。当年林祖密放弃了家族股份，林正亨手中无任何林本堂的股份，按我们祖上定下的规矩，没有本堂产业股份的人是不可以担任企业负责人的。"

"是啊，我也想到了这个问题。"

"这个其实也好解决，我们拿出一些股份赠予林正亨不就可以了吗？"

"是呀，我们家族的企业本身就是林祖密当年领导并发展的，他为家族的发展做出了巨大贡献，而当年放弃家族股份，转让给林瑞腾、林正传、林少聪也是迫不得已之事。"

"说得在理。"

"但无论如何这也要争得大部分股东同意才可以。"

"我没意见。"

"我也没意见。"

"我保留自己的意见。"

"我同意。"

"好！现在咱们就决定关于林正亨进入董事会的议题。"

"举手表决还是投票表决？"

"都可以。"

"我看还是投票好些。"

"那好，我们就投票表决。"

事情进行得很快，投票很快出了，全票通过。

决议的最后结果是：林本堂产业股份有限公司赠与林正亨 25 股的股份，林正亨进入林本堂产业公司成为正式股东之一，并进入董事会，成为林本堂产业股份有限公司董事长。

当时林本堂产业的相关资产有 179 万余元，从 1947 年 4 月到 12 月既有红利可分 28 万。

这在当时是很庞大的一笔家族产业,能担负起这个重任是很不容易的一件事情。林正亨为了家族的利益,为了不辜负族人的希望,他毅然挑起了这副重担。

在现存的雾峰林家下厝林本堂产业股份有限公司董事会决议记录及各种文件账本中,董事长签字一栏都是林正亨。这个职务一直到他去世为止。当时担任董事的还有家族其他重要成员:林正霖、林培英、林正澍、林金昆。除林金昆外,董事长、董事皆具"半山"身份。

林正亨还重新整顿家族事务。自担当起雾峰林家下厝族长后,更是不遗余力地对家族方方面面的工作进行了系统调整。他把家族空余出来的房产重新规划,统一管理。

整体安排好后,他留出一些空余房子,作为贫困家族成员的谋生地。让家族的每个成员都有饭吃,有房住,有谋生的渠道。

林正亨回来后,发现其兄嫂生活拮据,家庭有困难,他就拿出公产粮,给予救济。对其他生活有困难的亲族也一样对待。他还主张把大花厅改为工厂,以解决部分贫困家族成员的生活问题。他还追回了林本堂产业有限公司前办事员林汉章私自挪用族款之事,并就此宣布以后不准任何股东借公司之存款及存票。

林正亨公平正义、毫无私心、敢于承担的优秀品质受到了族人的广泛好评。

三 进入台北警备司令部劳动训导营

又一消息从台北传来。

林正亨的工作落实了。

台北市警备司令部下达了他的任命。

林正亨被任命为台北市警备司令部劳动训导营警官，专门负责训导和帮助社会上无家可归的青年无业游民。

这个工作职业还比较适合林正亨，跟他在重庆参加的劳动协会做码头工人的工作很接近，他安排好家庭和雾峰家族之事后，就走马上任了。

通过这个机构，林正亨帮助他们成立铁工厂、印刷厂、洗衣店等等，使这些整日游荡在社会上的无业游民有了工作，能维持自己的最基本生活，减少了社会压力。

林正亨利用自己在重庆从事工人运动的经验，经常到工厂去与工人们交谈，帮助他们解决生活中的实际困难，向他们宣传革命思想，鼓励他们自立自强，追求更美好的生活。

工人们把林正亨当作了知心朋友，有什么心里话，碰到什么困难，都会去找林正亨。这批青年人成了林正亨开展工作的可靠基础。

"你好！林先生。"

"最近怎么样？大家都好吗？生活上没什么困难吧？"

"没有。自从有了这份工作，心里踏实多了。"

"那就好。我们要好好把握住自己命运，做自己命运的掌舵人。我们不光自己要争取好的生活，还要帮助更多的人过上好日子。"

"林先生你说得对，你对我们这么好，没有任何私心地帮助我们，我们心里都明白。听你的话没错，你怎么说，我们怎么做。"

"谢谢大家。我们要共同为台湾的繁荣、进步努力。"

林正亨穿梭于各个工厂、车间之间，参加工人们的各种聚会，与他们深入地交谈、聊天，宣传进步思想，发放进步书籍，深受广大工人们的爱戴。

重庆码头工人运动的工作经验给他在台湾的工人运动工作提供了重要和难得的经验，让他在工作中得心应手、如鱼得水。

1946年底，林正亨被调到台湾省警务处第四经济股任股长。

国共两党的内战已经进入了白热化。为了寻找退路，也为了找寻新的生存之地，蒋介石任命陈仪为台湾省主席接替魏道明的职务。陈仪接到蒋介石的任命，很快开始了他整治台湾的新政策。

5月1日台湾省宣布实施全省户口总检查。5月20号宣布台湾戒严。9月1日在台湾省成立保安司令部，加强台湾入境检查，在省内开展大规模的举报和肃清中共间谍运动，且全省严禁与解放区的电信来往。7月9日他还公布了公务员连坐保证制度，以防共产党的间谍渗入。总之，陈仪的军事管制开始了台湾最黑暗的时期。

这一戒严就是几十年。

军事管制给台湾带来严重后果，百姓不满政府的高压政策，各种反抗运动、暴力事件不断发生。

四 台湾"二二八"事件爆发始末

1947年，台湾爆发了震惊中外的"二二八"事件。这一事件彻底改变了林正亨的命运。

台湾自1895年因甲午战败被清政府割让给日本后，遭到了日本人五十一年的殖民统治，台湾人民受到了前所未有的残酷暴力镇压与屠杀，死伤无数。

尽管台湾发动了无数次的反抗运动，都被凶残的日本鬼子镇压下去。台湾人民为此付出了极大代价，但从未对祖国丧失信念，企盼能有一天重新回到祖国的怀抱。

1945年在日本人统治下苦熬了五十余年的台湾人民的希望终于变为现实。抗战胜利，日本人投降，台湾终于回到祖国的怀抱。

接收台湾的国军队伍绵延数里。

一个年轻人点燃了鞭炮,"劈劈啪啪"的鞭炮夹杂着刺鼻的烟火气味冲向天空,热烈的气氛越加浓厚。

一个热情的台湾少数民族同胞把几只台湾特产肉粽子塞到一个年轻的士兵手中。

一个台湾老阿妈将自己亲手绣下的带有鲜艳木棉花的鞋垫塞到一个年轻军官手中。

终于赶走了日本人。

终于盼来了自己的人。

他们相信这回终于可以过上太平的日子了,终于不用再受任何人的气了。

但事情却完全出乎他们的意料。

由于战争的创伤、日本撤离前蓄意破坏及社会的急速转型,加之一些官宦和军界败类政治腐败,贪污成风,通货膨胀,失业问题严重,又遭遇大规模的自然灾害,以产米著称的台湾竟然发生严重米荒,民不聊生。

一些官吏乘机敲诈勒索、欺压百姓,官商勾结,无恶不作。不到一年时间,就把素有鱼米之乡的台湾宝岛变成了百业萧条、饥荒遍地、怨声载道、危机四伏的人间地狱。

大规模的反抗终于爆发了。

1947年2月27日中午,台北专卖局获报走私消息,派叶得根、傅学通等六人前往稽查,得悉走私货已移至台北市南京西路的天马茶房附近出售。

当晚7时30分,缉查员赶到,私贩却早已逃散。缉查员看到附近有一老妇卖私烟,就上前欲没收其钱物。

这个叫林江迈的老妇是个寡妇,她独自带着一双儿女生活,以卖香烟为生,这个烟摊几乎是她及儿女们生活的全部依靠。她不肯放手,扑上前去苦苦哀求,请求不要收走她的钱物和烟摊。在撕拉争抢过程中,缉查员打伤了林江迈的头部,鲜血直流。

围观群众见此情景，十分不满，愤怒高呼"阿山不讲理""猪仔太可恶"，随即围拢过来，指责缉查员的暴行。

缉查员害怕，转身而逃，群众紧追不舍。慌乱中缉查员傅学通开枪警告，误射中了人群中看热闹的陈文溪。

由此爆发了大规模的群众集聚和抗议行动。愤怒的群众砸烂缉查员的卡车，要求立即枪毙傅学通等人，以平民愤。但群众的要求遭到台北市宪兵队的拒绝，群众随后包围了宪兵队。

28日清晨，事件持续发酵。

经过一夜的口口相传与媒体渲染，更多的群众聚集在台北专卖局外，一些群众沿街敲锣通告宣布罢市。

上午10时，愤怒至极的群众冲入专卖局台北分局，打死两名职员，打伤多人。围观的群众越来越多，台北市宪兵队仅五百人左右，不敢贸然行动。

下午13时，约五百多群众到台湾省行政长官公署请愿，陈仪迫于压力站出来准备对群众讲话，忽然有人拔枪向他射击。陈仪的警卫立即开枪还击，结果当场死亡三人，另有三人受伤，群众大乱。

下午14时，愤怒的群众集聚在中山公园，占领了台湾广播电台，用闽南语及日语宣称："政治黑暗，米粮外运。我们不能坐以待毙，大家起来，驱逐各地的贪官污吏，争取生存。"当时的台湾已普及无线电广播，民间的收音机达几万台之多。居住各地的台胞听到了广播，义愤填膺，响应号召，纷纷拿起武器，反对国民党在台湾的腐败统治的大潮很快蔓延整个台湾岛。

起义的学生迅速占领了警察局、电台和许多的政府机构。

台北。林正亨家中。气氛异常严肃、紧张。

一些比较亲近的朋友聚在林正亨家中，商谈目前台湾形势及下一步动态。

"正亨，目前形势发展很快，台中、台南、基隆等地台胞都行动起来了。"

"听说台中有个叫谢雪红的,很勇敢,在她领导下,成立了二七部队,搞武装斗争。"

"搞武装斗争,正亨在行,他受过专门的军事训练,还打过仗。"

"是呀,我也正在考虑加入到武装斗争中去。"

"嗯。"

"但目前我们首先要搞好我们的工人纠察队,防止流氓、暴徒趁机抢劫商店,破坏工厂。"

"是呀,一些流氓和无赖也混在其中,我们要小心他们趁火打劫,扰乱社会治安,给政府增加口实。"

"我们要保护好工厂,这是广大工人兄弟们赖以生存的基础,我们应该像保护自己的眼睛一样保护工厂和其他基础设施。"正亨说。

"正亨说得对,不管事情发生到什么地步,我们首先要保护好我们赖以生存的根基。"有人附和道。

林正亨积极参加到起义大潮中,他结合自己熟悉的工人运动,成立了"挑挽工会"工人纠察队,以确保起义运动的顺利进行。

林正亨正在给工人纠察队开会。

"现在的台湾正处于一个特殊时期,我们要保持高度警惕性,保护好我们的工厂及所有基础设施,这是我们每个工人赖以生存的基本保障,不容许任何人破坏。"

"正亨,学生总队队长发现有流氓闹市,他们对付不了,给你打来电话请求立即派工人纠察队前去维护市场秩序。"一个工人纠察队员跑来向林正亨报告说。

"好的。我们马上派人过去。"林正亨说。

会议立即结束。

林正亨领导的台北"挑挽工会"工人纠察队为维护台北社会安定起了很大作用。

在"二二八"起义中，台中人民的抗争最为坚决、最为勇敢。他们在共产党员谢雪红的领导下，攻占军火库缴获大批武器，并成立了"二七"部队，维护台湾人民的利益。台中的武装运动很快席卷全台湾，台湾人民拿起武器，与政府当局展开斗争。

后来的群众抗争到了难以控制的地步。台湾本省人与外省人矛盾与对立迅速升级，凡是外省人都成了攻击的目标，一些无辜的外省人甚至孩童惨遭杀戮。这给原来正义的争取民主生存自由的运动蒙上了一层阴影。

台湾一时阴云密布，残暴的杀戮给整个事件蒙上了阴影。

这一形势让台北的国民党中统局大为震惊，他们惊恐地向蒋介石密电："今日之问题，已非陈仪能否统治台湾，而为祖国能否保有台湾。若情势再恶化，后果不堪设想。"

"中央宜速增兵。一个整编师可用运送海军士兵前往台澎训练名义，分由基隆、台中、高雄及莲花四港口登陆。"

而时任台湾省行政长官公署最高长官的陈仪则致电蒋介石："奸匪勾结流氓，乘专卖局查私烟机会，聚众暴动，伤害外省籍人员。"他认为事态虽然严重，但还不至于扩大化，要求将21师部分兵力调往台湾，以控制事态严重的地区。

蒋介石向来相信武力大于一切，他宁肯相信中统局的话。为保台湾不失控，牢牢掌握在手中，他决定立即出兵恢复秩序。

五　蒋介石决定镇压事变民众

在密谋派兵入台的同时,台湾当局与学生和市民进行了周旋,答应满足学生们提出的条件,可由各界代表组成台湾"二二八"处理委员会和政府进行谈判。

"二二八"事件处理委员会由台湾各界人士多方组成,包括台湾官方、商会、工会、学生、民众等等。由台湾著名人士王添灯任宣传组长,成为该委员会新闻发言人。而另一台湾著名人士蒋渭川所主导的"台湾省政治建省协会"也参与其中。

蒋渭川颇有政治威望,对台湾的未来发展颇有想法,但落选省参议员对他造成很大的心理不平衡。加之他对陈仪的台湾治理颇有看法,曾多次对陈仪提出批评意见。"二二八"事件发生后,为了稳住局面,陈仪专门会见蒋渭川,许诺重任,并请他到电台讲话安抚民心。蒋渭川欣然接受。

3月3日,蒋渭川正式出山。

他先是到台湾行政长官公署与陈仪会面,建议扩充"处委会"的组织层面。指出要选十个代表出来参加"处委会"。消息广播出去后,蒋渭川亲自到中山堂加入"处委会",并发表意见。会后,他开始四处演讲。

蒋渭川认为此一时,彼一时,陈仪这等年纪了,他不会再做出失信于民等事情。他拒绝认真听取这些值得警惕的话语。此时的蒋渭川以完全被陈仪的花言巧语及未来登上台湾政治舞台取得最高权力的欲望所冲昏了头脑。

蒋渭川的行为及演讲引起了很多人的担忧。但蒋渭川的话语权和号召力让他有着别人目前无法企及的作用,这急坏了头脑清醒的有识人士。

林正亨就是其中之一。

林正亨对蒋渭川曾前后四次提出劝阻和警告，但并没结果。

当晚22时半。

台北三民书局。

林正亨来到蒋渭川的书店。

这是他第一次面见蒋渭川。

"蒋先生您好。"林正亨走到蒋渭川面前说。

"你好。你是……"蒋渭川稍显诧异地看着林正亨问道。

"我姓林。"林正亨说。

"噢。你有什么事情吗？来，请坐下讲。"颇有文人气质的蒋渭川客气地说道。

"我听到了您的讲话，心中有些话想对您说。"坐定后，林正亨开门见山地说。

"哦，你说。"蒋渭川饶有兴趣地看着林正亨说道。

"蒋先生，'二二八'事件是因贪官污吏、政府无能引起的，是官逼民反。您应该站出来领导民众推翻政府，建立起一个新型的民众所欢迎的台湾领导机构，而不是替他们说话，错过这千载难逢的大好时机。"林正亨没有任何的客套，直截了当地说道。形势已到了最紧要关头。军人出身的林正亨最讨厌拐弯抹角、磨磨唧唧。

"哦，是这样。年轻人，我们不能只是感情用事，想当然。目前台湾的局势动荡不安，民心思乱，地方主战，我们要及早收拾乱局，避免造成政府派兵镇压的借口，也要为国家民族着想。"蒋渭川听到林正亨的话，先是一愣，而后说道。显然林正亨的率真话语和强硬态度让他感到不快。

"蒋先生，你要知道陈仪现在手下没有军队，他很可能会答应你所有条件，一旦有了军队，恐怕就是另外一种情景。趁他们没有军队，若有人组织领导起来就可以推翻政府。这是一个极好的时机，错过不可再来。我手下有少壮千余名，也有些武器装备，只要再抢些武器，动员民众参与，就是中央派兵来也不怕。"林正亨继续说道。他看出蒋渭川的不快，但他没有犹豫，继续把心里的话说出来。

他知道时间不多了。

"这……"蒋渭川没有料到这个林姓青年竟然说出如此胸有成竹的话。

"国共内战正酣,若能坚持些时间,台湾一定不会失败。"林正亨终于把话说完。

"年轻人,我理解你的心情,但目前我们还是要以恢复秩序为主,政治改革之事我们稍后再向中央建议。"耐着性子听完林正亨的话,蒋渭川仍然是老调重弹,仍然坚持他的主张。

"蒋先生,请您三思而后行,否则您的生命都处于危险之中。"林正亨有些冒火了,他无论如何讲道理,蒋渭川就是油盐不进。

"谢谢你的提醒,我心中自有考量。"此时的蒋渭川表现出明显的不快,冷冷地说道。

"请您认真考虑一下我说的话,好吗?"林正亨说。

"好的。为时已晚,我就不多留你了。"蒋渭川几乎是下了逐客令。

"好的,打扰您了。"看看墙上的挂钟已经指向12点了,没有任何收获,林正亨也准备告辞。

蒋渭川对林正亨的突然造访并无任何好感。虽然天色已晚,但他在林正亨走后,仍然写完了他当天的日记:"有一不相识的青年,头部有伤痕。一见知非善类,带二青年来访,自称姓林,一坐下就攻击我不应该对政府这样让步,失去了很好的机会。"

3月4日。

白天,再度有人前来警告蒋渭川。询问蒋是否被陈仪骗出来,为其代言。还告诉他传闻陈仪一面已经请中央派重兵来台镇压,一面仍然骗请蒋出面收拾烂摊子。

蒋渭川对此很不以为然。继续带了三十多人去台湾行政长官公署面见陈仪商谈合作条件。

从行政长官公署出来之后，仍然有人向蒋渭川警告陈仪是个骗子，后果会很严重。蒋渭川仍然置之不理。

晚间，林正亨再度前去拜访蒋渭川。

"蒋先生，恕我再次拜访。"林正亨进门后，客气地对蒋渭川说道。

"年轻人，又是你。怎么你还有话没说完吗？"蒋渭川看到林正亨有些不快，但作为公众人物，他没有理由拒绝见面，便敷衍着问道。

"是的，蒋先生。情况紧急，我不得不再次登门拜访。"林正亨顾不得蒋渭川的不快，说道。

"欢迎。我这里永远向年轻人敞开大门。"蒋渭川说。

"谢谢蒋先生。我还是要跟您谈谈目前的形势问题。岛内南部、东部都已响应，唯北部沉寂下来，置整个形势于不利地位。我们应该拿起枪与他们硬干，不该弃民声于不顾，而出卖民众，与陈仪妥协。如此下去，将会在台湾历史上留下千古骂名。"

"你……"听到这里，蒋渭川变了脸色。

"如果先生愿意出面领导，我将带领千余名青年为先锋队，去打头阵。"林正亨没有理睬蒋渭川的震怒，继续把话说完。

"年轻人，你需要冷静地思考思考，不要冲动，说话不要欠考虑。"蒋渭川终于忍耐不住了，他气哼哼地说。

"先生——"

林正亨还要继续做工作，蒋渭川家中佣人来报，台北宪兵团团长张慕陶来访。

看到张慕陶来访，林正亨转身告辞。

"哈哈。张团长，有失远迎。"蒋渭川抱拳迎上前去。

"蒋先生客气。"张慕陶抱拳回应。

"欢迎光临寒舍。"蒋渭川说。

"客气，客气。"张慕陶说。

"请。"蒋渭川把张慕陶请进客厅。

"蒋先生，您考虑得如何了？下午还要到电台去讲话。"张慕陶说。

"张团长，我怎么听说你们正在向中央请兵来台？你可知真有此事？"想起林正亨再三警告他陈仪向中央请兵一事，他半信半疑地问。

"绝无此事，绝无此事。我可用我的生命来担保，请放心。"张慕陶信誓旦旦地表示。

"真无此事？"蒋渭川还是有点不放心，继续问道。

"绝无此事，请蒋先生放心吧。"张慕陶仍然坚持说道。

"那就好，那就好，我就放心了。"

"蒋先生，放心吧。你完全可以按咱们的既定合作条件去办，不要有任何顾虑了。"张慕陶说。

"好的。这我就放心了。"蒋渭川长出了口气说。

送走张慕陶，蒋渭川又急匆匆地赶往电台去做他的宣传和演讲。这个时候的蒋渭川已经完全放松了警惕性，为陈仪和他的幕僚们的安抚所蒙蔽。

台北三民书局灯火通明。

当晚23时。

蒋渭川到家时，等他的人并不少。这里几乎成了台北民众争取民主斗争的指挥中心。

让他没有想到的是，他回到家时，林正亨又来到他家中求见。这是林正亨同一晚上第二次拜访。

"蒋先生您好！"林正亨匆匆走进来说。

"怎么又是你？"蒋渭川愣了一下，瞪着惊讶的眼睛。

"刚才看到您这里来客人，我就先走了。我还没讲完话，还有话对您说。"林正亨压着不快，尽可能用平缓的语气对蒋渭川说。

"噢，是这样。好吧，请你继续讲，不过时间要抓紧，你看我这里还有很多客人在等待。"蒋渭川对这个脸上有伤疤的年轻人没有一点好感，认为他不是个善茬。

"我还是希望您能站出来，号召民众，反对政府，打倒陈仪，避免台湾的悲剧发生。"林正亨几乎没有任何的修饰词，直言不讳地说。

"年轻人，陈仪已经不是当年的陈仪，形势也不是当年的形势，他不会再犯当年的错误。我们应该利用他目前的处境办好我们的事情，而不是打倒他。我们希望和平解决台湾事情，不要再引发流血事件。"蒋渭川还是他那一套，完全不顾面前这个年轻人焦急的神态。

"蒋先生，时间非常紧迫了，我们剩下的时间已不多，希望您认真考虑我的话。"林正亨仍然压着火气对蒋渭川做工作。

"年轻人，希望你去做好自己的工作，不要再管这边的事情。关于与政府的合作问题，这关系到我们台湾民众今后的生存和发展，不是你一个年轻人能决定得了的。"蒋渭川说。

"蒋先生，你会后悔的。"终于，林正亨扔下一句话，愤而离去。

"那个姓林的怪年轻人是何方人士？"蒋渭川望着林正亨离去的背影问在座的其他人。

"他叫林正亨，是林献堂的族亲，曾经在警备司令部训导营工作过。"一个年轻人说。

"他曾经参加过中国远征军，到缅甸参加抗日。"另一个知道林正亨的年轻人说。

"他脸上的伤疤就是打日本鬼子时留下的。"接着他又补充到。

"噢。原来如此。"蒋渭川点点头说。

3月5日。

蒋渭川再一次去台湾行政长官公署面见陈仪。

"陈长官，你好。"

"蒋先生，这几日辛苦了。"

"为了台湾民众的福祉，为了台湾不再发生暴力事件，我辛苦点也是应该的。"蒋渭川说道。

"说得好，我们的目标是一致的，在这一点上蒋先生不用担心。"陈仪假惺惺地说。面前这个愚钝文弱还有些号召力的文人是他在目前困境下所利用的棋子之一。

"陈长官，目前我该做的正在做，你们也要信守承诺，台湾不能再出现任何暴力事件，民众之心已经很脆弱。"蒋渭川又提出了他的疑惑和担心。

"蒋先生你尽管放心，只要台湾不离开中央，永久为中国一省份，台湾实行三民主义不共产化，政治上要怎样改革都可以。在这一点上我们曾经多次谈到。"老奸巨猾的陈仪对付蒋渭川这样的文人真是太容易了。

"鄙人也认为台湾要和平解决一切问题，不要采取武力。恳请陈长官万不能国军一到就下令残害民众。骗鄙人一人即可，请不要欺骗广大民众。"蒋渭川说。

"这是哪里的话。蒋先生，我陈仪可以对天立誓，不骗你也不骗民众。"陈仪似乎有些恼怒，指天发誓。

"抱歉，陈长官。请不要见怪。恕我话重，因耳旁碎语太多，不得不提。"蒋渭川急忙解释道。

"理解，理解。"陈仪假意点头称是。

"另外，鄙人这次来还有一个想法。"蒋渭川说。

"请说。"陈仪说。

"就是希望能选出三十名区镇乡民代表组成台湾政治改革委员会，以避免处委会抢先一步成立政务局，而由原处委会委员担任政务局的人员。"蒋渭川提出了更进一步的条件。

"这个嘛……也可以考虑。总之，什么条件我们都可以考虑。"看到蒋渭川又提出要求，陈仪稍微迟疑一下，马上就全盘答应。他知道，这一切所谓条件只要国军一到就全部作废。

得到了陈仪的保证，蒋渭川非常高兴，他认为自己的诚意感动了陈仪及其幕僚，他们真的决心放弃武力，和平解决台湾这次的暴力事件。

下午14点，蒋渭川带着陈仪的口头保证赶往中山堂参加处委会会议，并在会上发表了自己的看法，主张和平解决台湾"二二八"事件，解决台湾民主问题。他相信陈仪会做根本的政治改革。

傍晚。

台北三民书局。

蒋渭川办公室。

林正亨第四次登门拜访。

这次林正亨不是一个人来的，他带来一个人，一个特殊的人——台湾当地人。

林正亨向蒋渭川介绍了代表高先生。

高先生表情严肃，语气凝重。

"蒋先生，我们当地人希望蒋先生能以自己目前的身份来号召反抗，趁机推翻陈仪政府，否则，台湾将永远无救。"高先生说。

"我们对蒋先生的所谓和平解决此事非常反感，希望组织起来拿起武器打倒陈仪。"高先生接着说。

"当地人手中都有武器。如需要，我们也可以提供更多武器。"林正亨补充道。

"两位，我只是受众人委托而出面收拾残局，无你们想象中的权力。再者，陈仪本人有诚意做政治改革，我们应顺势而行，不宜刺激他们做出激烈之事。"蒋渭川仍然是老调重弹，软硬不吃。

"蒋先生，没有武力抵抗是无法进行台湾根本性的改革的，纸上谈兵式的谈判是没有用的。"林正亨再一次警告道。

"年轻人，我们必须采取和平手段来争取台湾的民主自由，不能激怒中央来派兵讨伐，那样我们的代价会更大。"蒋渭川严厉地说道。

"蒋先生,柯远芬托人送来一封信。"谈话间,蒋渭川的家人送上一封来信说。

"拿来我看看。"蒋渭川接过信说。

"哦,是柯远芬给我的嘉许信。他对我的工作非常赞赏,认为我为台湾的和平和未来发展做出了重要贡献。"蒋渭川打开信后,高兴地说道。

"给,你看看吧。"蒋渭川满脸得意地把来信交给林正亨,让他看。

林正亨接过信,认真看完后,脸上浮现出令人费解的笑。

"怎么样?陈仪、柯远芬都对我的作为表示赞赏,和平解决台湾目前现状有希望了。"蒋渭川得意地对林正亨说。

林正亨只笑不语,带上高先生头也不回地走出三民书局。

"哎——他这是什么意思呀?!"蒋渭川莫名其妙地看着林正亨的背影说。

晚上,蒋渭川又到了电台,在陈仪发表演讲之后,他再度肯定陈仪提出的三个原则,并再一次提及陈仪保证未向中央请兵。

3月6日。早晨。

台湾似乎还在平静之中,大家都还是在言语中争斗,他们还没有意识到马上军事镇压要开始了。

处委会筹备处会议室。

烟雾缭绕,空气凝重,烟草的气味刺激着人的鼻孔,不喜烟味的人皱紧眉头。

处委会正在开会,与会人员表情严肃,气氛紧张。

处委会今天成立。他们见蒋渭川,活动积极,大有取代之企图,他们也开始了更加积极的行动,以便能尽快站稳自己的位置。

蒋渭川派自己手下两员大将吕伯雄、廖进平代为参加处委会会议,提出改革原则及办法细则,并将与陈仪等人的会谈经过做详细介绍。他自己则赶往互正合会公司劝解学生。

互正公司楼上会议室。

蒋渭川赶到时，学生们正在讨论目前的台湾局势，气氛紧张，群情激奋。

他发现学生们言辞激烈、情绪亢奋，怀疑是受林正亨等人的煽动。他上前进行了一番劝说和解释，学生们的怒气稍微平息了些，答应先观看一下政府的实际行动然后再采取行动。

平息了学生们的怒火。蒋渭川又赶往处委会，去看他的改革方案结果。

处委会会议现场。

蒋渭川到达处委会后发现他手下两员大将带去的改革方案并没有被处委会采用。

事实上处委会自己已经在上午向政府提出了要求。

蒋渭川看到自己提出的改革方案并未受到重视，而处委会对他本人也抱有政治偏见，这让他感到很不爽，他无奈又气愤。

"你们这样做，后果是严重的，陈仪是不会同意这个要求的。"蒋渭川在愤愤地说。

会议陷入僵局。

两派都坚持自己的意见，谁都不肯妥协。

此时外面有人来报，中山堂外有人演讲，主张台湾应受国际共管，并鼓励台湾民众暴力夺权。听此消息，蒋渭川顾不上处委会的事情，马上应邀前往去发表演讲，向民众宣讲政府有诚意改革，不必采取暴力对抗，以免再度发生流血事件。此时的蒋渭川已经将收拾台湾时局为己任，换句话说，蒋渭川已经成为陈仪在台湾的代言人及传声筒。

"政府已经有诚意对台湾现状进行改革，我们需要的是耐心等待。"

"请大家少安毋躁，静待长官实行其诺言就好了。"

"一切都在进行之中。"

"处委会不愿接受我们关于台湾民主改革的方案，另外起草了改革要求报政府。这是不妥之言行，恐引起误解甚至抵触之情绪，使我们的努力前功尽弃。"

"我们希望平稳度过台湾这最困难之时期，用和平换掉暴力，用改革换掉流血。"

"双方都要有所让步，避免冲突和对峙。"

蒋渭川在台上滔滔不绝，台下人群越聚越多。台湾命运到了最紧要关头，民众都期盼有一个崭新的符合大众所求的新未来。

林正亨此时来到了会场。

林正亨望着台上口若悬河的蒋渭川，内心充满了焦虑和无奈。他想做最后的努力，让蒋渭川明白此时此刻台湾的危险。林正亨认定蒋介石一定会派重兵来镇压，一场特大风暴就要来临，但蒋渭川顽固不化，听信陈仪的谎话，死抱住政治改革不放，对武装抵抗不感兴趣。

"蒋先生，处委会完全不接纳您的政治改革建议，您这几天等于白忙活了。您这样下去，恐怕会孤立无援，稍有差错是很危险的。"趁蒋渭川下来休息，林正亨上前去对他直言。

"事情发展得的确是有些不利了，但我仍然寄希望于陈长官能信守他的承诺，也期望处委会的建议条款不被陈长官所接纳。"蒋渭川已经感觉到自己进退两难。他仍然抱有幻想，毕竟他身为台湾行政长官公署最高领导人，不能出尔反尔吧。

林正亨的劝阻仍然没有任何效果。他依然失望而去。

当晚21时半。

蒋渭川继续前往电台做演讲。

此次演讲，蒋渭川一改往日的自信、张扬、得意而变得有些失意、抱怨、无奈。他首先抨击了处委会是由特权分子所主持，不听取他的意见而是另行一套，激化矛盾，后果未知。他本人奉命出面疏堵混乱局面，却受到中伤，内心很受伤害。他的使命已经完成。最后，他还是劝阻南部民众不要再与宪兵抢夺武器，以避免矛盾激化。

3月7日。

柯远芬、张慕陶相继来三民书店拜访安慰蒋渭川。他们是从广播中听出了蒋渭川的失落与抱怨，特地赶来安慰嘉勉蒋的。

他们还转达了陈仪之意，希望蒋来担任教育处长。蒋以自己是文化人不想当官为由婉言谢绝了。

处委会所草拟的意见由黄朝琴及二十多人代表带去转交给陈仪。陈仪看后怒气冲冲地扔回，不发一言，转身离去。留下的潜台词当然是拒绝。代表返回中山堂后，将情况汇报处委会，处委会发言人王添灯立即赴电台，用国语、闽南语、客家语、英语、日语等对外广播。事情明显僵持不下。

当晚22时半。

林正亨再次请见蒋渭川。

"蒋先生，陈仪已变，他不但不遵守承诺，还很可能演变成惨案，此时我们对付陈仪还为时不晚，应该改变过去的态度立即行动起来。"林正亨苦口婆心地劝说。

"不会的，陈仪那么大的人物怎么能说变就变呢？再说，目前的局面也不是我能应付得了的。"蒋渭川开始感到自己无能为力了。

"蒋先生，目前的局势已经是危机四伏了，必须当机立断采取措施补救。你不要再对陈仪等人抱有任何幻想了。我手下有近两千青壮年，也有武器。如你号召青年合作袭击军火库，则所有武器可以归台人所用。"林正亨说的话是他每次见蒋渭川必说的一番话。尽管蒋每次都拒绝，林正亨仍不放弃，照说不误。

"我只求和平改革，绝不动武。我的决心是不会变的。"蒋渭川像是中了魔一般，他坚决拒绝林正亨的建议。

"蒋先生，恐怕你已经很危险，你可不要后悔。"林正亨警告蒋。

"谢谢你的提醒，鄙人决心已定，不可变更。"蒋渭川坚决地说。

无奈，林正亨只好带人离去。

他心里的气愤和无奈已到无可附加的地步。他已经预感到血腥味越来越浓，越来越近，但他无法阻止。

3月8日。

得知陈仪、柯远芬等人态度大转变，以台北市市长游弥坚为首召集各代表来谈相关办法，决定派黄朝琴去见陈仪、刘启光去见柯远芬。然而一切均告失败，陈仪拒绝见面。柯远芬虽然见了面，并答应谅解，但一切无济于事。王添灯等人见此情况，只好发表声明，承认条款要求不当。

当天下午，林正亨带枪去见蒋渭川。见人多无法说话，随即离开。这是林正亨最后一次见到蒋渭川。

蒋渭川在林正亨离去后，前往张慕陶官邸，询问事态发展和以前的承诺。张慕陶仍然大言不惭地说："本人以生命保证，中央决不对台湾用兵。"

令人悲哀的是，就在张慕陶在蒋渭川对天发誓的当天晚上，蒋介石已经派21师在基隆登陆，展开了军事镇压。

当晚，政府以圆山事件为由，宣布九日凌时起台北戒严。

3月9日。

以蒋渭川为代表的台湾省政治建设协会到电台发表告同胞书。

蒋渭川希望此举能对时局有所缓和，但一切都已无济于事了。台湾的局势已经不是他说几句话就能改变的了。

3月10日。

台湾局势开始恶化。

愤怒的民众已知陈仪欺骗了蒋渭川，也欺骗了台湾民众，国民党中央已派军队登陆开始镇压行动。受骗的民众憎恨蒋渭川，想取他性命以解心头之恨。

早晨八点整。

大批宪兵包围了蒋渭川的住处。

蒋渭川家的大门被敲得"砰砰"直响。

"开门！开门！"宪兵在门外大声地喊着。

"快开门！"一声高过一声。

蒋渭川的家人吓得躲在屋里，不敢吭声。大门终于被砸开，大批宪兵一拥而进，挨屋搜查，翻箱倒柜，砸东西。蒋渭川的女儿上前去阻拦，被宪兵开枪打伤。蒋渭川的女儿后因伤势过重，不幸身亡。

而蒋渭川早一步接到消息，逃脱了逮捕，开始了长达一年的逃亡生活。他的同事廖进平等人却被逮捕枪毙，另一同事吕伯雄逃往琉球避难。

林正亨的预言很快就得到了验证。

3月8日。有着最优良美式装备的国民党21师，乘太康轮抵达台湾基隆。很快，又从福州宪兵团调来两个宪兵大队，同时从高雄港派来三千多名士兵。

近两万多名全副武装的军队在基隆、高雄陆续登陆，开始了血腥镇压。

在国民党军队大肆镇压之际，台湾行政长官公署也公开捕杀各地参加"二二八"事件处理委员会之类组织的领导人，主要是省参议员、县市参议员、地方士绅、工商界要人、作家、律师、教师、新闻记者等等。

被杀害的人有张七郎、林连宗、林茂生、王添灯等台湾人士，被通缉逮捕的人也有数百人之多。

台湾"二二八"起义以失败结束。血肉之躯无法抗衡全副武装的正规军，散兵游勇式的起义也无法抗衡周密部署有组织有计划的镇压。

残酷血腥的镇压使林正亨改变了硬碰硬的抵抗。

他有更为重要的任务在身，必须隐蔽好自己，因而退居台中家中。

他开始了另一种形式的斗争。

他与台湾著名社会活动家、雾峰林家族长林献堂一起与前来台中镇压起义的国民党军队谈判、周旋。

他们利用自己家族的影响，用高超的谈判智慧，保存了实力，也保护了大批参与起义的正义人士。这样一来，武装斗争最激烈的台中，被杀害的起义人士最少，损失也最小，成为整个"二二八"事件中较为平和的地区。

林正亨陪同林献堂前往会见驻扎在台北的柯远芬等人，协调双方关系，缓和已经激化的尖锐矛盾。同时，林献堂将在台中参加彰化银行成立活动的台中市长黄克立和来参加会议的政府财政处处长严家淦保护在家里。尽管走漏了消息，遭到当地民众包围，要求林家交出两人，情况十分危急，此时林献堂正带着林正亨在外周旋中。杨水心夫人连夜前往林献堂弟弟林阶堂家请他出面协调，但没有任何结果。面对林家外面愤怒叫骂的人群，大家束手无策。最终，林献堂的三儿子林云龙出面，诚恳表态、以情动人，终于将事件平息下去，包围在林家外面的愤怒人群才渐渐散去。后林献堂亲自护送黄克立、严家淦回到台北。

此次事件让林献堂心有余悸，他认为台湾不适合以暴力解决问题，他还是主张和平解决双方的矛盾，不要再发生任何流血事件了。

早在台湾殖民统治时期，林献堂为了避免日本人的屠杀采取了迂回的抗日路线，收到了良好的效果，避免了不必要的牺牲，保护了中华文化。

他现在仍然不希望看到流血事件再次发生，林家与政府之间的关系也有着千丝万缕的联系，他不希望看到两败俱伤的局面。

此时，林献堂与林正亨的来往比较密切，他们对台湾的局势进行了分析，相互交换了意见及看法。稳定台湾，避免冲突，进行政治改革，是他们的共同愿望。

林正亨在反复思考之后，在思想上也有了转变，此时行事更加成熟和谨慎，因着局势的变化而变化，为着更长远的国家利益而为。

总之，他与林献堂开始了与政府非常微妙的周旋活动。

在林正亨的陪同下，林献堂到台北会见陈仪，打探二十多位故交的情况，这些人都被陈仪下令逮捕入狱生死未卜。

在台北期间，林献堂还在林正亨、罗万俥等陪同下访问李翼中。

李翼中表示，他曾经对蒋介石进言，处理台湾之事以宽大为怀，并对台湾进行政治改革。

随着"戒严令"的颁布，越来越多的台湾人被抓进监狱。

林正亨虽然没有被列入逮捕名单，但他的激进倾向和号召力还是引起了国民党当局的注意。

一次，林正亨组织劳工暴动受了轻伤。为了躲避国民党的追捕，他听从了族人的劝阻，住进了军校同学开办的医院，一是为了医治新伤，二是因老伤口复发需重新开刀动手术。

医院病房内。

"林正亨，你今天感觉怎么样？"主治医生带着一帮护士来查房。

"还好。可能是麻药劲过去了，还有些疼，但可以忍受。"林正亨说。曾经在医院住过太长时间，忍受过常人难以忍受的痛苦。林正亨比一般人更能忍受疼痛。

"好的，我一会儿给你开点止痛药，让护士拿给你。过了今天就会好些。"医生说。

"好的，谢谢。"林正亨点着头。

"外面形势很乱，你可以在医院安心住着，不用着急。"主治医生明白林正亨的处境暗示他说。

几个国民党便衣从门口走过，警惕地看了看屋内查房的医生、护士。

"好的，医生。谢谢你的治疗。"林正亨会意地点点头。

非常时期，大家似乎都有着心照不宣的默契。残酷的白色恐怖，让人们多了精神上的压抑，也多了同胞间的支持。

外面的抓捕在继续。

不断有人被抓。

街道上一队队荷枪实弹的宪兵队走过。

路旁电线杆上、咖啡馆的墙壁上贴满了安民告示与被通缉的人员照片。

被"戒严"了的街道上早已没有了往日的繁华与喧嚣，到处是死一般的宁静。

出院不久，林正亨转入长官公署警务处任职，担任第四科经济调查组股长。

林正亨回到台湾后，虽然在政府部门工作，但经济压力仍然很大。

除了保珠和两个孩子之外，他把母亲和妹妹林双祝也接到了台北家中住。

台北市泉州街四巷四号。一家六口人的生活开销全部压在了林正亨的肩上。一家人能在一起，这让林正亨心里格外踏实。

这是林正亨台北住宅。

刚回到台湾的林正亨没有落脚的地方，便委托亲戚帮忙租个房子。正好有个朋友有一处闲置房子，林正亨便把它租了下来。有了住处，第一件事就是把母亲接来。

这是一栋中日合璧的住宅，砖木结构，有一个不太大但花草树木很多且很安静舒适的小院子。房梁很高，有好看的木制窗棂，有脚感很好的木地板和一个隐秘的地下室。

房子算不上豪宅，但也宽敞舒适。自从母亲来到身边，林正亨感到从未有过的安稳。不管平时工作多么辛苦多么累，只要一回家看到母亲和爱人孩子，他就什么都忘了。

盼了多少年，郭玲瑜终于盼来儿子的归来，她那颗悬挂着的心终于放下来。由于长年的担心和挂念，她患上了严重的心脏病，经常要打针吃药，花费不小。这给本来经济压力就大的林正亨平添了很多重量。

为了缓解家中的经济负担，保珠就悄悄四处找工作。

"沈保珠。"一次走在街上时，保珠听到身后有人喊她。回头时，看到是以前认识的一个朋友钱韵。

"哎呀，是你呀？钱韵。你也来台湾了？"保珠惊讶地说。

"保珠，没想到在这里碰到你。"钱韵也惊讶地说道。

"是呀，我跟我丈夫一起回来了。"保珠说。

"我也是随我丈夫过来的。"钱韵说。

"哈哈，真是太巧了，没想到在这里碰上了。"保珠兴奋地说。

"可不是吗，那你现在哪儿工作呢？"钱韵问。

"唉，刚到，还没有找到工作。家里人口多，经济压力满大的。"保珠叹了口气说。

"哦，是这样？"钱韵同情地点着头。

"我婆婆也住在我家，她心脏不好，每天的医药费就不少，孩子们也小，到处都需要钱。"保珠说。

"这样？那不如这样，我去跟林忠说一说，看看能不能让你到电台来工作？"钱韵说。

"林忠？他在哪儿？"保珠问。

"他在电台当台长。我也在电台工作，我们也正缺一个国语播音员，你的国语那么好，没问题。"钱韵说。

"真的？哎呀，那可太好了。麻烦你了。"保珠高兴地说。

"这有什么，本来就是咱们的老本行，等我去跟林忠打个招呼，让他来安排一下。"钱韵热情地说道。

"好的，太感谢了。"保珠感激地说。

保珠回到家，把路上遇到钱韵的事情和工作的事情都告诉了正亨。

"正亨，我很希望出去工作。你一人工作经济压力太大，妈妈看病也需要钱。"保珠说。

"保珠，孩子们都太小，妈妈也需要人照顾，你上班合适吗？"正亨有些不乐意。

"正亨，家里现在经济压力很大，孩子们需要钱，妈妈的心脏病也需要钱治疗，还有房租也每月需要付。我出去工作，可减轻你的压力。"保珠说。

"……"正亨没吭声，但显然不高兴。

"正亨，这只是一个过渡期，又不是永远。等你一切稳定下来，我再辞职回家不就行了。"保珠劝解道。

"好吧，你先去试试，不行就回来。"看保珠仍然坚持，也考虑到家里目前面临的困难，正亨答应了保珠的建议。

看到正亨同意了，保珠很高兴。她特意去理发店烫了个时髦的发型，又跑到商店买了一条素雅的旗袍，还从床下纸箱子里找出很久不穿的高跟鞋。经过一番打扮，保珠像是变了一个人，时髦而高雅。孩子们拍着小手喊："妈妈，真漂亮。"婆婆也说："保珠打扮打扮，还真是个美人呢。"

打扮得漂漂亮亮的保珠到台北电台上班了。

她的职务是国语播音员。

保珠有着一口流利好听的纯正国语。以前在重庆时她的国语播音就受到了电台老板的表扬。

这次，保珠的工作还是在钱韵的播音组担任练习生。钱韵是科长。因为是刚去，保珠不能任正式职务，只能拿练习生的工资。

钱韵与过去不一样了，大概是她的丈夫担任了电台台长，不自觉地就显出傲气，对保珠总是很挑剔，这让保珠很是不愉快。开始保珠还能忍，可是时间长了，保珠忍受不住就开始和钱韵发生了争吵。两人的关系有些紧张。

10月份的时候，保珠辞去了电台播音员的工作，回到家中。

几个月过去了，家中的经济状况没有任何好转。

在广州生活的大姐林双吉知道了弟弟林正亨的情况，便让正亨把母亲送到广州她那里生活，毕竟她家里的生活条件要比正亨好很多。正亨与保珠接到大姐的信，与母亲郭玲瑜商量后，同意了此建议。正亨由于工作原因无法去广州送母亲，便由保珠护送婆婆郭玲瑜去广州大姐处。

保珠带着两个孩子把婆婆送到广州大姐家后，很想趁机带着两个孩子去印尼看望母亲。

但令人遗憾的是，保珠的申请未被批准。母亲思念女儿、外孙心切，便带着弟妹来广州看望他们。

母女再次相见，了却了日夜牵挂之苦。

多年来的动荡生活和困苦艰辛也让保珠体会到了做父母的一片苦心。

六 二十根金条创办建成皮鞋行

"二二八"起义失败后，起义领导人之一的谢雪红和台湾有识之士于1947年11月12日孙中山诞辰日在香港成立了爱国团体——台湾民主自治同盟。

他们提出了："中国人民团结起来！"的口号，同时还制定了"反台独，反托管"的政治纲领。

1948年3月下旬。广州。

林正亨接到组织邀请，来到广州参加关于台湾问题的会议。

会议由中共华东局主办。

时任华东局政委的饶漱石主持会议。

参加会议的有谢雪红领导的台湾民主自治同盟、蔡孝乾领导的中共台湾省工作委员会、李伟光领导的上海台湾同乡会等等。

林正亨参加了此次会议，并接受了回台湾发展台湾民主同盟组织的任务。林正亨此次参加会议十分低调，甚至在当年的一些会议记录中都找不到关于他的记录。不知这是不是与他接受朱学范的台湾秘密地下工作有关系。

林正亨此次到广州、香港滞留时间较长，前后有三个月之久。他不仅参加了此次广州重要会议，他还去香港看望了朱学范等人。

这三个月的经历使林正亨的思想更加成熟而坚定。

台湾"二二八"事件给他的冲击不亚于他在重庆时的较场口事件。经过几个月的梳理和沟通，林正亨又回到了台湾。

姐姐林双盼、姐夫林天祥此次与他一同回到了台湾。

他被台湾警务局免职，理由是逾假不归。

失去了经济来源，林正亨又一次面临人生选择。

台北。泉州街四巷四号的住宅内。

林正亨与妻子保珠正在商量今后生活的安排。

"保珠，我的工作没了。"

"你去那么久，人家为什么要给你保留工作？"

"咱们今后的生活有点麻烦了，你和孩子们又要受苦了。"

"正亨，我看你可以自己干点什么，我妈妈不是给咱们留下二十根金条和首饰吗？"

"那些东西不能动,那是给你和孩子们留下的救命钱。我自己想办法吧。"

"能想什么办法?现在干什么都很难。你不如拿金子去做点买卖,维持我们的生活。"

"让我再想想。"

"还想什么,只有这一条路了。"

"唉,现在是民不聊生,到处戒严。本来就艰难的台湾经济,现在更是难了。"

"就这样办吧。你又不愿去求人,咱们只能自己想办法。"

"好吧,咱们就办个小商店,先解决眼前的问题,下一步再说。"

"嗯。"

"保珠,谢谢你这么多年的付出,为了这个家,为了我,你没少吃苦。"

"正亨,从我认定你,决定嫁给你,我就已经做好了吃苦的准备。"

"保珠。"

"这些年,你为国家做事,差点连性命都丢了,可我从未听到过你的半句怨言,你让我懂得了很多的东西,明白了很多道理。你是个值得让我付出的男人,是值得我骄傲的男人。我要的就是你这样的男人!"

"保珠,我的好老婆,也只有你理解我。"

"是的,正亨,我理解你。你是铮铮铁骨的男子汉,我要的就是你这样的男人。你哪怕穷到没有一分钱,我也要跟着你。"

"保珠,我很愧疚,这些年让你跟着我受苦,还让你担惊受怕。"

"正亨,只要你好好地活在我身边,什么都无所谓。"

"保珠,相信我,我们会生活得越来越好。只要我们的国家能统一,能强大,我们就能过上真正的好日子。"

"正亨,你不用瞒我了,我知道你正在干着一件大事情,你按自己的想法去做吧,我相信你的选择是对的。但你要小心照顾好自己才是。"

"我会的。"

台北市长安西路18号。

一阵劈劈啪啪的鞭炮声和烟雾散去之后,一个崭新的匾额出现在眼前,上面几个遒劲的金色大字"建成行"。

他用岳母留下的二十根金条和首饰开了一家儿童皮鞋专卖店。

商铺大门两侧贴着大红的喜庆对联。

满地的爆竹炸碎后留下的红花绿纸,看上去煞是喜庆。

"谢谢诸位光临敝店,正亨以后靠大家多加关照,店面虽小花样齐全,走过路过,上楼喝杯热茶。"林正亨向大家抱拳说道。

"祝贺林老板皮鞋店开张大吉。"张老板说。

"买卖兴隆,恭喜发财。"李老板说。

"恭贺开张。"王老板说。

参加开业的都是亲朋好友及附近商铺的老板,正亨知道这些人的重要性。远亲还不如近邻,搞好邻里关系是非常必要的。

"谢谢诸位捧场,小弟初入商界还请大家多关照。"林正亨恭敬地抱拳表示谢意。将来就在这条街上混了,初来乍到免不了需要大家的帮助,况且他的皮鞋店的用处非同一般。

"建成行"皮鞋店专门经营从内地广州贩来的儿童皮鞋。这是一个特殊的皮鞋店,"建成行"儿童皮鞋店的落成意味着中共台北市委秘密联络站也落成了。

林正亨经营皮鞋店是假,利用皮鞋店作为中共台北市秘密联络站是真。但这一切,他不能完全告诉保珠,他不想她过分地担心。秘密联络站的建成使台北中共地下党员有了秘密根据地。直到几十年后,已经是年近古稀的党员们还清楚地记得当时去"建成行"皮鞋店二楼开秘密会议的情景。

林正亨的鞋店开张后,他每天准时到店里上班,偶尔也需要去广州进货。

除了林正亨自己外,店里还雇了一个爱说爱笑的小女孩,大家都叫她阿雪,是台湾本地人。阿雪是一个非常懂事的女孩子,年龄在十七八岁。自从她到林正亨的皮鞋店上班后，每天很早就来到店里打扫卫生，摆放鞋样儿，拉开门板，让台北第一道阳光射进店铺。

林正亨很喜欢这个勤快、懂事、活泼、开朗，有正义感的小女孩，因为这个鞋店有着特殊性，他必须考虑找一个稳重、靠得住、反应机警的工作人员。

阿雪是他所信任的。她很单纯，也十分善良，对林正亨这个英雄十分敬重与崇拜，而且嘴巴也很严实，这让林正亨感到放心。

六十多年后，已是年近古稀的阿雪安静地坐在台北家中谈起当年发生的事情，谈起林正亨，仍然是止不住地流泪。她说忘不了当年发生的一切，忘不了那个勇敢善良的大英雄。

七　组建读书会受到欢迎

台北建成街建成皮鞋店。

二楼。

林正亨正在举办读书会，一群充满了朝气的年轻人围坐在他的周围。

一张张年轻的面孔，专注地倾听着让他们激动且新鲜的内容。他们的眼睛里充满了对新知识、新思想的渴望。

"朋友们，今天我们的读书会就算正式成立了。以后我们会经常举办这样的阅读。"

"朋友们，世界已经发生了翻天覆地的变化，我们不能再这样糊里糊涂地生活下去了。我们要开拓新的生活，我们要改变世界。"

"我们要求过自由、平等的生活，我们要让广大劳动群众人人有饭吃有屋住。"

"朋友们，只要我们努力学习，不断接受新的文化知识和新的思想，我们的家乡台湾就一定会成为一个崭新的、令人羡慕的、充满自由和平的新世界。"

林正亨的话像是冬天里的一把火，把大家的希望和理想点燃，年轻人不断地点着头，眼神越来越明亮。他们交头接耳地小声议论着，激动而兴奋。

"傅世明，你来带领大家读一段。"林正亨指着人群中一个青年说道。

"好。"被叫作傅世明的年轻人答道。

傅世明今年二十六岁，也是建成皮鞋店的店员，亦是读书会的成员，他发展和联系了很多人加入读书会。

读书会的气氛很好，大家聚精会神地聆听，仿佛书中有着无穷无尽的智慧，给予他们信念与希望。

会后，傅世明把书还给林正亨，大家纷纷散去。

"林经理，我想趁大家不读书这段时间借这本书看看。"傅世明走到正在整理会场的林正亨身边说。

"嗯——好啊，希望看后对你有所收获。不过记得要尽快还啊。"林正亨笑着说。

"好的。我只借两天。"傅世明高兴地说。

傅世明是林正亨从训导营帮助过的青年人，他的性格鲁莽、勇敢，虽然文化水平不高，但还是爱学习爱接受新事物，缺点就是容易冲动，爱打架。

傅世明是日本殖民统治台湾时期被日本人关押起来的扰乱社会的所谓"流氓"。类似傅世明这样的年轻人训导营有一大批。

自从被国民党政府接管后，林正亨暗中对他们进行革命教育，陆续释放了一批人，傅世明就是其中之一。

傅世明进步很快，比较激进的他，很快就加入了组织成为读书会的骨干分子。后来，傅世明进入建成皮鞋行成为工作人员之一。

皮鞋店二楼读书会，是这些进步青年接受新思想、新知识，结识新朋友的所在，只要有时间，大家就聚在一起享受这来之不易的安宁时光。在台湾血雨腥风的岁月里这小小的读书会成为年轻人心目中最为向往的地方。一杯香茶，一本进步书籍，几句充满了希望的话语，成为青年们最美好的心灵慰藉。

皮鞋店初期经营得还好，林正亨请了一个店员一个会计管理店面。保珠在家管理家务，照顾孩子，抽空也到店里帮忙。大家齐心合力，小皮鞋店经营得还算不错。

傅世明店里店外地帮忙张罗。有些事情林正亨忙不过来就委托他去办。傅世明还算机警，人也蛮聪明，身上虽有些流氓气，但对于林正亨交给的工作还是很认真地完成。

建成皮鞋行开了一段时间后，由于林正亨经营不善，缺乏货源，最终亏本倒闭了。林正亨就把一楼的铺面租给一个姓夏的上海人开设丝绸店。

由于林正亨要去福建解决家里兄弟间的经济纠纷，便让傅世明住在家里帮忙照看，并把自己的手枪交给他保管。

"二二八"事件期间，林正亨住院做手术，傅世明住在林正亨家中，一次他擅自拿着林正亨的枪出去参加活动，结果打死了人。保珠把此事告诉了林正亨。

林正亨从医院回来后，就让傅世明搬到建成皮鞋行去，并把租出去的店铺收了回来，让浙江人陈百川租住。

陈百川是台湾民主同盟会的领导人之一，也是中共台北地下党员。他将林正亨的建成皮鞋店铺租下用来经营百货，实际上成为中共台北地下党的交通站，由交通员阿雪来管理。

建成行二楼。

幽暗的灯光下，中共地下党及进步人士正在开会。

林正亨、傅世明等人都在其中。读书会的负责人陈百川正在给大家开会。大家围着桌子而坐，每个人的表情都十分严肃。

"同志们，前线的战况非常好，我们的队伍已经解放了中国大部分地区。现在国民党已经是日薄西山每况愈下，台北解放也是迟早的事情。我们现在需要的是发动广大台湾同胞们坚守好自己的岗位，等待全国胜利的消息。"陈百川说。

"太好了。"有人插话。

"我们要沉住气,做好自己手头的工作,尽可能地多向台湾同胞宣传新思想,让他们接受新思想,新观念,认清形势,准备迎接崭新的明天。"林正亨说。

"对,正亨说得对。我们要做好自己手头的工作,要尽自己所能宣传新思想和新观念,让大众看清国民党腐败无能穷凶极恶的本质。"陈百川说。

"我们印制及发放的《综合文摘》、《和平文献》就是告诉我们台湾同胞台湾岛的内外真相,让民众树立必胜的信念。"陈百川继续说道。

"我们的读书会很好,既学到了新的知识和新的思想,也联络了大家的感情。"陈百川说。

楼上是地下党员们在开会,一楼做掩护的店铺内,阿雪在店里警惕地观察着外面,注意着大街上每一个经过的人。

每次会议结束时,地下党员们分头分时间地走出建成行,尽量不被人注意。

会议结束后,林正亨正准备离开。这时,有人从身后叫住了他。

"正亨,今天晚上有时间吗?8点钟请你到老地方茶馆喝茶。"是台北地下党总支书林庆云。

"有时间。"正亨不知什么事情,只要是组织的活动,他都随叫随到。

"今晚有件重要的事情要宣布。"林庆云神秘而兴奋地说。

"什么事情?您这么高兴?"正亨也乐了。林先生平时是个很严肃的人。

"到了,你就知道了。"林庆云眨巴着眼睛说。

晚20点钟,林正亨准时赶到了茶楼。

茶馆在一处很僻静的巷子里,平时人不多,是台北市地下党们经常接头的地点之一。

"林先生,你好!"林正亨在最隐蔽的一间小房间里找到了已经赶到的中共台北地下党的总支部书记林庆云。

"正亨，你好！坐。"林庆云说。

"谢谢。"

"正亨，你最近工作干得不错，大家评价很高。"

"谢谢。"

"正亨，我已经把你的情况汇报给上级中共地下党组织，上级党组织已经批准你加入中国共产党，成为我们党的一员了。"林庆云激动地说。

"真的？"林正亨激动地站了起来。

"是的。今天我就是来宣布你入党的消息。但为了保密和组织的安全，我作为你的介绍人，组织上让我与你单线联系。"林庆云低声说道。

"最近，中共台北地下党组织被破坏得很厉害，希望你也要注意安全和保密。有紧急情况，我们要单线联系，防止更多人被捕。"林庆云继续说道。

"好的。"

"现在，我们现在就举行入党仪式……"林庆云从怀里掏出一面巴掌大小印着镰刀斧头的党旗小心翼翼地贴在墙上，举起拳头说。

"好。"林正亨举起拳头说。

"我自愿加入中国共产党。"

"维护党的纲领。"

"遵守党的章程。"

"履行党员义务。"

"执行党的决定。"

"严守党的纪律。"

"保守党的秘密。"

"对党忠诚。"

"积极工作。"

"为共产主义奋斗终生。"

"随时准备为党和人民牺牲一切。"

"永不叛党。"

林庆云念一句,林正亨就跟着念一句。

他一字一句地宣誓,声音低沉有力,每一句誓词仿佛是从心里流出。

今天,他终于成为这个优秀组织中的一员了,自己的一幕幕经历像过电影一样在脑海中闪过。

"林正亨同志,祝贺你!"林庆云紧紧握住了林正亨说。

"让我们为台湾的明天共同努力吧。"林庆云继续说道。

"我会努力的,请组织放心。"林正亨坚定地说。

由于地下党在建成行活动频繁,地下党员来往人员很多,怕引起国民党的怀疑,傅世明决定搬出建成行。

是夜。保珠刚把两个孩子哄睡着了,正亨带着一个女青年急匆匆走进了家门。

"保珠,这是施小姐,赶快烧点热水热汤给她喝。"正亨一进家门就说道。

"好的。"保珠如往常一样,赶紧下厨房做饭烧水。

"孩子们都睡了?"正亨问。

"都睡了。"保珠说。

"好,你赶紧给施小姐做点吃的,她可能饿坏了。"正亨说。

"好的,很快。"保珠简单地答应着,只要是丈夫做的事情,她都认为是对的,从不多问。

几天后,正亨、阿雪、张姓青年,还有施小姐在林正亨家中开会,讨论解救黄先生的计划。

"听说敌人要把黄先生转移到军法处去,我们可以在半路实施解救。"张姓青年说。

"情况可靠吗?"林正亨问。

"可靠，都是内部消息。"张姓青年说。

"他们是军车押送，车速很快。我们能下手吗？"阿雪问。

"这倒没什么问题。我们也可以开车去。速战速决。"正亨说。

"他们是武装押运，人员和枪肯定少不了。"施小姐说。

"是的。我们必须把问题想细一点。"正亨沉思道。

"路线和时间我去弄清楚。"张姓青年说。

"好的。我们把所有情况都搞清楚，再做决定。我有一个亲戚在监狱任职，救出黄先生的可能性还是很大的。另外，我还要请示一下上级组织。"林正亨说。

"好的。"阿雪点点头。

"谢谢大家的帮助。"施小姐感激地说。

"这是我们的工作，黄先生是我们的朋友和同志，解救他是我们的职责。不用客气。"正亨说。

但这次解救没有成功，上级组织还没有批准下次行动，怕暴露更多的人，打乱整个台北工作部署。

林正亨为此懊恼了很长时间。

施小姐的真名叫张砚，在台北一所学校任教。爱人黄先生是中共台北地下党的负责人，负责整个台北市的地下党活动，后被敌人发现而遭国民党当局逮捕。她在保珠家住了一个月之后，在组织的帮助下回到大陆。

台北市中共地下党书记被逮捕之后，台北市地下党的形势更加严峻，而林正亨参加的进步组织——台湾民主自治同盟也更加小心谨慎。

自从皮鞋店关门之后，林正亨把全部精力和时间都放在了协助陈百川发展台盟组织和创办革命刊物上。

他除了带领青年读书会阅读著名历史学家范文澜的《中国近代史》和《唯物史观》等书籍，还经常给大家传阅他和保珠根据新华社电台播报每日新闻编写的《综合文摘》及《和平文献》。这些珍贵的资料和著作都给了大家无穷尽的力量和精神财富。

林正亨家的壁柜里挂着一幅中国地图，他几乎每天都要在那里站立，凝视很长时间，还会在上面插一些小红旗。

儿子晶郎跟在爸爸的身后，不解地望着他。他很想伸手去摸这些小红旗，但爸爸把他们锁在壁柜里，他够不到。

"爸爸，你为什么每天都要插小红旗？"晶郎瞪大了眼睛问道。

"儿子，将来你会知道的。"林正亨神秘地眨眨眼睛，笑着说。

他把儿子抱了起来，指着中国地图说："总有一天，我会把地图上都插满了小红旗，那就是我们该喝庆功酒的时候了。"林正亨拍着儿子晶郎的头说。

晶郎歪着头看着父亲，并不理解父亲的话。

但父亲得意快乐的情绪感染了他，他知道准是件好事情，是件让父亲高兴和快乐的事情。

晶郎从此天天都会悄悄打开柜子门查看爸爸插着小红旗的中国地图。

柜门又沉又重，他每次都会踮着脚尖使出全身的力量才能把柜门打开。而每次都不会让他失望，小红旗越插越多。

"等待中国地图上插满小红旗，爸爸就该喝庆功酒了。"晶郎悄悄想。

他幼小的心灵从此多了一个期盼。

八　在艰难中孕育生命

保珠又怀孕了。

她本不想再要孩子，已经有了两个年幼的孩子，加上正亨工作动荡，收入不稳，夫妻两人的经济负担很重。还有，也是最重要的一点，台湾的形势与政治都处在一种动荡之中，台湾民众与国民党之间的矛盾日益严重，特别是

"二二八"事件爆发之后,台湾百姓生活处于恐怖之中,极度缺乏安全感。保珠不想在这个时候再给家里增添负担,也不想让这个小生命一出世就面对这么险恶的世界。

但保珠没有放弃这个小生命,既然她来了,就要把她生下来,抚养大,都是身上的骨肉,无论哪一块都是她的心肝宝贝。

但怀孕后虚弱的保珠还是坚持不住了,由于长期操劳,加之身体状况本身就不太好,怀孕后经常发生头晕现象,有时甚至晕倒。

怀这第三个孩子,保珠没少受罪,吃什么吐什么,整天头昏脑涨的,像是坐过山车。丈夫林正亨每天在外面忙,根本不着家,也无法照顾她,她一切都是靠自己克服。

保珠是个不一般的女性。她虽然是个富家小姐,却因着接触了进步的思想和爱情,而发生了人生的改变。

离开印尼回到祖国,在十几年的风雨飘摇生活中,她完全没有了富家娇小姐的作风。也不再是那个柔弱、温柔、美丽的小姑娘,已经被锤炼成一个外表贤淑文静内心却无比坚强的女性。

不管生活如何艰难,不管人生的路多难走,她都能勇敢地去面对。她知道这一切都是因为他——她的丈夫林正亨。

正亨的爱给了她勇气和支撑,在最艰难、最无助。没有他的任何消息的日子里,她依然充满了期待。

爱情给了保珠一个全新的生活。

保珠孕育第三个孩子小青时,中国的政治和军事形势也发生了翻天覆地的变化。

雾峰林家后代林正亨的命运也将发生巨变。

雾峰林家的命运又一次与台湾紧紧地联系在一起,与中国的命运联系在一起。

第九章　牺牲

（1949年——1950年）

一　小青刚出生，就带着悲剧色彩

1949 年历史发生了根本性的变化。

国民党军队在大陆兵败如山倒。蒋介石准备撤退到台湾建立自己的最后一个立脚点，想寻找机会再度反攻大陆，夺回失去的权力。

为了保住台湾这最后一根救命稻草，蒋介石下令"清理基地"，以便保证退到台湾时的政权的安全和稳固。自己的政权再也不能有任何闪失了。

蒋介石准备撤退到台湾的命令一发出，大批的军统、中统特务就开始来到台湾"清理门户"。他们接到了蒋介石"宁可错杀一千，绝不放走一个"的指示，大肆捕杀中共地下党员和进步人士，甚至一些年轻学生和老师也没逃脱捕杀，在很短的时间内，他们先后枪杀了五千多人，台湾进入史上最黑暗、最血腥的白色恐怖时期。

台湾中共地下党遭到了史无前例的毁灭性破坏。中共台北市委书记廖瑞发被捕。

林正亨参加和组织的进步青年读书会也面临着严峻的考验。

形势再严峻，生命的延续还是如期而至。

1949 年 3 月 13 日，保珠在台湾生下她和正亨的第三个孩子——女儿小青。

小青一出生，就带有悲剧色彩。

一是台湾社会形势严峻，二是保珠身体欠佳。

小青一出生，保珠得了场大病，没有一点奶水，只好请了奶妈。

自从生下小青，保珠的身体一下子垮下来，吃不下东西，干不了活，身体十分虚弱，吃了医生十几服中药也不见好。

医生也没有诊断出病因，只是认为保珠多年的辛苦积蓄下的病根，脾胃虚寒，缺乏营养，需要慢慢调理。

保珠无法也只得每天吃那种苦涩的中药汤，每天家里飘荡的都是中草药的味道，全家人外出身上也都是浓浓的中药味。外面人问是什么味时，大女儿少萍告诉人家，这是妈妈味，惹得大家大笑不止。

保珠的身体很长时间都在调理之中，无法照看刚出生的小青，奶妈就成了正亨家的一员，除了照顾小青之外，还要照顾保珠。

保珠待她如亲姐妹一般，干脆把家里的买菜、做饭的大权都交给她。奶妈有三个儿子，却没有女儿，所以她很喜欢小青，把小青当亲生女儿一样看待。

她丈夫却去世了，一个人拉扯三个孩子，生活十分艰难。

为了帮助奶妈解决实际困难，正亨托人把奶妈三个儿子送到教会学校上学，不光不收学费，还管饭吃。奶妈十分感激。

情况越来越不好，局势非常紧张，宪兵和特务到处抓人，正亨不能在家住了，常常是回家吃点饭，取点东西就赶紧走。

家里就保珠、奶妈和三个孩子五个人。保珠很担心丈夫的安危，提醒他小心。

"正亨，外面局势这么不好，你可要小心啊。"一次，林正亨回家取东西时，保珠小声地叮嘱道。

"知道了。你也要注意身体，快些好起来。"近来他明显地瘦了，脸上的刀疤越发突兀。

"我还好，再吃完这服中药就停了。放心，我会照顾好自己和孩子们。你千万小心，最近抓了那么多的人，真让人揪心。"保珠忧郁地说。

"没事，我命大。这么多次在战场上与死神擦肩而过，人家都不要我，这次也不用担心。"身处危险之中的林正亨不想给保珠增加更大的心理负担，尽量安慰保珠，不想让她为自己太过担心。言语中总是充满信心和希望，这给了保珠极大的精神支持。

"你这次可要小心，不要大意，这次他们是真的杀红了眼，像疯狗一样到处咬。"保珠明知正亨从事着危险的活动，哪里放心得下。

"我知道了。"正亨说。

"有吃的吗？我饿坏了。"正亨疲惫地打了个哈欠，靠在沙发上说。

"有，你等一下。"听丈夫说饿，保珠拖着虚弱的身体往厨房走去。

"正亨，你先吃碗面吧。"没多大一会儿，保珠端出来一碗香喷喷的牛肉面。

回答她的是丈夫香甜的呼噜声。正亨靠在沙发上已经进入了甜美的梦乡，他太累了，整日在外面奔波，吃不好，睡不着，有家也不能回。

看到丈夫睡着了，保珠不忍心叫醒他，转身去拿了块毛毯盖在他身上，静静地坐在了他的身旁，守候着他。

本来保珠看到正亨回家来，心里有好多抱怨的话要对他说，但看见他如此的疲惫和焦虑，心里的好多话又咽了下去。不要再给他添麻烦了，他已经够累的了。

"好香，好香。妈妈我也要吃牛肉面。"不知什么时候少萍来到保珠身后，吸着鼻子说。

"嘘，小声点，让你爸爸多睡会儿。"保珠把手指放在嘴上说道。

"嗯。好香，好香。妈妈，爸爸的面条怎么这么香啊？"只有五岁的少萍，被这香喷喷的面条馋得不行。

保珠和少萍的对话声将正亨从梦中惊醒，他警觉地睁开眼睛。

"哦，宝贝想吃牛肉面，爸爸喂你吃。"正亨把女儿搂在怀中，亲着她的小脸说。

"少萍，爸爸吃完还要走，妈妈一会儿给你做。"保珠阻止道。

"我想跟爸爸一起吃。"年幼的少萍不解妈妈的用意。

"保珠，让女儿跟我一起吃吧，时间还早。"正亨说。

正亨非常爱自己的三个孩子，如果不是任务在身，他很愿意天天陪在孩子们身边，陪他们玩，跟他们一起长大。他知道自己亏欠孩子们的，自打他们出生就一直跟父母过着动荡的生活，甚至经常见不到自己。

现实很无奈，他的理想和责任让他无法停下脚步，他要为更多的人去服务。

"少萍，好吃吗？"正亨把面条夹起放到女儿的嘴里，问道。

"好吃，爸爸的面条真好吃。"少萍歪着脑袋笑眯眯地说。

"好吃，少萍就多吃点。"正亨看到女儿甜甜的笑，心里格外高兴。

"谢谢爸爸。"少萍甜甜的小嘴总是哄着爸爸开心。

"少萍，爸爸还要出去呢，你不要老缠着爸爸。"晶郎还是大一些，懂事一些，他走过来催着妹妹。

"没关系，晶郎。"正亨对儿子说道。

"好啦，好啦，妈妈又做了两碗牛肉面，晶郎你带着妹妹到客厅去吃吧。"看到女儿缠着正亨，保珠趁爷俩不注意，到厨房又做了两碗面条。

"好的，妈妈。少萍，哥哥带你去客厅吃面去。"懂事的晶郎带着妹妹到客厅去了。

"爸爸，你可别走，少萍一会儿再跟你玩。"少萍挥着小手说。

"好呀。"正亨亲了女儿额头一下说。

"孩子们难得见到你，总是找借口跟你多待会儿。"保珠看着孩子们的背影说。

"是呀，真是对不起孩子们，太少时间陪他们了。以后有时间一定多陪他们。"正亨边吃边说。

"是呀，我们家的孩子跟别人家的孩子们比起来，缺少了很多与父母在一起的时间。他们一出生你就去参军打仗，好不容易把你盼回来，你又整日忙个不停，让人担心。"保珠带着些许埋怨。

"保珠，别担心。快了，我们就快看到曙光了，好日子就快来了。你要耐心等待。"正亨安慰着保珠。

"正亨，我理解你的心情，也知道你的工作的重要性，但我担心这样下去，他们不会放过你。孩子们都这么小，我怕自己坚持不了。"保珠还是担心地说道。

"保珠，谢谢你这么多年的支持和理解，独自承担家庭的重担，抚养孩子们，我内心充满了感激，但我无法停止我的理想，我不能撂挑子。

"国民党政权已经变了，他们贪污腐败，祸国殃民，搜刮民脂民膏，给中国人民带来了沉重灾难，他们很快就要完蛋了。

"我们组织青年人读书就是让他们知道人生的意义，懂得社会发展的必然规律，看清蒋介石政权的腐败和无能。"正亨说话时，眼睛里闪烁着希望的光芒。

"正亨，我懂你的心情，这么多年你的帮助和教育，我已经不是那个幼稚的小女孩了。我支持你，但是就是担心，你经历了太多生生死死，吃了太多苦，我不想你再有什么不测。"保珠的眼圈开始泛红。

"保珠，不要难过，咱们为之奋斗的事业是伟大的事业，虽然无数仁人志士都为此献出了宝贵的生命，但我们绝不会因此而退缩，而是要继续奋斗下去。假如我们真的为此付出了生命，那也是光荣和值得的。"正亨坚定地说道。

"正亨，你放心吧，我会永远同你站在一起，我相信你是对的，你的事业是崇高的。我知道你一心为了国家，为了台湾人民。你去工作吧，我会照顾好这个家和孩子们的。"她不想让正亨再担心了，让他平平安安地走，平平安安地回来，是她最大的心愿。

"正亨，天太晚了，你吃完饭赶紧走吧。"保珠看看时间对正亨说。已经很长时间了，正亨每天都要躲出去睡觉，防止宪兵来家里抓人。组织上已经通知他注意安全，尽量少回家。

"好的，这个家就交给你了。"正亨对保珠说。

"放心吧。"保珠说。

一碗面条，正亨很快吞了下去。他抹抹嘴，说："真香，怨不得少萍吵着要吃，真香。老婆做的面条就是香。"正亨搂过保珠，在她的额头亲吻一下，调皮地说。

"又要贫嘴，明天做你最爱吃的鱼丸汤。"保珠说。

"真的？噢，太棒了！"正亨一把把保珠抱了起来。他几乎一时忘记了外面的残酷，与这个世界上最爱的人在一起，他变得温柔和感性。

"瞧你像个孩子似的。赶快走吧，时间耽搁得太久了。"保珠亲昵地戳正亨的脑门说。

"好的，那我先走了。"正亨放下保珠摆摆手说。

"等一下，我给你拿几件换洗衣服。"保珠喊住了正要出门的正亨。

正亨闻了闻自己身上好几天都没换洗衣服的味道，点头答应。

"晚上睡觉把肚子盖好，你身体受过伤，不能着凉。"保珠叮嘱道。

"知道了。"正亨说。

"记着吃饭，不要总饿着，你胃不好，要按时吃饭。"保珠

"好的，知道了。"正亨答应着，人已经走出了门。

"正亨，小心。"保珠跑到门口继续叮嘱着。

"知道了。"正亨警觉地向门外张望，看到没什么动静后，才急匆匆地消失在夜幕中。

一切都安静下来。

正亨走了，保珠感觉心里空落落的，她为正亨担心。形势越来越险恶，不知下一步会发生什么。

二 被捕

日子就这么过着，虽然外面风声很紧，不断传来消息，某某人被抓了，某某中共地下机构被捣毁，但保珠和正亨这里也还算平安无事。

林正亨继续着他的读书会，继续宣传进步思想，反对国民党独裁统治。读书会的人群不断扩大，但也带来弊端，鱼龙混杂，留下了潜在的危险。

此时林正亨的思想已经完全不同于早期，进入了非常成熟的阶段，已经有了很高的思想境界。他在写给兄弟姐妹的信中，都表达了他坚定的革命者的信念和理想。

1949年4月，他写给在日本留学弟弟的亲笔信中我们可以看到，林正亨已经是非常成熟的无产阶级革命者。

他在信中这样写道：

宏弟：

接来信使我很高兴，你没有忘了兄弟的感情。我近来为着工作稍忙，所以没有给你信。你所说的日华侨情形，我们这里都非常清楚。华侨的被压迫遭难，不但是在日、在东南亚、在世界资本主义的国度里，华侨都是压迫着的。本来"无强国无外交"，尤其是在我们的革命内战中，外交更谈不到了。

国家和民族，你们在海外身临，就了解其为什么是那么重要和宝贵，这就明白五十年来多少人血就是为着国家的独立富强而流，为着民族的自由平等而流。我们要更了解五十年来的战乱是中国封建势力和资本帝国主义使我们国家没法成为一个独立富强的国度，所以后期革命其重点就是反帝反封建，在社会主义的计划经济范畴内，我们才能短期恢复五十年来战争破坏的国家元气，才能够成为前进的富强国家。

谈到现在的国民政府，哪一个有血性的中国青年不痛恨他们。因为有革命性的人们早已离开了，他们这群是中国封建的地主阶层和依附帝国主义发达的买办资本金为台柱，以军阀、政客、官僚、地痞流氓、土豪劣绅做基干，他们为着自身的利益，他们结成了一个坚强的阵营。因为中国工农在反帝反革命中觉醒了，形成彪大的力量，这使那些自私自利的反动者投降帝国主义，他们不顾出卖国家的主权和人民的利益，来保卫他们少数人的政权，满足他们自私的欲望和野心，所以国民政府使人民厌弃了他。华侨也是人民，能得到他们什么保护呢？

我们的父亲一生为革命牺牲了一切，他反对帝国主义，离开了台湾，他为着解放台湾而奋斗。台湾虽是名叫光复，台湾在政治上、经济上并没有解放，人民并没有自由平等。台湾今日反成为反革命的堡垒，中国政治垃圾箱，我们父亲的血是白流了，你想我们应该怎么做？

为什么我不赞成你们再待在日本读书，因为时代已经不同了，你们所受的资本帝国主义的教育，所接受的文化，也属旧范畴的文化。我怕你们把脑根读糊涂了。你们是中国青年，你们以后的事业是在中国。对现阶段中国青年的进步思想，人生观，新政治，新经济，新文化，你们都需要彻底地了解。应该回国来接受新的社会的教育，以后你们才能获得为新的国家服务的机会。你们倘决心再深造，应该向进步的、科学的、新教育范畴去学习。

我希望你们到北平去，那边是你们真正读书和以后进出社会最好的机会。那边可以免费读书，连伙食费也可以申请免费。你盼姐夫名叫鲁明，是新华通讯社的名记者，你到了北平找人民日报就知道他们的住处了。否则你去见北平市长叶剑英，他和父亲认识，也知道你盼姐和盼姐夫。他会代你想办法找到他们。香港不是读书的地方，我们也没那个财力。好，勇气和决心一定会成功的，祝你前途光明。

兄手书
四月二日

（此信为林正亨1949年4月2日写于台北）

林正亨不光自己身体力行，宣传进步思想和革命道理，他对家人也是利用一切可利用的时间进行潜移默化的劝说和教育。在他的影响下，林正亨的家人也都倾向于进步组织，特别是他的妻子保珠更是追随他的脚步，帮助他做了很多事情。

在白色恐怖下的台湾，林正亨的台北泉州街四巷四号成了进步青年心所向往的明灯。而台北建成街建成行也成为进步青年们聚会和吸收精神营养的最佳场所。

林正亨回家乡台湾没过上一天平静富足的生活。林家男人那种与生俱来的忧国忧民的忧患意识，已经像血液一样灌注到林正亨的全身。

他完全可以过另外一种生活，不参与政治，不参加斗争，经商赚钱，养家糊口，让老婆孩子过上富足的生活。强烈的使命感却让他无法放下肩头的责任，雾峰林家自古以来的军人作风让他无法逃避。父亲那威武不屈的形象像刀刻一样印在他心里。林家的男人都是为国而生，为使命而生。他也是如此。

1949年8月18日是一个黑暗的日子。

这个日子离中华人民共和国成立还有四十三天。无数先烈抛头颅洒热血为之奋斗的新中国就要成立了，但林正亨没有看到这些。他藏在壁柜中那幅中国地图将插满鲜红的小旗子，他的儿女们所在的托儿所将乘坐解放牌大汽车去天安门迎接新中国的成立，甚至还有小朋友将登上天安门给毛泽东等中国领导人献花，参加大阅兵，林正亨都没有看到。他在那个漆黑的夜晚被捕了。

8月中旬。

正亨接到情报，得知国民党政府要抓捕他。他到外面躲了几天，他感觉情况好像没有情报中讲的那么危急，便放松了警惕性。

8月16日，傅世明被捕。

傅世明母亲将儿子被捕的消息告知了通讯员阿雪。阿雪当天因事没有及时通知林正亨。

林正亨对此一无所知。

8月17日傍晚。

台北市泉州街四巷四号林正亨宅院。

保珠正在厨房给孩子们做晚饭。孩子们跟小保姆阿贞在房间里玩。

院子里静悄悄的，很安静。

院墙上长满了油绿的爬山虎，夹杂着金黄色的金银花和紫红色的喇叭花。

知了在树上高一声低一声地叫着。

这是台北很普通的一天，与平时没什么两样。但就是这一天，从此改变了林正亨及全家人的命运，让保珠从此走上了复仇的道路。

"保珠——"随着一声低沉但熟悉的喊声，保珠看到丈夫悄悄走进来。

"正亨，你怎么回来了？"保珠惊喜地扑过去问道。她已经有些时日没见到丈夫了。

"我回来拿几件换洗衣服，准备多走几天，在外面躲一躲。"正亨温柔地拍拍保珠的脸，轻轻吻了她。

"走多长时间？"保珠问。

"不知道，根据情况吧。同志们让我尽快离开这里。"正亨说。

"今天能在家吃晚饭吗？真巧，双昭和李校长也在。"保珠问。

"好，我去看看他们。"正亨考虑了一下说。

"那好，我去给你做饭。"保珠高兴地说。看到丈夫消瘦的面孔，难得能在家吃顿饭。全家人已经很久没在一起吃顿饭了。

保珠去厨房给大家做饭。

正亨来到客厅与大家打着招呼。

"正亨，你回来了？"李校长看到正亨惊喜地问。

"正亨哥哥你回来了？"给孩子们洗衣服的双昭也惊喜地跑过来说。

"回来看看孩子们，顺便拿几件换洗衣服。"正亨说。

"正亨，最近外面形势很乱，你要多注意。"李校长说。

"我知道了。你们也要注意安全。"正亨说。

"国民党政府似乎疯了，白天黑夜地抓人，弄得大家很惶恐。"李校长说。

"这是黎明前的黑暗，最后的疯狂。"正亨说。

"不管怎么说，安全第一。"双昭说。

"狗急了还要跳墙，我们大家都要提防才是。"正亨说。

"爸爸——"

"爸爸——"

孩子们看见爸爸回来,兴奋地趴在他身上要听他讲故事。保姆抱着小青也走了过来。

"来,爸爸先抱抱小青妹妹。"看到保姆抱着小青过来,正亨伸着两只手笑着说。

保姆把小青交给了正亨。

"哇,小青还挺重的。小胖墩。爸爸亲亲小胖墩。"正亨说着把小青举到面前,亲了亲她白胖的小脸蛋。

望着陌生的父亲,刚出生几个月的小青居然咿咿呀呀地笑了,这让正亨非常开心。

"呀,小青笑了,她认识爸爸了。"正亨美滋滋地说。

"小青,叫爸爸,叫爸——爸——"正亨嘟着嘴教着。

襁褓中的小青只是看着正亨笑。

"爸爸——"小青没叫,坐在一旁的少萍却脆生生喊道。大概是嫌爸爸冷落了她,她的声音很大。

"哎——"正亨答应着,把视线转向大女儿。

"爸爸,我要听故事。"少萍只要见到爸爸就会缠着他讲故事。

正亨很会讲故事,他讲的故事声情并茂,非常吸引人。孩子们最爱听他讲故事。

"好啊,少萍要听爸爸讲故事。"正亨说。

"是的,爸爸。"少萍噘着小嘴说。

"没问题。爸爸给你讲。你想听什么故事呢?"正亨把手中的小女儿交给保姆,笑着问少萍。

"嗯,小仙女的、鬼怪的……"少萍嘟囔着说。

"爸爸,讲打仗的吧,我爱听。"晶郎跑过来插话说。

"不，爸爸，讲鬼故事。"少萍争着说。

"不，讲打仗的。"晶郎坚持着。

"讲鬼故事。"少萍不示弱。

"少萍，你爸爸刚回来，莫缠他。"双昭哄着少萍说。

"好，好，莫着急，爸爸一样讲一个，好不好？"正亨安慰着两个孩子。

因为平时陪他们的时间太少了，孩子们见到爸爸总是缠着他。这次要离开的时间长一些，一定要满足他们的要求。正亨想。

"噢，爸爸讲故事喽——"孩子们高兴地喊道。

那一刻，他忘记了外面满世界的搜捕、白色恐怖和枪杀，沉浸在与孩子们在一起的快乐之中，尽情享受着这难得的天伦之乐。

屋里静极了，孩子们明亮纯真的眸子里装满了对未知世界的探索。

夕阳西下，天边留下一抹红霞，淡淡的，浅浅的，很美，很安静。弯弯的月牙已经露出了头，静静地挂在树梢上。已是家家户户炊烟四起的时候，饭菜特有的香气从各家厨房、餐厅飘出，四处游荡。

一切看上去是那么和谐、平静，没有任何令人不安的迹象，大家都放松了警惕。

在正亨给孩子们讲故事的时候，保珠已经在双昭的帮助下，做好了一桌饭菜。都是正亨平时爱吃的，什么鱼丸汤、萝卜糕、香酥芋头、豆汁蒸排骨、卤肉饭……满满一大桌子。

"正亨，吃饭了。"保珠走到正亨身后说道。

"吃饭啦？"正亨说。

"是呀，你们都成了故事中的神仙，不吃饭啦？"保珠开着玩笑。

"噢，妈妈做好饭了，咱们先去吃饭吧。要不妈妈该生气了。"正亨对孩子们说。

"爸爸，吃完饭你还要讲。"少萍恋恋不舍地说。

"好的，吃完饭爸爸继续给你们讲，好吗？"正亨不忍心扫孩子们的兴。

"好。"两个孩子异口同声地说。

一堆人高高兴兴地坐到了餐桌前，准备吃饭。保珠和双昭把饭菜一一端上桌子。

"哇，妈妈，这么多好吃的？"晶郎兴奋地喊道。

"哇，真香。"少萍也拍着小手高兴地喊着。

"好吃就快吃吧。爸爸一会儿还要出去办事。"保珠说。

"保珠，你太能干了，居然做了这么多好吃的。"正亨也高兴地说。很久没吃保珠做的饭菜了，这简直就是人间美味。

"快吃吧，都别说话了，一会儿菜一凉不好吃了。"保珠催促大家。

大家围坐在饭桌前，团团圆圆地吃饭。这几乎是他们几个月来唯一的一次齐全的家庭餐。正亨已经很久与家人一起吃饭了。

一家人吃饭的气氛很温馨。

大家边聊边吃，不知不觉时间就悄悄溜走了。

保珠看着丈夫和孩子们狼吞虎咽的模样，心里有一种非常踏实的感觉。她真希望以后永远这样安宁、温馨、踏实下去，不要再过每天提心吊胆的日子。正亨说这样的日子快到了。

想到这里，保珠情不自禁地笑了。

"慢点吃，不要着急。"保珠说。

吃完晚饭，正亨坐在了客厅的沙发上休息，两个孩子围坐在父亲一左一右让父亲继续给他们讲故事。

正亨给他们讲在重庆听来的鬼故事，吓得晶郎钻到桌子下面。听不懂故事内容的少萍倒不怕，咧着小嘴傻乐。

"晶郎，还听不听？"正亨逗着钻在桌子底下的儿子。

"不听了，爸爸，我不想听了。"晶郎说。

"那就带着妹妹去房间睡觉,我和双昭姑姑、李叔叔说会儿话。"正亨说。

"妹妹,咱们回房间睡觉吧。"晶郎对几乎睁不开眼睛的少萍说。

"好吧。爸爸晚安。"少萍使劲睁开眼睛说。

"晚安,女儿。"正亨亲了亲女儿的额头。

"爸爸晚安。"晶郎说。

"晚安,儿子。"正亨拍了拍晶郎的头。

晶郎牵着妹妹的小手到房间去睡觉了。

双昭与李昌芹跟正亨说了会儿话,正亨有些困意,他叫李昌芹到客房休息,自己也想眯一会儿。

保珠与双昭在厨房收拾完碗筷回到客厅时,正亨已经躺在沙发上睡着了。疲惫的正亨还轻轻打着呼噜,睡得十分香甜。

"双昭,你也去小青房间睡会儿吧,我再陪会儿正亨,一会儿还要叫醒他。"保珠说。

"好吧,我去看看小青。你也先睡会儿。"双昭说。

"好。"保珠答应着,顺手拿了条薄毯给正亨盖上。

屋里顿时安静下来。

保珠拧开沙发旁的台灯,关掉了客厅的大灯,屋里的光线暗了下来,台灯温柔的光给房间中的一切都披上了一层淡淡的影子。

保珠倚在正亨旁边的沙发上,仔细端详着丈夫。幽暗的灯光下,正亨睡得很踏实,温馨的家庭气氛、可爱的孩子、贤惠的妻子让正亨产生了假象,他放松了头脑中的弦,陷入了温柔的梦乡。睡熟中的正亨脸庞是那样地棱角分明、坚毅,那道在缅甸战场上与日本鬼子拼刺刀而留下的伤疤鲜亮、醒目,那是他的光荣也是他的标志。即使是在睡梦中,他也完全是一种职业军人的形象。保珠想叫醒他,但看到他熟睡的模样又不忍心。也许不会今天来抓他吧?让他再睡会儿?保珠心想。

丈夫的鼾声与他身上散发出来的男人的气味向保珠缓缓袭来,她下意识地靠近了丈夫。很久未与丈夫同床共枕了，每天生活在担心与紧张之中，加上三个孩子需要照顾，她和正亨几乎是打个照面就分开，有时吃顿饭，有时取点衣服，总之是在有限的时间里相互叮咛一下，以前的青春、激情、浪漫都悄然隐去。保珠很怀念过去那段美好的时光。

"保珠，保珠……"正亨在睡梦中呢喃道。

保珠知道他在做梦，她知道自己在他心目中的分量和地位。他爱她，一如既往，即便是远隔天涯也不能减轻她在他心目中地位和分量。同样，正亨也是她心目中永远的最爱。没有人能取代他，他就是她的男神，英俊、潇洒、果敢、刚强，对家人对国家都充满了责任感和正义感。她认为只有这样的男人才能承担起保家卫国的重任。每当正亨把她搂在怀里，亲吻她时，她都感到幸福的眩晕。遇到这样的男人，她才愿意把自己的一生都托付给他，跟随他走遍天涯海角也不后悔。想想这些年的辛苦和付出，保珠没有过遗憾，没有过抱怨，这是她自己的选择，是她追随他应该付出的代价。如果不是跟正亨结婚，她现在可能正在印尼的庄园里过着舒适自在的生活，享受着一切富人所能享受的一切。然而，保珠爱上了正亨，爱上了这个勇敢、正直、阳光、帅气的小伙子，命运改变了她的一切。即使受了很多苦，保珠还是认为自己很幸福。因为她有正亨，有三个可爱的孩子，还有一个虽然不能天天团聚但也温馨可爱的家。

钟表的指针已经指向两点，保珠感觉大脑越来越沉，眼皮渐渐支撑不住了，面前的一切都变得朦胧、模糊，她想稳住自己不要睡，一会儿还要叫醒正亨，让他赶快走。

她晃了晃头，搓了一把脸，定了定神。四周一片安静，外面一点动静都没有，只有偶尔的几声蛐蛐声，让人感觉这个世界还是活的。也许今天晚上不会有事？也许他们放弃了抓他？他为这个国家出生入死、身负重伤，是功臣，应该奖赏而不是判罪。保珠想。

看到丈夫睡得那么香她决定让他再睡会儿，凌晨叫醒他，再让他走。保珠想着，睡意又一次来袭，她终于忍不住靠在丈夫身边睡着了。

凌晨3点30分。

"当当……当当……"一阵紧促的砸门声将正亨与保珠从睡梦中惊醒。

"正亨——"保珠惊恐地喊道。

"别怕。保珠,他们来了。"正亨镇静地说道。

院子的大门已经被踹开,一群全副武装的宪兵冲了进来。

屋门也被踹开。

宪兵队冲进来给准备开门的正亨和保珠直接铐上手铐。

"你们干什么?夜闯民宅。"正亨严厉地问道。

"我们是干什么的,你还不知道吗?"一个腰插着勃朗宁短枪队长模样的人讥讽地说道。

"我怎么知道你们的事情!"正亨说。

"那好,那就回宪兵队再说吧。"那个宪兵队长说。

宪兵们开始到处搜查,所有人都被赶到客厅里。孩子们被吓得躲在墙角,保姆用身体挡在两个孩子身前,安慰着受到惊吓的孩子,手中还抱着小青,生怕把梦中的婴儿吵醒了。宪兵们除了找到一把手枪和几份《综合文摘》外,没有什么可疑物品。搜查行动从凌晨三点持续到七点,屋子已经被翻得凌乱不堪。宪兵长下令带走正亨、保珠,其他人就地释放。

"爸爸——"

"妈妈——"孩子们本能地要扑向自己的爸爸妈妈。

"少萍,不要去。"双昭一把拉住了少萍说。

"妈妈——"少萍哭喊着。

"双昭,快把少萍抱回去,我们很快就会回来的。"保珠说。

"少萍不哭,少萍不哭。姑姑给你讲故事。"双昭抱着少萍说。

"妈妈——我要妈妈。"少萍哇哇地大哭着。

"快走!"宪兵们催促道。

正亨和保珠走出屋门。

院子大门突然被打开，一个华侨青年黄乃川闯了进来。

"保珠姐，这是怎么回事？"华侨青年黄乃川看到院子里被拷的正亨和保珠吃惊地问。

"他们抓错了人。"保珠说。

"干什么的？"一个宪兵问。

"不干什么，邀请保珠姐去学习英语。"华侨青年黄乃川说。

"学习英语？不会是传递情报吧？"宪兵队长冷笑着说。

"情报？什么情报？"黄乃川瞪大了眼睛，不解地问。

"别他妈的装蒜了。带走！"宪兵队长恶狠狠地说。

"哎，你们怎么乱抓人呀？他是找我学习英语的华侨学生。"保珠喊道。

"为什么抓我？我做错了什么？"无辜的华侨青年黄乃川被宪兵架走。一路他都在抗议着。

"你们太放肆了！一点道理都不讲。"正亨气愤地说。

"到宪兵队去讲道理吧！"宪兵队长说。

三人被强行推上了警车。

"爸爸——"

"妈妈——"

院子里传来一片哭声、喊声。

宪兵们上了警车，警车拉着长笛呼啸而去。

四周的邻居们躲在门后，偷偷向外张望，没人敢站出来。他们大张着嘴巴，神情惶恐，不知道发生了什么事情。

一个小女孩从门缝挤出来，跑到街头，被母亲呵斥道："快回来，小心被抓到宪兵队去！"小女孩吐着舌头跑回了家，大人马上关紧了大门。

三　我被叛徒出卖了

正亨、保珠被押到了台北刑警总队，被分别关押。

被捕后，正亨才得知，读书会成员傅世明因发展警员崔文正参加读书会，被圆山派出所警员剑潭告发。

8月16日傅世明被捕，被捕后，遭到严刑拷打，被迫供出了林正亨、施显华、吴万福等多名读书会成员。

林正亨被捕的当晚，宪兵队同时包围了国大代表吴素贞的家。

吴素贞是林资彬的妻子。因其与林正亨历来关系很好，故被怀疑其知匪不报。但吴素贞的确不知道林正亨是"共产党"，因而没有受到牵连。

1949年8月中旬。

台湾省警务处刑警总队对外宣布破获一起"奸匪组织"，领头的是台湾雾峰林家的林正亨。但他们承认林正亨并非主犯，主犯是陈百川，在逃。

与林正亨同案被捕的人如下：

傅世明，男，二十六岁，台北人，曾任职建成皮鞋行店员，时任台北市皮革器具生产合作会理事。

陈南昌，男，二十六岁，台北人，书摊老板。

吴万福，男，二十六岁，台北人，蓬莱国民学校教员。

施显华，男，二十六岁，台北人，中山区公所户籍干事。

傅玉碧，男，二十六岁，台北人，水利局防洪设计课工程员。

陈添成，男，二十六岁，台北人，刻印艺术。

叶涛（女），四十六岁，台中人，经营私人农场。

邓进益，男，四十岁，台北人，大明社印刷厂老板。

辜金良，男，三十六岁，台南县人，商业。

廖温进，男，三十五岁，台南县人，土地业。

廖温正，男，三十九岁，台南县人，土地业。

沈保珠（女），林正亨妻，二十四岁，福建诏安县人。

黄乃川，男，二十一岁，福建厦门人，无业。

李藻圕，男，三十三岁，浙江永康人，原台湾航业公司船务处工务科修船审核股长。

辜海澄，男，二十四岁，四川仁寿县人，叶涛私立农场管理。

洪存波，男，四十九岁，高雄人，木炭商。

蔡清山，男，二十五岁，澎湖警察局办事员。

佘圳青，男，四十一岁，台北市人，无业。

以上被捕人士被分别关押在台北刑警总队。

大多数人都很年轻，也没有什么实质性的行动，只是读了一些进步的书。开始，林正亨认为只是大家在一起读读书，不至于被判死罪，关上半年就放出来了，但他的想法简单了，有人要置他于死地。

台北刑警总队监狱。

林正亨与同案犯吴万福、施显华等人关在一起。

"你是林正亨？"吴万福小声问道。

"是。你是哪位？"林正亨问。

"我叫吴万福，是傅世明的朋友。也是他发展我加入读书会的。"吴万福说。

"哦，我们没见过面。"林正亨说。

"是的，我不认识你。只是听说过。"吴万福说。

"我们是被傅世明出卖的。"林正亨说。

"他供出了我们全部读书会成员。"吴万福说。

"我不知道因为什么事情抓我,到了这里才知道是因为看了不该看的书。"施显华说。

"我不明白我们只是读一些进步的书籍为何就逮捕我们?"吴万福说。

"要想定罪,何患无辞?"林正亨说。

"大家不要怕,好在我们只是读书,过不了太长时间就能被放出去。"林正亨安慰大家说。

"你们把问题都推到我身上,就说什么都不知道,都是听我的,我一个人承担。"林正亨说。

"这……这怎么行,这样对你太不利了。"有人说道。他们知道这意味着什么。

"没关系,你们提审时就这样说,推到我一个人身上就好了。"林正亨再一次强调。

"正亨,你把责任都承担了,后果会非常严重。"施显华说。他在台北市中山区区公所任户籍干事,也是读书会成员,中共地下党员。

"我已经做好了一切准备,大不了就是个死。你们要活下去,我们还有很多工作要做。"林正亨说。

"正亨——"大家感动地望着正亨不知说什么好。

"我已经是死过一回的人了,后面这日子都是赚下来的,没什么遗憾了。"林正亨爽朗地笑道。

"大家一定要坚强,要顽强地活下去,等待着胜利的那一天,那一天一定会到来。相信我!"林正亨憧憬地说道。

牢房中沉闷的空气活跃了,年轻人的脸上都露出了希望的笑意。

林正亨鼓励着大家,年轻人们恢复了他们的活力。

后来,这些年轻人除了傅世明被枪毙外,其余都被送到绿岛服刑,大部分出狱，活到了今天。

而此时，保珠被关在另外一间女牢房里。

牢房里潮湿阴暗，散发着一股发霉的气味。保珠蜷缩在牢房的角落里，焦急地望着窗外，外面是台北灰蒙蒙地天空，天很阴，刮着小风，要下雨了。不知正亨怎么样了？也不知他被关在哪里？

"沈保珠，出来。"牢房的门被打开，一个宪兵冲她吼道。

听到喊自己的名字，保珠迟疑了一下站起来，朝门外走去。

"快点。"宪兵大声地训斥道。

"干什么？"保珠问。

"提审。"宪兵说。

保珠跟在宪兵的后面，来到了提审室。

提审室里光线幽暗，除了一张简单的桌子和两把椅子，什么都没有。

保珠从外面进来，眼睛适应了一会儿。她终于看清了屋里还有另外两个人，其中一个是那天去抓他们的宪兵队长。

"沈小姐请坐。"坐在桌前年龄稍长的一个人客气地说。

"谢谢。"保珠说。保珠的教养让她没有大喊大叫，只是平静地对待一切。

"听说沈小姐也是大户人家的后代？知书达理很有学问。"那个人说。

"倒也不是什么大户人家，家父做点买卖而已。不过，他现在已经过世。"保珠说。

"抱歉。"审问人说。

"没什么。"保珠说。

"沈小姐，你的丈夫林正亨图谋颠覆政府、煽动造反、触犯了法律，你要老实交代他的事情。"审问人说。

"我不懂你在说什么。"保珠说。

"你家里经常来往什么人？"他追问道。

"都是些亲戚和朋友。"保珠说。

"朋友？都是什么朋友？"审问人又问道。

"一个常来谈生意的姓夏的上海人，还有正亨的同学李昌芹。"保珠说。保珠想这两个人与正亨没有什么工作关系，说了也没什么事。

"还有其他人吗？"审问人似乎不满意保珠的回答，继续问。

"也就是老家的亲戚。"保珠说。

"没了？"审问人很失望。

"没了。"保珠肯定地说。

接下来的几天，保珠又被提审了两次，每次保珠都是反反复复那几句话，宪兵队看到问不出什么来，就让保珠写一份所谓"自白书"，然后把她放了出来，妄图把她作为诱饵，抓更多的人。

保珠被放回家，并没有获得自由，而是被软禁起来。他们派了两个特务住到保珠家，监视她的日常起居。

林正亨的同学李昌芹此时也被捕了，他的妻子带着两个孩子无法生活就住到了保珠家。加上保珠自己的三个孩子和保姆，还有两个特务也住在她家吃喝，十来个人的吃喝都压在了保珠一个人身上，她当时没有任何生活来源，这巨大的负担压得保珠透不过气来，她叫两个特务带她找到了刑警总队。

"我爱人没罪，你们非要抓走他。我已经没办法生活了。"保珠气愤地冲他们嚷道，"你们不要我出门，还要让我养你们的人，我没这个义务！"保珠豁出去了，大声地说。

"好吧，你可以出去了。"他们无可奈何地说。

从刑警总队回来后，两个特务果然不在家里吃饭了，也让保珠自由地出门了，但后面总是跟着一个人监视她，走到哪儿，跟到哪儿。

这天中午，两个特务出去吃完饭回来在屋里睡午觉。

"保珠——"有人轻轻地喊她。

正在收拾厨房的保珠回过头,发现是阿雪。

"阿雪,你怎么来了?"保珠吃惊地问。

"我来看看你们。"阿雪说。

"你快走,屋里住着两个特务,在监视我。你快走吧,不要让他们发现你。"保珠一把把阿雪拉进里屋关上门小声说。

"正亨怎么样?"阿雪问。

"不知道,你快逃命吧。不用管我,我自己能生活。"保珠推着阿雪。

"好吧,多保重!"阿雪赶快走了。

目送阿雪走远了,保珠长长出了口气。

她悄悄走到客厅,发现特务们还在呼呼大睡,她这才小心翼翼地把后门关上。

半个月过去了。

正亨没有一点消息,保珠拿了些换洗的衣服和日用品去找林正亨的表妹林双昭,托她去找正亨的叔伯弟弟林正澍。保珠过去听正亨说过,林正澍在军统当特务,他肯定能知道正亨的下落,托他去送点东西应该不成问题。

"保珠嫂子,你不要再寄希望于他们了。"双昭回来后,气愤地对保珠说。

"怎么了?"保珠问。

"我听林正澍对他表哥林正霖说:顶多两颗子弹就解决问题了。"林双昭说。

"真是一点兄弟情分都不讲了。"保珠气愤地说。保珠意识到现实是残酷的,即使是手足兄弟也毫不留情。

"不要理他们,我们自己想办法。"曾经自从跟着丈夫经历过这么多的风浪后,如今已变得十分坚强。

娇小的保珠现在成了大家的主心骨。除了自己的几个孩子外,李昌芹的妻子和两个孩子也需要她来养。非常时期,保珠被突然的变故弄得措手不及。好在保姆在她最困难的时候没有离开，帮助她照看着孩子们。

保姆有三个儿子，没有女儿，特别喜欢小青，视小青为自己的亲生女儿一样。她曾经多次与保珠商量，把小青过继给她，但都被保珠拒绝了。

保珠舍不得，不论生活怎么艰难和困苦，她都不愿意把自己的骨肉送给别人。哪个孩子不是母亲心头的肉？保珠把小青抱在怀里，亲着她胖乎乎的小脸蛋。虽然生活艰难，但小青还是被保姆养得白白胖胖的招人喜爱。

晶郎和少萍还算听话，这段时间特别乖，大概他们也感觉到父母遇到了麻烦。望着可爱懂事的孩子们，保珠决定为了孩子们一定要坚持下去。

一个月过去了，正亨还是没有一点消息。保珠一边照顾着家庭，一边四处打听正亨的消息。

这天，保珠刚去买菜回家，准备给孩子们做饭。大门外突然来了一辆大轿车，几个全副武装的宪兵闯进来，给正在做饭的保珠带上了手铐。

"等一下，我安排一下孩子们。"保珠没有惊慌，她冷静地说。她知道，敌人放她出来就是为了当诱饵，看着一个月过去了一无所获，就决定把她抓回去。

"快点。"宪兵粗暴地说。

"阿姨，拜托你照顾好小青和两个孩子。米和面粉还够你们吃几天的，其他再想办法。"保珠交代说。

"你放心吧。"奶妈说。

"双祝，你过两天来监狱来看我。记住一定来看我。"保珠对前来照顾她和孩子们的林正亨的妹妹林双祝说。

保珠已经意识到这次被抓，恐怕不会短期被放出来，她要安排好三个孩子，防止敌人迫害他们。她想拍电报让广州的大姐林双吉把孩子们接走。

"好的，嫂子。"林双祝红着眼圈说。

"妈妈——"

"妈妈，你不要走。"

又是一阵撕心裂肺的哭喊，晶郎和少萍上前去扯妈妈的手，不要她走。

"听话，晶郎，带妹妹进屋去玩。妈妈去去就回来。"保珠忍住泪水，平静地说。

"妈妈，你确定很快回来？"晶郎抹着眼泪说。

"确定。妈妈确定。"为了稳住孩子，保珠说了假话。

"双祝，快把少萍晶郎他们带到屋里去。"保珠说。

"好的。"双祝答应着把少萍和晶郎领了进去。

稳住了孩子们，保珠被推出大门。

上了大轿车，保珠才看清，车上有十几个人，令她惊喜万分的是她看到正亨也在其中。

"正亨。"保珠激动地轻轻喊道。

"不许说话。"全副武装的宪兵大声地呵斥道。

正亨冲保珠点了点头，用眼睛示意保珠不要说话。

保珠明白了正亨的意思，也用眼睛示意正亨自己的惊喜。

大轿车一路颠簸着开到了台北军法处门口。由于一路上敌人监视严密，保珠无法与正亨说话。到军法处要下车时，保珠设法靠近了正亨。

"究竟出了什么事情？要不要紧？"保珠小声地问。

"我被叛徒傅世明出卖了。"正亨低声说道。

"怎么办？"保珠问。

"不要幻想，我的骨头能埋在台湾就是幸福。你好好带孩子，去大陆找林冈。"正亨匆匆说道。

"快点！快点下车！"宪兵恶狠狠地喊着。

保珠和正亨来不及多讲，就被推下了车，关进监狱。

四　我无过可悔

9月23日，林正亨被转押到台湾省保安司令部军法处看守所。

这个地方是台湾最黑暗最令人恐惧的地方，这里关押了很多政治犯，也是行刑最残酷的地方。

林正亨在这个地方受尽了人世间最残酷的刑罚。

上杠子、上火钳、刺甲、灌辣椒水、灌汽油……种种酷刑令林正亨一次一次昏死过去。但林正亨咬紧牙关，忍受着常人难以承受的肉体痛苦，始终未透露组织的一个字。有些地下党员在这样的暴刑之下，为了保护组织和自己的同志，也因承受不住这非人的酷刑自杀了。

林正亨此时也被折磨得死去活来，但他就是不肯低下高贵的头，不肯吐露任何信息，为了保护读书会的青年，他把所有的责任都揽在了自己身上。

手指被竹签钉烂了，身上布满了血印，双腿被木杠压伤，胃吃不下东西，林正亨与刚被抓时那个硬朗帅气的汉子完全成为两个人，但他睿智的眼神、坚定的目光仍然如故。

林正亨沈保珠夫妇在狱中遭受磨难之时，家里的三个孩子也经历了厄运。

林正亨夫妇被抓，家里失去了基本的生活来源，只有奶妈和姑姑带着孩子们。大的晶郎七岁，大女儿少萍五岁，最小的小青才仅仅几个月。他们尚在幼年，根本无法自己生活。

家里能卖的都卖了，没有办法，姑姑一手牵一个，去亲戚朋友家要钱，以维持生活。林家的亲戚不少，阔气人家也不在少数，但这个时候都怕沾上与共产党连亲的罪名，都怕连累自己，连门也不敢开。有些心软的还从门缝里塞出一两角钱，胆小怕事的连声都不敢吭。

孩子们饿得实在不行了，姑姑就领着他们去台北的公平市场，喝碗被污染的面糊糊。

家里没有了木柴，年仅七岁的晶郎上山去砍柴时，不小心把左手拇指的指甲砍掉了，鲜血顿时染红了他的衣服。晶郎哭着回家，告诉姑姑。

林正亨的妹妹林双凤在家里带孩子，每天中午还要去给保珠送饭。送饭时，同时把她们的遭遇以及晶郎砍掉指甲的事情都告诉了保珠。

"不要求他们了，赶紧给大姐双吉拍电报。"保珠把早已偷偷拟好的电报稿悄悄交给双凤，让她立即给香港的大姐发出去。

"知道了。"双凤说。

"你先带好晶郎和少萍，家里能卖的东西先拿去卖，解决吃饭的问题。"保珠说。

"好吧。嫂子你要多保重。"双凤说。

"我知道，你要带好孩子，不要再让晶郎去砍柴了。奶妈那里也要多关心，请她带好小青，我出去后谢她。"保珠交代着。

双凤从监狱回来后，立即给香港的大姐林双吉发了电报，告知台湾林正亨一家的情况。

五　林天祥夫妇前来营救

香港。

已经是国民党陆军少将的林天祥夫妇接到保珠的求救电报，大为震惊，他们立即安排手中的事情，立即动身前往台湾，解救林正亨。

林双吉、林天祥夫妇到台湾后，立即着手询问林正亨的事情。

林天祥很有人缘，他的很多同学都在政府任职，担任军队与政府部门的高官，他与蒋介石也认识。

林天祥先是找到了他的老朋友、台北宪兵司令询问林正亨的案情。

台北宪兵司令告诉林天祥说："你放心吧，林正亨组织读书会属于一般犯罪，不会判死刑，过些日子就会放了。"

"是这样？那就先谢谢你了。"林天祥放下心来。

"哪里？客气了。老同学。"宪兵司令说。

"我这个小舅子脾气暴躁、性格耿直，还请多加关照才是。"

"你这个小舅子将来还真是要好好调教一番，很刺头啊。"宪兵司令说。

"哈哈，说得是。出来后定要管教。"林天祥打着哈哈说道。他可知道正亨的脾气，管他可没那么容易。

不过，听了老同学这番话他们都放下心来，感觉事情可能并不像自己想象的那么严重，不过是一桩普通的案子，没什么大事，也就放心了。

因林天祥的公务繁忙，夫妻俩准备提前离开，并把正亨的两个孩子晶郎和少萍先接到香港去。

他们想，待正亨的案情有了结果，如没什么事情正亨和保珠肯定也要离开台湾。到时，他们全家可在香港团聚。

临行前，林天祥夫妇把孩子送到监狱去看望他们的父母。

"爸爸——"一声清脆的喊声在二楼男犯监狱门口响起。

正在沉思的正亨惊讶地抬起头来。

"晶郎、少萍。"正亨看到是他的一双儿女跑了进来。

"爸爸——"晶郎和少萍扑倒在爸爸的怀里。

"晶郎、少萍，你们怎么来了？"正亨惊讶地问。

"是大姑和大姑父带我们来的，他们要接我们去香港。"晶郎说。

"哦，太好了。"正亨高兴地说。他知道姐姐和姐夫来台湾了。

"家里还好吗？"正亨问。

"家里不好，你和妈妈都被抓走，家里一点生活费都没有，姑姑带着我们去亲戚家要钱，他们连门都不敢开。"晶郎七岁了，懂了些大人的事。

"乖孩子，你们受苦了。很快就会好了。"正亨把儿子抱在膝盖上心疼地说。

"爸爸，我和妹妹去香港，你们怎么办？"晶郎问。

"你们先走，爸爸妈妈随后就来。你们先跟大姑去香港，然后去北平找二姑。北平市长叶剑英是你爷爷的好朋友，他一定会照顾你们的。"林正亨小声嘱咐着孩子们。

"嗯，记住了。"晶郎懂事地点点头。

仅仅几分钟的时间，林正亨还想再仔细看看孩子们，就被冷面无情的宪兵拖走了。

"林正亨，时间到了走吧。"

"要听奶奶的话，好好念书，不要让奶奶生气。"林正亨被押回男牢房，他回头嘱咐着两个孩子。两个孩子哭着，紧紧地拉着父亲的衣袖不肯放手，林双吉一把把孩子搂在怀里，对正要被拉走的正亨说："放心吧，我们照顾好孩子们。"眼睛里也噙满了泪水。

随后，林天祥夫妻俩又带着孩子们去看保珠。只听探视室内哭声一片。保珠抱着两个孩子一边抚摸他们的额头，一边安慰他们。这时再坚持的母亲也抑制不住母子分离的痛。但如今的情境，她只能咬牙坚持，同样要让年纪尚小的两个孩子早早成熟起来，保护好自己。

牢房铁门被"当"的一声关起来，从此正亨与孩子们阴阳两隔。

回到牢房，保珠仍然控制不住自己的情绪，坐在牢房里抽泣着。她得知姐姐姐夫来接走孩子，心里既喜又忧。喜的是孩子们终于离开了这个危险的地方。忧的是，他们那么小，晶郎七岁，少萍才五岁，他们远离父母去独自生活，该有多么的难？好在有大姐大姐夫照顾。

整个下午,保珠都在郁闷中度过。不知正亨的案子几时能有结果?也不知自己多会儿能出去与孩子团聚?小青还那么小,奶妈待她不知怎么样?想到这儿,保珠又难过地掉了泪。

六　陈诚亲自审问心怀敬意

孩子们走了,正亨心里踏实了很多。

最近,提审他的次数越来越多,甚至台湾最高行政长官陈诚亲自审问他,这让他意识到自己的案情恐怕没那么简单。

以雾峰林家家族在台湾的影响,他一直认为自己不会有太大的危险,况且自己的父亲林祖密与蒋介石是多年的亲密朋友,蒋介石还在林家住了那么久,从精神到物质上都得到了父亲的大力支持,自己为报国参军参战,在抗日战场上拼死奋战,九死一生,这不是每一个台湾人都能做到的。

但他敏感地意识到,事情恐怕没有那么简单了。国民党在大陆节节败退,台湾已经成为国民党最后一根救命稻草,他们会不惜一切代价保住这个弹丸之地作为活命的栖息地,他们的神经非常敏感,蒋介石已发出"宁可错杀一千,绝不放过一个"指示,说明他们已到了穷凶极恶的地步。

自己恐怕逃不过这一劫了。正亨从心里已经开始有所准备。

好在孩子们有了安全的去处,保珠放出去的几率也很大,因为她没有什么实质性的问题。

其他十几名同案犯大都是读书青年,当局不会将他们置于死地,顶多判上几年。

自己早已立志为国献身了,只是早一天晚一天的事。自己的祖辈、爷爷、父亲及雾峰林家有血性的男子汉哪一个不是为台湾、为中华民族而战而死?大丈夫宁可站着死,绝不跪着生。正亨想到这里,心变得轻松了。

"林正亨，出来。提审。"牢门被打开，一个宪兵站在门口喊道。

林正亨站起身来，向门外走去。

近来提审的频率明显加快。

"快点！"宪兵不耐烦地训斥道。

正亨走出牢门。

正亨被押到了审讯室，今天阵容很大，屋里屋外戒备森严。

在审讯室内，陈诚一脸严肃地坐在审讯桌前。

"坐吧。"陈诚说。

"谢谢。"正亨大义凛然但仍然不卑不亢地坐到椅子上。明显的，林正亨在狱中被折磨得身体已经远不如从前了。在灯光的照射下，他脸上那道被日本人留下的伤疤格外醒目刺眼。

"林正亨，听说你在缅北战场上与日本人作战很勇敢。"陈诚说。

他的面前是一个帅气、满有阳刚之气的年轻人，并不像是个囚犯。

"那是过去的事情了。"林正亨说。

"按说你也是国军中的英雄，为何非要做些违法的事情？"陈诚说。

陈诚并没有感觉到这个年轻人像他们说的那样凶残和顽固。

"我没有做任何违法的事情。"林正亨反驳道。

"可事实上你的确在做违法的事情。"陈诚说。

"我再说一遍，我没有做任何违法的事情。"林正亨正色道。

"你可以不承认，但你总要承认现实。其实，我们对你的要求也不高，只要你在这份悔过书上签个名，并供出其他人，我就立即下令释放你。"陈诚举着一张悔过书说。

"我没有错，为什么要签名？为什么要悔过？第一，我无过可悔。第二，我已经说过了，我没有什么联系人可供。"林正亨说。

林正亨的声音不大，但低沉有力。

"林正亨，我们对你可算是仁至义尽了，你不要不识抬举。"林正亨的不以为然让陈诚有些恼怒。

"我很奇怪，我没有罪，为什么非要逼我认罪？"林正亨说。

林正亨转头看了陈诚一眼。

"如果这样，我也救不了你。"陈诚说。

"我早已做好的死的准备，我没死在与日本人拼杀的异国战场上，却死在台湾自己的故乡，也算是一种福气。"林正亨说。

"你不感觉这样做，很不值得吗？生命不可复得，你这么年轻将来可以为国家做很多事情。"陈诚说。

陈诚耐心地开导着林正亨，他希望他能回心转意。

"我既然选择了为国家而献身，就没有什么值得不值得。我没犯罪，你们非要说我有罪，我们在一起读了几本书，你们就非说我反政府。我还能说什么？"林正亨说。

林正亨仍然是低沉有力的回答。每一个字都掷地有声。

"难道你真的不怕死？"陈诚不明白这个小子为何如此强硬。雾峰林家的故事他早有耳闻，但面前这个林家后代如此不服软还是让他出乎意料。

"人的生命很宝贵，但不能苟且地活着，要活得坦荡、真实、有意义。"林正亨说道，声调不高，但却铿锵有力。

"你真把自己当英雄了？说实话，你死了，人们很快就会把你忘记。除了你的家人偶尔还会想起你，其他人是不会记得你的。"陈诚讥讽地说道。

此时的陈诚突然感觉有点喜欢这小子了。

"哈哈，我从没把自己当英雄，我还差得很远，那些为了抗日保家卫国牺牲在战场上的兄弟们才是英雄。我不是为了让别人记得我而活而死，我只是做了我该做的事情，至于人们记不记得我，那就交给历史去评判吧。我就是我，不是别人。"林正亨大笑一声说。

"林正亨，我给你最后一次机会，只要你能在悔过书上签字，你就能获得自由。"陈诚说。

此时的陈诚还是想说服林正亨，不想放弃对他的努力，甚至可以说在他内心深处还有隐隐的敬佩之意。

作为南征北战、戎马一生的职业军人来说，他还是很欣赏林正亨这种宁死不屈、大义凛然的气质，面前这个年轻人虽然顽固，但精神可嘉，他甚至在脑中瞬间闪过一个念头：这是个难得的人才，可惜了。

"我再说一遍，我无过可悔！"林正亨坚定地说道。

林正亨提高了声音，一字一顿地说。

"你真是个不识抬举的小子！那就为了你的理想去死吧！"林正亨的话彻底激怒了陈诚，他恼羞成怒地说。

陈诚恼怒地摔门而走，他既失望又惋惜，本想让林正亨签个字，他好去向蒋介石汇报，留下他一条性命，可他死不承认，坚决拒绝签字。

身后留下的是大义凛然的林正亨，他显然已经做好了牺牲的准备。

七　蒋介石亲自下令枪毙

保珠被敌人监禁了整整三个月。

也没审讯，也没任何行动。

1949年12月27日，保珠和李昌芹被宣布无罪释放，什么结论都没有。

保珠一出狱就开始了挽救正亨的行动。

她跟着正亨的妹妹四处去找一些与国民党有关系的一些亲戚，告诉他们自己得罪了坏人连累了正亨，请求他们帮忙保正亨出来。这些亲戚们口头答应了，但实际上并没有写。情急之下，保珠还凑钱买了一磅半毛线和三百块钱去送给审正亨的法官，请求他对正亨从宽处理。但遭到了法官的拒绝。

是夜，大街上冷冷清清，只有路灯闪烁着幽光，树木房屋都隐藏在幽光之下，四周死一般寂静。

台湾实行了戒严令，冷清的街巷空无一人。

保珠与双凤并肩缩头走在街上，心情无比糟糕，可以说坏到极点。

正亨的事情没有任何结果，亲戚们没人肯帮忙，法官那里无法通融，孩子们的情况不明。

保珠从未有过的悲哀和绝望。她把脸埋在短发中，眼泪止不住地流。

"冷吗？嫂子。"双凤小声地问。

"有点。"保珠说。

"咱们快点回去吧，小心冻病了。"双凤说。

"嗯。"保珠说。

姑嫂两人加快了步伐。

这段时间一直是双凤陪着嫂子，双凤脑子不太好，小时候生过病，烧坏了大脑，有时犯起病来也是挺吓人的。

保珠一直对这个小姑子比较照顾。双凤对保珠也是非常的信任和亲近。哥哥和嫂子被捕之后，她一直在家中照看着孩子们。

一阵冷风吹过，地面上不断有碎纸片飘过，马路旁商店的墙壁上贴着大海报，上面写着"匪谍就在你身边，检举匪谍人人有责""不检举匪谍，与匪谍同罪""一人立功，全家光荣"，白纸黑字特别醒目。

蒋介石败北大陆，逃往台湾，已经如惊弓之鸟，他认为这些潜伏在是国民党内部的"匪谍"们导致了的最终失败。为此，他下令大肆屠杀中共地下党员，同时对一些与中共有关系的外围进步组织成员也大肆迫害。"宁可错杀一千，绝不放过一个"的主张，让台湾的政治环境和社会环境恶劣到了极点。

在保珠四处奔走的同时，与台湾雾峰林家有着密切关系和来往的台湾十二位著名乡绅联名上书蒋介石，请求释放林正亨。

这十二位开明的台湾人士包括台湾第一位医学博士杜聪明、丘逢甲的儿子丘念台等人。

他们请求蒋介石释放林正亨，列举了雾峰林家为国家的贡献，看在林家几代人精忠报国的份上给林正亨一条生路。

他们的举动意在维护正义，解救台湾抗日英雄林正亨，但恰恰是这个联名信要了林正亨的命。他们让国民党当局害怕了，他们意识到台湾地方势力的强大，他们必须要严厉打压。

本来国民党刚到台湾，蒋介石的方针就是铲除台湾地方势力，打压他们的士气，不让他们有冒头之势。

特别是"二二八"事件之后，台湾本省人与外省人矛盾突出，国民党不敢滥杀台湾人了，他们内部有个政策，即便台湾人犯了政治罪，也不判死刑。

但随着形势的发展，国民党对台湾本土势力非常恐惧，他们看到了台湾人民团结的力量，他们必须采取高压政策让台湾本土势力不得冒头。这么多的台湾著名乡绅人士联名上书，这无疑加速了国民党当局杀害林正亨打压台湾地方势力的决心。

接到台湾地方十二位著名人士的联名信之后，台湾当局立即上报蒋介石，这引起了蒋介石的警觉，特别是当他知道林正亨是他当年的老友林祖密的儿子后，他指示陈诚亲自去审问林正亨。

按说林正亨一案并不是台湾当时重要的案件，但处在当时极端形势下，蒋介石肯定要杀一儆百，况且在白色恐怖下，已经有大批中共地下党组织和潜伏在国民党内部的共产党员被杀，甚至还有很多并不是中共地下党的台湾进步青年被杀。

据记载：台湾从1950年到1989年四十年间，有十万人被监禁，近五千人被屠杀，在那个年代，每一个人都经常会听到有身边的朋友、亲戚、老师、学生被捕、失踪、杀害的消息，报纸上几乎每天都有"匪谍"被枪决的报道。

　　林正亨的影响力太大了，不仅仅因为他曾经是著名的抗日英雄，还因为他是赫赫有名的雾峰林家下厝的族长，他身上有着太多的政治色彩，让他太过于醒目。

　　国民党当局要铲除的就是台湾地方势力，要的就是打压林家这样具有领袖地位的家族。

　　1949 年，蒋介石来到台湾后做的第一件事就是铲除台湾共产党和岛内地方势力，将台湾人民的力量打压下去，这样才能在台湾站住脚跟。

　　而作为台湾地方最著名的领袖林献堂最信任的人、他的侄子林正亨也必然成为牺牲的对象。

　　其实，这种较量明里暗里一直在进行着。尽管蒋介石到台湾之后多次与林献堂会面表面上客客气气，相互敬重，实际上的较量却没有丝毫放松，最后林献堂不得不出走日本，离开台湾，至死未归。

　　台北蒋介石官邸。

　　"案子审得怎么样？"蒋介石在书桌旁正襟危坐，一边批文件，一边问陈诚。

　　"他不承认自己有错，拒不签字。"陈诚说。

　　"娘西皮！死到临头还不改悔。"蒋介石骂道。

　　"这小子骨头很硬，带兵打仗倒是块好料！"陈诚有些欣赏地说。

　　"宁可不要，也不能留下隐患。"蒋介石不以为然地说。

　　"审讯报告我写好了，放在这里，您看看吧。"陈诚说。

　　"最近台湾十二名地方人士联名具保林正亨的文件你看到了吧？"蒋介石问。

　　"看到了。"陈诚说。

　　"台湾地方势力很大，我们必须引起足够的重视，坚决不能让这股势力抬头。"蒋介石恶狠狠地说。

"是。"陈诚说。

"林正亨的案子不能拖了,立即枪毙。不要让那些台湾人抱有幻想。娘西皮!我给他台阶他不下,那就看看你的骨头硬,还是我的枪子硬!"蒋介石脸色僵硬地吼道。

"是。"陈诚不敢再说什么。他最了解蒋介石的脾气,善变而多疑,他不想为一个年轻人得罪他。

陈诚把审讯报告交给了蒋介石,报告中他流露出惜才之意,想给这个年轻人一个活命的机会。

蒋介石看了审讯报告,丝毫不为当年与林祖密的友情所动,大笔一挥,批准枪毙。

他要杀一儆百,他要铁腕治理台湾,他不想让任何人再动摇他最后一块活命的地盘。

八　吾志未酬身被囚

外面保珠和台湾乡绅们为着林正亨的案件四处奔波,监狱中的林正亨却出奇地平静。

午后的夕阳暖暖地从牢房上方那个窄小的窗户中射进来,洒在牢房的角落,照射在林正亨的身上。他随意挪动着身体,让阳光能尽量照射在身上多一些。

入狱后,他遭受了太多的酷刑,身体虚弱不堪,晒晒太阳他感觉舒服很多。他甚至把每天这"日光浴"作为他最期盼的一刻。

自从1949年12月27日台湾省保安司令部下达了判决书,宣判他死刑后,他的心反而踏实了,知道自己的日子不多了,他抓紧每一分钟,尽情地享受着这生命最后的时刻。

他托人找来彩纸,每天为孩子们剪纸花。他剪得非常认真仔细,每一个花瓣、每一片树叶都被他裁剪得栩栩如生。

要知道林正亨可是学美术出身,如果不是参军成为职业军人,他肯定是一个知名画家。

他把对儿女的思念都寄托在纸花上,这些美丽的纸花倾注了他对孩子们的爱。这些漂亮的纸花后来都传到了林正亨儿女的手上,一直保存至今。

那是他们的父亲用生命剪刻下的纸花,他们视这些纸花为传世珍宝。

他几乎每天的大部分时间都用来剪纸花,他一连剪了十几张漂亮的纸花,小心用报纸包起来,然后压在褥子下面,找机会送给儿子和女儿。

一个人知道自己不久就要奔赴刑场,却如此平静地做着事情,他需要多大的意志力?

太阳快下山了,借着渐渐暗淡下去的光,林正亨蜷缩着身体趴在地板上,用捡来的半截粉笔在牢房地板上写下了那首著名诗句:

明志

乘桴泛海临台湾,
不为黄金不为名,
只觉同胞遭苦难,
敢叫赤手挽狂澜。
半生奔逐劳心力,
千里河山不尽看,
吾志未酬身被困,
满腹余恨夜阑珊。

窗外湛蓝的夜空上布满了闪闪发亮的星星，早已挂在夜空中的那弯月牙安静地停留在那里，静静注视着正亨，此刻正亨心静如水。除了对母亲、保珠、孩子们的愧疚，他感觉自己为国家尽力了，死而无憾了！

这首诗是林正亨留给这个世界最后的文字，是他告别这个世界的最后遗言。

九　第一个被枪杀在马场町的台湾人

1950年1月30日，台北上空阴云密布，下着淅淅沥沥的小雨，空气沉闷得叫人透不过气来。上午9点监狱突然宣布对林正亨执行死刑，执行死刑的是台北宪兵第四团。

接到通知，林正亨并没有感到惊恐，他只是迅速地做着准备。

临刑前的一小时，林正亨找来了纸和笔，分别给母亲和保珠写下了亲笔遗书。

他给母亲郭玲瑜的遗书这样写道：

妈妈，你一生好强，希望孩子们都能做有用的人，我们理解你的苦心。因为这一点，我们都奋勉着。尤其是我，想到父亲的壮志和诸兄的不孝，我必须承担起双重的责任，所以我踏上父亲的道路——苦难与牺牲。这是崇高的品行和无比的光荣。所以妈妈你用不着悲伤，也不用为我担忧，生着要为责任艰苦牺牲奋斗，死是我们完成了责任……

另一封是写给妻子沈保珠的。

给妻子的遗书写道：

保珠贤妻，临别怅然，今已矣。余为继先父遗志，为国家与乡梓十余年来流血流汗，为望国家日趋强盛，同胞得获自由幸福，余已尽心尽力。汝自与余结婚九年中历艰苦，余心甚不忍，希深原谅。吾等皆时代不幸之牺牲者耳。余死后，简略埋于雾峰。汝收拾余资，赴港奉养老母，教养诸儿。可能回漳就食，临别不尽依依。

祝　健康！

你的亨绝笔

一九五〇年元月三十日

事情来得太突然，妻子沈保珠并不知道丈夫马上将要被行刑的消息。

她正在家中为丈夫做他爱吃的鱼丸汤，准备中午去为丈夫送饭。

上午十点钟，林正亨被五花大绑、身后插着木牌子，被全副武装的宪兵推上了大卡车押往刑场。

"走开，我自己会走。"林正亨呵斥开两个前来架他的宪兵。

一路上林正亨昂首挺胸，大义凛然地站在车头前，高呼着口号："祖国万岁！人民万岁！"

马路两旁站立着无数群众，默默地为他送行。

林正亨向他们点着头，眼睛里是深深的眷恋。

这是他的台湾，这是他所关心的百姓，这是他为之奋斗为人民争取自由幸福的地方。今天他就要告别这一切走了，他尽心尽力了，心里有千般不舍，但他绝不会像敌人低下他高贵的头颅。作为一个台湾人，一个雾峰林家的后代，一个真正的抗日英雄，一个职业军人，一个真正的男子汉，他是无悔的。

卡车在雨中缓慢地行驶，在路过沈保珠居住的泉州街时，林正亨看到了自己家的房子，他突然大声地喊起来："保珠——保珠——快来。"一遍一遍地，嘶吼着。

押送他的宪兵看到林正亨大声喊叫，就用枪托砸他的头，鲜血顺着林正亨的脸往下淌，满身都是血，然而他仍然不停地大声呼喊着，他想在死前再见妻子一面，他不甘心就这样离开这个世界。

"保珠——保珠——"林正亨的呼喊声在细雨濛濛的天空下是那样地撕人心肺。

终于，住在林家的朋友李昌芹在路上听到了林正亨的喊声，他看到被押往刑场的林正亨。他急忙往家里跑，边跑边喊："保珠——保珠——正亨不好了！"

保珠听到李昌芹的喊声，光着脚从屋里跑出来。

"昌芹，怎么啦？"保珠急忙问。

"正亨——正亨被他们押往刑场了。"林昌芹急得快哭出来，上气不接下气地说。

"啊——"保珠惊呆了，她愣了一下，立马冲出大门，拦了一辆三轮车，飞也似的直奔台北市郊的马场町刑场。

三轮车在细雨中飞奔着，车轮拍打雨水发出"啪啪"的声音，保珠焦急得几乎要哭出来。

"师傅，求求您快一点……"保珠带着哭腔喊道。

"知道了。"骑三轮车的师傅答应着用尽全身的力量奋力向前冲着。

"祖国万岁！""人民万岁！"就在三轮车快要赶到刑场时，保珠听到了一阵高亢的喊声，那是她熟悉的声音，那是正亨的声音。

随后，两声沉闷的枪声从前方传来。那枪声是那样地令人恐惧，让人透不过气来，保珠感觉刹那间天塌了下来。

"正亨——正亨——"保珠撕心裂肺地喊道，她感觉自己的心被掏空了，声音像是从天外飘来。她知道那是枪毙丈夫的枪声，她知道自己来晚了。

"正亨——正亨——"保珠疯了一样跳下三轮车，扑向刑场。

是的，一切都已经晚了。

林正亨背上插着"共匪林正亨"的木牌子，双手被绑在身后，倒在了泥泞的地上，他胸口中了两枪，大股大股的鲜血从胸前涌出。

他那曾经英俊、坚毅的面容已经变得惨白。

他静静地躺在那里像是睡着了。

"正亨——"保珠尖声喊着，不顾一切地扑了上去。她不知哪里来的力量，一把抱起丈夫，疯了似的往外跑。

她想去医院救他，她不能让他死。

鲜血在她的身后留下长长的印痕，淅淅沥沥的雨水打湿了她的头发，她已经没有了眼泪，没有了恐惧，苍白的脸上是一双失神的眼睛，她只是抱着丈夫的尸体向前跑着、跑着……

让人不可思议的是，沈保珠的身高只有一米五几，而林正亨身高一米七几，体重超过她许多，况且人死后身体加重许多，可她居然抱着丈夫的尸体跑了很远的路，这实在是让人称奇。我们只能理解为当时那巨大的精神力量在支撑着她。

一切都已经晚了，谁也没有回天之力，林正亨的确与这个世界永远地告别了。

保珠抱着丈夫的尸体终于倒下来。

她已经撑到了体力和精神的极点，无法再坚持了。

正亨的身体一点一点地凉了下去。他像个熟睡的婴儿躺在妻子的怀中，永远地闭上了他的眼睛。

"正亨，正亨，亲爱的，咱们回家。咱们回家。"保珠抱着丈夫的头，喃喃地说着。

她用手绢轻轻擦去了丈夫脸上的血污，把几根滑到额前的头发细心地捋到脑后。望着丈夫熟悉的面孔，她再也控制不住自己，爆发出声嘶力竭的哭喊。

保珠在朋友李昌芹和小叔子林正信的帮助下，把丈夫的遗体送到了台北极乐殡仪馆。她为丈夫买来崭新的西服，用清水为丈夫轻轻地擦洗全身，她要让丈夫干干净净地走，让他像以前那样英俊、潇洒地走。

穿上了整齐干净的西服的林正亨静静地躺在殡仪馆里，英俊的脸上显得平静而温和，少了往日的刚毅，他似乎睡得很香，像是经过了鏖战，脱掉了军装回到家中，踏实而放松。几个月以来从未睡个安稳觉的他终于可以放心地睡了。那些血与火的征战、那些枪对枪的拼杀、那些东躲西藏的日夜都一去不复返了。他终于可以躺在妻子的怀中平静地享受他本该有的平静生活。他为这个国家做了太多的事情，已经把自己该做的都做完了，因为他的生命结束了。

林正亨的堂兄林正霖托人找到保珠，要求把林正亨的遗体埋在台中雾峰林家祖坟里，否则不给保珠负担任何丧葬费用。

保珠气愤地说："正亨是我的人，怎么安排他由我来做主。你回去对他们说不用他们来管。"

保珠对他们心存怨恨。现在人已经不在了，她不再需要他们的帮助，她要自己来处理丈夫的后事。

保珠决定将丈夫的遗体火化后，将骨灰送到台中宝觉寺去保存。保珠知道丈夫希望自己的骨灰能留在台湾，她满足了丈夫的要求。林正亨的骨灰一直在宝觉寺存放，直到如今。

林正亨成为第一个被枪杀在马场町的台湾人。

林正亨被突然枪毙引起了台湾的民愤，众多台湾开明人士对此十分愤慨，都认为国民党滥杀无辜。

杜聪明找到审判林正亨的法官质问他："林正亨是个抗日英雄，你抗过日没有？他是爱国的，你们为什么要杀他？"

法官被问得说不出话来："我是按上头的意思办的。"

"呸！你们这是滥杀无辜。无耻！"杜聪明把口水吐到了法官的脸上，大声地骂道。

林正亨牺牲后，保珠被通知去狱中认领正亨的遗物。在狱中，她遇到了被关在牢里的中共台北市委负责人黄先生。他悄悄地对保珠说："正亨在狱中表现很好，你要节哀顺变，把孩子们拉扯成人，继承他父亲的遗志。"保珠忍着眼泪点了点头："你也要保重。"

保珠想起被捕那天早晨来找她学习英语的无辜华侨青年还没有释放，就去劳动营探望他。

保珠在一个有着大通铺的房间里，向床上躺着的一个五十多岁，嘴里镶满大金牙的人打听华侨青年的下落。

"你找他干吗？他已经被押走了，不知到哪里做工去了。"那个男子漫不经心地说。

"我是林正亨的太太，那天早晨正亨和我被捕时，那个无辜小青年也被抓进来了，我来看看他。"保珠解释道。

"你是林太太？"听到保珠的话，那个人突然从床上坐起来，惊讶地问。

"是。"保珠说。

"林太太，你不要伤心。林正亨虽死了，他的精神还活在我们心中。"大金牙激动地说。

"谢谢你。"保珠感动地说。

"他牺牲前夕我们就听说第二天要枪毙两个政治犯。我们都为他担心，可是他很乐观。第二天早上，宪兵把他带走了，我们都哭了，他还从容不迫，真是条好汉！"镶金牙的男子一口气说道，情绪显得很激动。

"林太太，你要节哀，要好好把孩子们抚养大。"分别时，镶金牙的男子跑到门口又悄悄地说道。

"谢谢你。我会的。"

保珠虽然并不认识这个人,但他的话让保珠心里热乎乎的,感到很温暖。她感到极大的安慰和鼓励。

十　乔装打扮只身逃出台湾

林正亨牺牲后,保珠的天像是塌了一样。这对令人羡慕的恩爱夫妻曾经是那样相爱,他们的结合又是那样不容易,为了国家民族的利益,他们放弃了自己本该平静、幸福的生活,毅然投身于革命事业。

当丈夫为国尽忠、舍生忘死之时,家庭的重担全部压在她一个人身上,保珠并没有一句怨言。她理解她的丈夫,虽不知道他在做什么,但她坚信,以丈夫的人格和大义,自己只有追随,妇随夫志。沈保珠也同样是一位令人尊敬的女性。

正亨的死使保珠陷入了无尽的悲伤之中,她的精神快要崩溃了,最爱的人去了,她感觉自己的灵魂也随着丈夫而离去。她太爱自己的丈夫了,甚至不知道自己该不该活下去。

她开始抽烟,抽得很凶。从未抽过烟的她,一天竟能够抽上五十支。她已经绝望,想以此来慢性自杀,直到自己离开这个世界。

生活对于保珠来说已经失去了意义。

直到有一天,她忽然想起了丈夫留给她的最后一句话:"你要好好带孩子,去大陆找双盼。"她才猛然从噩梦中醒来。

她想起了香港的儿子和女儿,还有留在台湾不满一岁的女儿小青。她不能死,她要把孩子养大成人,让他们继承父亲的遗志,完成父亲未竟的事业。

保珠开始了她的计划,准备去香港找她的一双儿女。

离开台湾,偷渡香港。

保珠开始了她的准备工作。

想要离开台湾谈何容易？林正亨虽然死了，可他的影响还在，保安司令部撤走了住在保珠家中的特务，规定她每星期都必须到当地派出所汇报一周的情况，不得离家出走。

家中没有了特务的监视，保珠的精神稍微放松了些。她开始积极去做逃走的准备工作。首先她叫李昌芹帮她变卖家里的东西，一点一点倒出去，悄悄卖掉。并向周围的朋友暗中借钱筹备路费。

"保珠，家里的东西卖得差不多了，也没啥值钱的了。"李昌芹对保珠说。

"船票钱够了吗？"保珠问。

"够了。剩下给你带在路上花。"

"余下的我还要安排小青的事情。"

"小青你要带走吗？"

"我还没有决定。带小青走，怕路上被抓回来，孩子受罪活不了。不带她走，心里又舍不得。唉。"保珠说。

"我看奶妈待她很好，不如先让奶妈带着，以后有机会再接她。你一个人路上都不知道情况如何，你再带个孩子，两下里都顾不上。"

"是呀，我也在考虑这个问题。"

"你要小心特务监视你，一路都要防范他们。"

"知道。"

"票不能直接买去香港的，只能买到澳门再转香港。"

"这边从哪里出发？"

"基隆。然后登船转道澳门，然后再到香港。"

三个月过去了，事情终于有了点眉目，李昌芹帮保珠化名王露萍买了去往澳门转往香港的船票。

临行前，保珠特意去理发店变了一个发型，化了化妆，还买了一身新衣服。

经过简单的打扮，保珠已经变成另外一个人，一个叫王露萍的女人。

深夜。保珠在卧室里整理着小青的衣物。明天就要走了，保珠思绪万千，她边收拾行李，边犹豫着是不是带走小青。小青的衣物她收拾了一大包，塞进塞出的。奶妈抱着小青坐在一旁看着她收拾东西。

小青在奶妈怀里睡得十分香甜，吃饱了奶的她睡梦中还在咂摸着小嘴。襁褓中的孩子还不知世间的一切，更不知道母亲明天就要离开她，而这一别就是三十年。

"奶妈，我明天就要走了，小青就拜托你照顾了。"保珠说。

"你放心好了。"奶妈说。

"你带着小青再忍一年，我就回来接小青。"

"保珠，你就把小青送给我吧。我又没女儿，会好好照顾她的。"

"小青是林家的骨肉，她父亲死时让我把孩子们拉扯成人，我没有权利送给你。"

"是呀，这么可爱的孩子，谁愿意送人呢？"

"这是两根金条，就当你和小青的生活费吧。"

"你放心吧，我会照顾好小青的。"

"谢谢你。"

夜越来越深了，奶妈已经带小青去睡觉了。保珠躺在床上怎么也睡不着。她还是想把小青带走。她从床上爬起来，把小青的东西又塞进了提箱。重新躺在床上，保珠还是睡不着。万一在途中被捕，自己一点奶也没有，小青吃什么？肯定是活不了。不如再坚持一年，回来再接她。那时她大一点了，也安全了。保珠在床上翻来覆去地睡不着。

已经是凌晨保珠还没睡。

保珠悄悄地爬起，准备好行李，到小青的房间，走到小青睡觉的小床旁，俯下身子仔细地看着女儿，女儿还在熟睡之中，胖乎乎的小脸上是一副甜美的模样。女儿很像她的父亲林正亨,眉宇间有着父亲的影子。可怜的孩子这么小就失去了父亲,现在母亲也要先告别你去找你的哥哥姐姐,女儿你才来到这个世界仅仅几个月,命运却发生了翻天覆地的变化,女儿莫怪妈妈,我也是实在没有办法了,妈妈要把你和哥哥姐姐都抚养长大,完成对你父亲的承诺,只好先这样办了。女儿,妈妈先走了,让上帝保佑你吧,等妈妈来接你。想到这里,保珠泪如雨下,俯下身子亲吻了一下女儿的小脸蛋,毅然转身离去。

星夜无云,寂静空旷。

化了妆的保珠手提箱子,悄然离开了泉州街四巷四号,消失在夜幕中。

基隆港码头,人声鼎沸,熙熙攘攘,到处都是准备乘船的旅客。

大批的警察和特务在码头上巡视,检查来往的行人和旅客。

保珠头戴一顶漂亮的遮阳草帽,身穿藏蓝色的连衣裙,脚蹬一双轻便舒适的坡跟皮凉鞋,脸上化着淡淡的妆,手提白色的手提箱,看上去像是一个出门旅行的富家女。

她把遮阳帽压得低低的,小心谨慎地警惕环顾着四周。表面看上去她怡然自得,实际上她已经非常紧张,手心直冒汗,和特务打了很长时间的交道,她一眼就能看出对方的身份。她小心绕开这些人,混在人多的旅客中往客轮走去。

客轮就在眼前了,她向检票口的工作人员递上了船票。

"小姐,你早。去澳门旅游?"一个长着满脸雀斑的中年男性工作人员微笑着打着招呼。

"是的。"保珠微笑着回答。

站在检票口工作人员身旁的警察听到工作人员与保珠的对话,注意力转向保珠,他看了一眼保珠,支棱着耳朵,听着他们的对话。

保珠心里十分紧张,她嫌这个工作人员多嘴,吸引了警察的注意力。

"一路顺利!玩得愉快!"检票的工作人员开心地说。

"谢谢。"保珠手心的冷汗又冒了出来。

还好，那个年轻的警察只是看了她一眼就把视线转向了保珠身后那个知识分子模样的中年男人身上。

保珠快步走进了轮船通道，找到了自己的位子，放好行李箱，这才长长舒了口气。

上午9点，巨大的客轮终于长鸣一声启程了。

保珠望着窗外渐渐远去的基隆港，心中像是打翻了五味瓶，说不清的甜酸苦辣。台湾，这个给了她太多回忆的地方，让她又恨又爱，真像是一场梦，一场令人恐惧的噩梦。

客轮轰鸣着缓慢地行驶着。

窗外是一片蔚蓝色的大海，船已经驶离基隆港，向大海深处驶去。

再见了台湾！再见了女儿！妈妈会很快来接你的。

"请每个旅客待在自己的座位上，不要四处走动。例行检查。"轮船行驶了大约十分钟时间，突然停了下来，广播中说道。

保珠看到一艘警备船靠近渡轮，上来一队宪兵，挨个搜查房间。

坏了，他们发现我跑了，来抓我。想到这里，保珠顿时一身冷汗。

保珠环顾四周，没有任何可以逃生的地方，她尽量压低了帽子。宪兵们一队队从房间门口走过，但没有人注意到她。他们注意的是年轻的男子，似乎目标不是她。

同房间一个年轻男子被抓走了，他正在吃的面包扔下一半。

客轮上一阵混乱，有跳海的，惊叫的，家人哭闹的。

原来宪兵们是在抓壮丁，抓年轻男子参军。

一队被抓的年轻男子双手被绑在身后，押下了轮船，上了宪兵的警备船，他们是被抓走补充国民党军队的。

客轮停在海上半个时辰，才又开始航行。还好，这次一直开到澳门，没再发生什么大的事件。只是在航行中，遇到海浪，客轮颠簸时，保珠吓得不轻。

　　船一到香港，保珠就后悔了，后悔没把小青带出来。她已经忘记了路上的紧张，只是埋怨自己没带小青出来。可无论如何也没有办法了，保珠决定尽快安排好两个大孩子，然后想办法把小青接出来。

　　保珠手提行李箱带着遗憾下了轮船，走出港口。

　　香港繁华热闹，灯红酒绿，一派海派风情。保珠手提行李箱淹没在香港密集的人群中。

第十章 尾声

一　妈妈要给你报仇

1950年2月的北京。

北京到处是新的气象,街上行人的脸上都洋溢着少见的兴奋和自豪,终于当家做主了,这不能不叫人心花怒放。经历了八年抗战和三年解放战争,牺牲无数中国人的性命才终于换来了和平与自由,这无法不让人激动和兴奋。

中华人民共和国铁道部办公大楼。

林正亨的妹妹林双盼,现在更名为林冈,她正坐在办公桌前处理文件。

林冈已经从重庆回到北京,担任了中华人民共和国铁道部外事处干部。此时的林冈已与鲁明结婚。鲁明也已经调到统战部党派处任处长。

"你好,这里是铁道部外事处。"办公桌上的电话响了,林冈习惯性地拿起电话。

"林冈,你在吗?出来一下。"是鲁明的声音。

"你在哪儿?"林冈问。

"我在你们大门口,我要去开会,路过木樨地,有急事找你商量。"鲁明说。

"好。"林冈起身朝外跑去。

"什么事情这么急?"林冈见到鲁明正坐在军用汽车中。

"林冈,你赶紧找张《参考消息》,我听说上面刊登了林正亨被捕牺牲的消息。我马上要去开会,不能久留,你尽快找一张今天的报纸。"鲁明急匆匆地说。

"真的?"林冈吃惊地问。

"我是听同事说的。我先走了,会议马上要开了。"鲁明坐上车走了。

找到报纸,林冈看到上面果然是刊登着林正亨于1950年1月30日在台湾马场町被国民党枪毙的消息。

"正亨哥哥——"林冈拿着报纸忍不住大哭起来。

林冈拿着报纸找到铁道部负责人。

"我哥哥牺牲了,他的两个孩子现在在香港,怎么办?"林冈流着眼泪问。

"怎么办?烈士的孩子我们来管。你赶快去香港接孩子,三天假够不够?"负责人说。

"够了。我去接上他们就回来。"林冈说。

"好。你立即出发吧。"负责人说。

林冈放下手头的工作,立即赴香港接孩子。

由于走时太急,林冈连军装都没来得及脱。到了广州后,从朋友那里借了套便服就去了香港。

香港。

林冈拿着大姐林双吉提供的地址,找到了母亲和孩子们。

"晶郎——,少萍——"林冈见到两个失去了父亲的孩子忍不住泪流满面。

"双盼,发生什么事了?"母亲郭玲瑜预感到有什么事发生,只是她怎么也想不到最爱的儿子已经永远地离开了她。

"哦,妈妈,没什么,我可能是刚怀孕,情绪容易激动吧。"林冈遮掩着说。她知道母亲还不知道哥哥牺牲的消息。

"哦,我说呢,无缘无故你哭什么?"母亲郭玲瑜说。

这位坚强伟大的母亲共生育了七个孩子,其中既有共产党的干部,也有革命烈士,甚至还有担任国民党高级将领的女婿,她无法左右孩子们的生活和政治信仰,但她教会了孩子们最基本的做人做事的道理。

"妈妈,我去买票接您和孩子们去北京吧?我和鲁明已经结婚,你们去,他会很高兴的。"林冈说。

"好吧。我也可以见见我的女婿了。"郭玲瑜高兴地答应着。

林冈因为只请了三天假,不能久留,立即去买了回程票。

但在准备回京的前一天，已经移居印尼的大姐夫林天祥打来电话，阻止丈母娘郭玲瑜去北京，担心地处政治中心的北京会遭外敌突袭、不安全。另外，他生养了六个孩子，也需要郭玲瑜去帮他照顾。

郭玲瑜听从了女婿的劝阻，准备去印尼与大女儿一家生活。

林冈无奈，只好带着晶郎与少萍先回北京了。

林冈带着哥哥的两个孩子晶郎和少萍回北京后，鲁明给台盟领导人谢雪红等同志写了一封信，告知林正亨烈士的两个孩子到了北京。

雪红、克煌同志：

  林冈同志已由香港将林正亨的两个孩子接到北京来了，一个七岁，一个四岁，他们在港无人抚养。但他们又非我们直系亲属，两个孩子的生活上学都需要公家解决，请台盟负责同志或华东局即函电中央证明林正亨死难并如何安置他的遗族。请雪红、克煌同志即予设法交涉为荷！

  敬礼！

鲁明　林冈
三月二十八日

并后附林正亨的证明材料，摘录如下：

林正亨，共产党员，台湾民主同盟盟员，一九四九年八月在台湾机关被破获被捕，今年一月三十日在台被蒋匪公开枪毙。林正亨同志是台湾有名的反日领袖林季商的儿子，林季商在大革命时在福州从事革命活动，被国民党张继之弟张毅枪毙于漳州（叶剑英同志曾在那时与林一起搞过革命活动），林正亨同志在抗日战争中在缅甸负过重伤，较场口事件时他也被捕。一九四五年回台湾，参加过"二二八"事件。

……

谢雪红在信件右下角批示：

给（台盟）华北支部通知：

　　林正亨同志系我盟盟员，他两个孩子无处可归，现已从港到京，请（台盟总部）驻京办事处请求中央统战部设法安置林同志家属（二孩子），可找中央统战部鲁明同志打听孩子的住所。

一九五〇年四月二日

在林正亨证明材料右下角注：

林正亨，1950 年 1 月 30 日枪毙于台湾。1 月 31 日《参考消息》。

　　《参考消息》在 1957 年前没有公开发行，仅供高层领导内部参考，后来才将发行范围扩大到县处级以上领导。1985 年《参考消息》开放订阅。

　　当期的《参考消息》以《匪残杀"台湾民主自治同盟"盟员二名》为题转刊"中央社台北三十日电"，文章内容全文如下：

【中央社台北三十日电】台省警务处刑警总队于三十八年八月中旬综合各方情报，依据线索，动员全力破获奸商组织一起，先后拘捕林正亨、傅世明、陈南昌等二十余名，并搜获反动书刊甚多。经解台省保安司令部军法处讯明，以林正亨、傅世明先后参加奸匪组织之"台湾民主自治联盟"，印刷《综合文摘》及《和平文献》等大批反动书刊售卖散发，并广为吸收党徒，意图颠覆政府，各判处死刑，于三十日枪决。至陈南昌等参加叛乱之组织，各判处有期徒刑十二年。

很快，组织出面将两个孩子都安排到了有着光荣革命传统的"洛杉矶托儿所"，后更名为中央军委保育院。

这个幼儿园是抗战时期在延安成立的，主要是接受烈士子弟和战斗在前线的抗日将士们的孩子。

林正亨的母亲郭玲瑜继续留在香港。

郭玲瑜不去北京的另一个原因是她想在香港等待儿子林正亨的消息，她想等儿子到了一起走。儿子一别那么久，她不想再分开。

5月，保珠从台湾经由澳门偷渡到香港。在香港林正亨的表妹吴纯纯住处找到了焦急等待儿子消息的婆婆郭玲瑜。

"妈妈——"保珠见到婆婆就哭了。

"保珠你怎么一个人跑出来了？"婆婆生气地问。

"妈妈——"保珠哽咽着。她不想说出实情，她看得出来，婆婆还不知道正亨牺牲的消息。

"正亨正在监狱中服刑，你如果守不住，我去台湾照顾他。"婆婆生气地说。

"妈妈——"保珠知道瞒不住了，她"扑通"跪在了地上，忍不住的泪水像断了线的珠子。

"你——"婆婆惊讶地看着保珠。

"妈妈——，正亨——正亨他已经不在了。1月30日，他被国民党枪杀了……"保珠边哭边说。

"什么？你说什么？"郭玲瑜猛然从椅子上站起来。

"正亨不在了，他已经被国民党给枪毙了。"保珠说。

"儿啊——我的儿啊——"郭玲瑜大喊一声，疯了似的大哭起来。

"蒋介石你这个王八蛋！你还是正亨父亲的朋友，怎么这么不讲良心？我要回台湾，我要和他拼了！"老人疯了一样的大哭，边哭边骂。

"妈妈——，妈妈——您冷静点，求您冷静点。"保珠劝阻着婆婆。

"我的儿啊——你为这个国家做了这么多事情，几次差点死在战场上，他们就这么对待你？儿啊——妈妈要给你报仇。妈妈要回台湾去拿枪打死这个忘恩负义的混蛋！"郭玲瑜喊着、哭着、骂着……

她无法相信儿子已经不在世的事实，她无法相信自己最疼爱的儿子连最后一面也没见到就阴阳两隔了。

"妈妈，您要保重自己的身体。人死不能复活，我们要坚强地活下去，将来为正亨报仇。"保珠强忍住自己的悲伤，劝阻着婆婆。

"儿啊——他们这么残忍，滥杀无辜，他们一定会遭报应的。"郭玲瑜大声骂着，哭着。

自从儿子继承父亲的遗愿踏上了报效祖国的路后，与她一别就是九年，这九年儿子冲杀在血雨腥风之中，多次立功，提职，为抗日保卫国家，他毅然参加中国远征军去缅甸杀日寇，身负重伤，从死人堆里被救出来。回台湾后，他为了台湾民众的利益，为了台湾回归祖国，他放弃自己舒适的生活，投身于读书运动，帮助无家可归者找到工作，学会生存的能力，他热心帮助穷人，与人为善。他做了那么多数也数不清的好事，你们为什么要杀他？为什么？本来以为儿子死里逃生从战场上回来与她团聚，此生再也不分离，没想到他却又匆匆走了，走得这么突然，这么决绝，这么让人痛不欲生。

"妈妈，正亨走了，他还留下了孩子们，您不要悲伤了，跟我一起回北京，去照看正亨的孩子们吧，让正亨九泉之下也能安息。"保珠劝着婆婆。

"好吧。我同你回北京去照看晶郎他们……"说到孙子、孙女们，郭玲瑜终于渐渐平静下来，哽咽着答应了保珠的请求。

"妈妈，您放心，我和孩子们会好好照顾您。北京还有双盼和鲁明他们。"保珠宽慰着婆婆。

商量好后，婆媳俩人开始做去北京的准备。

此时，移居印尼的林天祥刚好回香港，准备接郭玲瑜和几个孩子去印尼生活。

林天祥坚决不同意岳母去北京生活，坚持带岳母去印尼。保珠只好同意婆婆去印尼。

8月，保珠从香港到了广州。

在广州，保珠见到了分别已久的大哥，兄妹俩也是唏嘘不止，物是人非，命运各不相同。

告别了大哥，保珠终于来到了北京。见到了林冈与鲁明，叙述了这些年来的悲欢离合。

在林冈的陪同下，在西郊万寿寺中央军委保育院，保珠见到了分别数月的儿子晶郎和女儿少萍，两个孩子在托儿所生活得很好，身体长胖了，也长高了，红扑扑的小脸蛋圆圆的。孩子们见到妈妈很高兴，却不见爸爸。为了不让孩子们伤心，保珠第一次撒了谎，告诉他们爸爸还需要很长时间才能回来。

很快，沈保珠改名沈毅，也有了工作，组织上安排她到台湾民主自治同盟会工作，担任谢雪红的秘书。

二 生离死别母女情

保珠逃离台湾后，小青跟着奶奶生活。

保珠的承诺没有实现。一年后，保珠无法回台湾去接回小青。小青跟着奶妈一住就是好几年，保珠留下的两根金条早已花光，奶妈又是个无一技之长的家庭妇女，没有任何经济来源，可想而知她们的生活是多么艰难困苦。

小青吃着奶妈那一点奶水，终于活了下来，一天天长大了。奶妈为了生存筹办了一个小水果摊。小青六岁那年，已经跟着奶妈在台北圆环市卖水果了。一次，小青跟着奶妈在水果摊卖水果，砍甘蔗时，砍刀不小心刺伤了左眼，顿时鲜血直流，小青疼得哇哇大哭。奶妈抱着她去了医院，但由于无钱治疗，导致伤口化脓，眼睛失明了。

远在印尼的小青奶奶郭玲瑜听说了这个消息，立即写信给台北的女儿林双祝，让她一定去把小青带回来。双祝与丈夫去跟奶妈商量要回小青的事情，但奶妈一口拒绝，自己辛苦把小青养大，不能让他们随便领走。林双祝因此事受到刺激，得了精神抑郁症，离家出走。林双祝的丈夫费尽周折才找到她。林双祝的丈夫是个老实巴交的小学教员，人很善良，但也挣不了多少钱。他们攒了很久才凑齐三百美元，给奶妈送去，从奶妈手里买回了小青。

小青回到姑姑家里，生活也没有太多改善。姑姑头脑不好，生了六个孩子，全家九口人就靠姑父一个人的工资生活，家境极其困难。小青从八岁起就帮助姑姑带孩子，姑姑六个孩子都是小青一个一个带大的。小青还带着弟弟妹妹们卖报纸、捡破烂、做佣工，赚点钱补贴家用。

姑姑因为有病，经常离家出走，姑父经常是一走几天去寻找姑姑。家里就全交给小青负责照看。没有了钱买米，小青有时和几个弟弟妹妹经常饿得连路都走不了。

一次，周围邻居看到小青家好几天烟筒不冒烟了，就推门进到屋里，发现小青和几个孩子都躺在床上，饿得面黄肌瘦，已经好几天没吃东西了。他们赶紧回家端来小米粥给他们吃。原来，姑姑又走失了，姑父去找她，家里完全没有吃的了。

1970年郭玲瑜从印尼去日本看望儿子，路经台湾时，特地去看望小青。看到小青过着十分凄苦的生活，便对小青说："小青，你想妈妈吗？我带你去找他们。"

"我不想她，我恨她！她把哥哥姐姐都带走了，就把我一个人扔在台湾。要是不喜欢我，为什么还生我？生了我，又不管我，我这一辈子都不想见到她！"小青愤愤地说。

1975年，郭玲瑜从日本来北京探亲，住在保珠家，把小青这番话告诉了保珠。

保珠听后，一阵心酸。如果当初能再坚决一点，把孩子带上就好了。即便有再多的理由，妈妈也不应该把女儿一个人留在那里。保珠压抑了二十多年的苦楚再一次涌上心头，泪水止不住地流。

1980年的夏天，保珠终于和小青通上了电话。母女相约在香港见面。

接下来，保珠让长子林为民（晶郎已经改名林为民）到北京市公安局申请去香港探亲。那时刚改革开放，申请去探亲的人很多，好不容易排队排到了，林为民赶紧陪着母亲来到了香港。

保珠住到了在香港的妹妹沈保金家里，等待着小青从台湾来香港探亲。这一等就是四个多月，时间一天天过去了，就是不见小青的身影。

保金家里的条件比较差，房子小，又没有空调，保金让女儿打地铺，把床让给了保珠睡。

林为民为了减轻亲戚家的负担，不得不到香港工厂去打工，以维持生活开销。

香港的夏季闷热潮湿，令人十分不舒服。因为湿热，保珠的哮喘病犯了，她整宿整宿地睡不着觉，不能躺在床上，只能坐在那里等待天亮。

"儿子，我们回北京吧，我在香港一天都待不下去了。"保珠对儿子说。

"我们都等了四个月了，再坚持一下吧？"儿子林为民说。

"再等下去我可能就死在香港了，以后再见面吧。"保珠痛苦地说。

为了保珠的身体，他们很快离开香港回北京了。

谁知道，他们离开香港仅仅一个星期，小青就从台湾赶到了香港。原来，小青那时已经接替姑父的班在小学里上班，属于公教人员，国民党政府不容许他们赴港探亲。小青经过了几番周折才赶赴香港。

三　告别世界

"大哥，你们在哪儿呀？你们快来香港呀。我在这里能待两周时间。"小青在香港打长途电话，对哥哥林为民喊道。

"小青，我们在香港等了你四个月，天气太热，妈妈的哮喘病犯了，所以我们先回来了。"林为民说。

刚到香港得知母亲与哥哥已经离开了，小青赶忙给林为民打电话。仅仅有两周的请假时间，她不想错过这次能够见到母亲和亲人的机会。

已经回到北京的保珠知道小青到了香港，催促着儿子尽快去北京市公安局申请再次去香港探亲。

林为民急忙赶到北京市公安局出境申请处。

"请你们再批准我和母亲去香港探亲，我妹妹刚从台湾过来。"林为民递上了申请表。

"不是刚批准你们去香港探亲了吗？"公安局负责人说。

"是的，我母亲在等待妹妹时突犯哮喘病，我们住了四个月就提前回来了。"林为民说。

"上次批了你们六个月的探亲时间，你们四个月就回来了。现在北京市有上万人申请赴香港探亲，有的已经等了三年了，还没去成，我无法特批你们去。你们只好重新排队等了。"负责人无奈地说。

林为民遗憾地离开申请处。

回到家中,林为民把去公安局申请处的情况告诉了母亲。

"去不成香港,我们能不能在深圳铁丝网前和小青见一面?"保珠对儿子说。

"深圳和香港的海关相隔很远,根本看不到。"林为民说。

"那怎么办呢?"保珠发愁地说。

"我再去想想办法,看看有什么办法替代见面。"林为民看着日益衰老的母亲说。

"好吧。"保珠无奈地说。

林为民为了让母亲尽快了解小青在台湾这三十年的生活,他想了一个办法。

"小青,你把你在台湾的生活情况录一盘录音带寄给我们。我们也录一个带子寄给你!先让妈妈听听你的声音。"林为民对妹妹小青说。

"好吧。只能先这样了。"小青说。

不久,小青的录音带寄来了。

半个小时的录音带,小青整整录了八个小时。远离亲人三十多年,其中的辛酸与苦痛只能自己一人体会,无处诉说,无处寻找安慰。小青边哭边回忆着,她在录音过程中经常是哭着录不下去,录录停停。

保珠终于听到女儿的声音了,听到了女儿这三十多年的生活经历,她万万没有想到女儿会生活得这么苦,这么难!保珠号啕大哭,哭得死去活来,哭得昏天黑地。

"小青啊,妈妈对不住你,对不住你爸爸,没有把你带出来,让你受了这么多的苦,受了这么多的罪。妈妈作孽呀。"保珠哭着,喊着,喊着,哭着。忍了三十多年的泪水一下子爆发了。

保珠病倒了,躺在床上,不吃饭,不睡觉,只是流泪,彻夜地流泪。她的精神几乎崩溃。

眼看着母亲消沉下去,儿子林为民焦急万分。他担心这样下去,母亲坚持不住。

"妈妈,您一定要吃饭,打起精神。这次我们没有见上面不要紧,下次我们一定会见上面。可是您的身体垮了,怎么去香港看小青?"林为民开导着母亲。

保珠望着儿子,点点头,挣扎着起来吃饭。从那天起,林为民每天带着母亲沿着故宫筒子河一圈一圈地跑步,为再次去香港探亲做准备。

渐渐地,保珠的身体开始好转,能吃饭了,脸色也红润起来。

1982年的夏天,北京市公安局出入境部门又一次批准了保珠去香港探亲的申请。

保珠在儿子林为民的陪同下又一次来到了香港。

台湾的好消息也传来,小青也被批准到香港探亲,近日启程。

7月的一个清晨,又是香港湿热的天气,保珠与儿子早早就来到了启德机场,站在出机口等待小青的到来。

"怎么还不出来?旅客都快走完了。"保珠望着出机口,焦急地等待着。她感觉自己的心跳在一点一点地加速。长久的期盼已经让她满头白发,额头上刻满了皱纹。

"妈妈,您别着急,小青可能是在取行李。"林为民安慰着母亲。他手里高举着妹妹的照片,胳膊已经发木了。他坚持着,生怕妹妹看不见。

出机口已经没有人了。

正当大家失望时,一个瘦小的身影手拉行李从大门里面走出来。

"是小青。"大家几乎异口同声地脱口而出。

是她,根本不用对照片,那就是她。保珠一眼就认出了三十多年没见的女儿。

"小青,我的女儿。"保珠一声嘶喊,张开双手向前跑去。

"妈妈——"小青扔下了行李,也张开双臂奔跑着扑向了母亲。

母女俩抱在了一起,放声大哭。

"妈妈呀——妈妈呀——你怎么才来找我,这三十多年你在哪里呀?你可知道女儿受的委屈和痛苦吗，妈妈？"小青哭着喊着。积压在心头三十多年的痛苦、埋怨、仇恨、思念在这一刻爆发，全部化作了泪水。

"女儿，是妈妈不好，是妈妈不好。妈妈把你留在台湾受罪，妈妈对不起你。"保珠抚摸着女儿的头哭着说。

围观的人群越来越多，知道实情的人们也被母女俩的故事所感动流泪。

林为民看着母亲和妹妹抱头痛哭，也难过地流下眼泪。这是分别三十多年来，他第一次见到妹妹。

"妈妈，小青，咱们回家再谈吧，这里人多，怕影响大家。"林为民担心母亲的身体，上前搀扶起母亲和妹妹，劝阻道。

"好吧。"保珠听从了儿子的劝阻，渐渐停止了哭声。

林为民与妹妹小青一起搀扶着母亲坐上了汽车。

林为民陪着妈妈和妹妹来到了香港临时住所——正亨的表妹吴纯纯家里。表妹吴纯纯家住在香港半山豪宅里，在豪宅二楼的房间里，保珠与女儿相互倾诉着各自三十多年来的生活，母女俩一会儿哭，一会儿笑，忘记了时间，忘记了吃饭，忘记了喝水，忘记了白天和黑夜。

林为民为妹妹小青讲述了雾峰林家的发展壮大的家族历史，从雾峰林家的历史讲到了台湾历史和中国近代史，从祖父林祖密被人暗算讲到了父亲林正亨继承父亲遗愿参军抗日报效祖国的事迹，从父亲的历史又讲到了国共两党的斗争，从父亲被捕牺牲讲到母亲保珠化妆改名偷渡只身逃出台湾。

他们坐在房间里，整整讲了两天两夜，听得小青目瞪口呆，她气愤地说："蒋介石总统在世时，我们都很尊敬他。他去世时，我们还跪在马路边上为他送灵。他为什么会枪杀我们的父亲？"

"蒋介石当年落魄时还住在鼓浪屿林家好长时间呢，得势了就翻脸不认人了。"保珠说。

"为着维护他的权力，为了他的政权，他什么都干得出来。"林为民说。

"今天我算看清楚他了，害得我们家破人亡，母女分离。"小青说。

自从见到了女儿，保珠的精神好多了，她虚弱的身体也越来越健康，她与孩子们在香港游玩观光，十分开心。看到母亲终于露出了笑脸，儿子林为民说不出的高兴。

小青来香港后，台湾家中几个表弟表妹们几乎天天来电话或者是电报，生怕小青不回台湾了。

"姐姐呀，你从小把我们拉扯大，吃了那么多的苦，现在我们都大学毕业了，你的下半辈子包给我们了。不会再让你吃苦了。"

"姐姐呀，你快回来吧，我们想你……"

"姐姐快回来……"

小青自从到了姑姑家，就承担起了一家之主的角色，姑姑因为患上了严重的抑郁症，姑父一人上班负担全家生活开支，弟弟妹妹们都小，所以家里的重担都落在了小青肩上。几个弟弟妹妹都是小青一手带大，他们想她很正常，小青在他们眼中就是母亲的角色。

"小青，你上半辈子缺失了母爱，妈妈很内疚，下半辈子我要补偿你，和我一起回北京吧！"保珠对失而复得的女儿说。

小青犹豫许久才对母亲说："妈妈，台湾已经是我的家了，我和表弟表妹们有着三十多年的感情，我舍不得他们。您就把我当作嫁去台湾的女儿，我每年都来北京看您，您就让我回台湾吧！"

"妈妈，小青带大的孩子，会让她享福的，您就让她回台湾吧。"儿子林为民也劝母亲。

保珠最后终于答应了小青的请求，小青告别母亲又回到了台湾。

1984年，小青又到香港和母亲、姐姐少萍见面。

1989年，保珠因中风瘫痪在床，姑姑和姑父接到消息后先行从台湾赶赴北京，看望保珠。

姑姑林双祝一见到保珠就跪到地上，对保珠说："保珠，我对不起你和正亨，没照顾好小青，她没上大学，也没有结婚，一直在我们家受穷受苦。"双祝哭着说。

"哪里话，我还要感谢你们呢，是你们把她养大成人，虽然吃了些苦，可还是在自己家里嘛！"保珠摇着手说。

1989年12月5日凌晨，沈保珠患脑出血病逝于协和医院。

这位坚强伟大的女性走完了她人生的路。

一周后，小青从台湾飞抵北京，没有见到母亲沈保珠最后一面。

在这个多灾多难的家庭，沈保珠走完了她的一生，完成了她的人生使命。

待与她最思念的丈夫林正亨见面时，她也可以安心地对丈夫说："一家人终于团聚了，祖国强大了，中国地图上已经插满小红旗了。你的血没有白流。"

附 林正亨年谱

(1915年——1950年)

1915 年	出生于厦门鼓浪屿
1926 年	到福州念小学
1927 年	回厦门读书
1928 年	在台湾上学
1935 年 11 月	考入南京国立艺专
1936 年	准备报考南京国立艺术专科学校
1937 年 8 月	在上海住一个月
1937 年 9 月	报考航空学校和中央陆军军官学校，被中央陆军军官学校录取
1937 年 10 月	随军校迁汉口，后又到湖南长沙
1938 年	在湖南训练学习
1938 年 11 月	从湖南迁到四川重庆
1939 年 9 月	从重庆陆军军官学校毕业
1940 年 1 月	随 36 军前往广西作战任军部见习官
1940 年 2 月	派往 96 师任少尉军官，在参谋处工作，参加昆仑关大战，死战突围，率情报排三十多名士兵，退了四天，只剩十几人
1940 年 4 月	转战到湖南，任消毒连长，调往 50 师
1941 年 1 月	晋升中尉，调往云南省
1941 年 2 月	回台湾探亲
1941 年 11 月	在重庆与印尼侨商女儿沈保珠结婚
1942 年 9 月	大儿子林为民（曾用名：林晶郎）在重庆歌乐山医院出生
1942 年	调任国防部交通司任上尉副官
1942 年 6 月	回台湾、漳州、厦门探亲
1943 年	在重庆跑单帮生活陷入贫困
1944 年 7 月	参加远征军赴缅甸作战

1944年7月26日	大女儿林少萍在成都出生
1944年8月	赴印度参加x部队任步兵团指挥连长
1945年春	由缅北战到缅中
1945年3月	在缅中战争结束最后一战中受重伤十六处
1945年7月	在缅甸医院治疗四个月，美国医生动两次大手术，挽救生命，双手残疾
1945年8月	由缅甸转印度医院治疗，9月中旬出院
1945年9月	由印度雷多休养院返国，住在云南云南驿疗养院
1945年10月	由云南云南驿给远在台湾的母亲写信，讲述离别9年的经历
1945年11月	由云南到重庆与家人团聚，但妻儿已随姐姐姐夫去广州接收华南汽车修配厂
1945年12月	经林冈（曾用名：林双盼）介绍，由朱学范安排到朝天码头做码头工人工作
1946年	经人介绍加入民主同盟组织
1946年5月	由重庆到广州和家人团聚，受朱学范指示带二十多名青年回台湾工作
1946年6月	回台湾任台北警备司令部劳动训练营少校警官，负责教育无业游民工作
1946年底	调任台湾省警务处第四科经济股任股长
1947年2月	参加台湾人民"二二八"起义，先在台北做处委会工作，后去台中与林献堂一起和国民党军队谈判、周旋、保护起义人员
1948年1月	接妻儿回台湾，用岳母给的二十根金条开办台北建成皮鞋行，二楼成为地下党交通站
1948年5月	在广州、香港参加"台盟"会议，滞留三个月，台湾警

	局以其逾假不归为由开除林正亨公职
1948 年 8 月	台北建成皮鞋行倒闭
1948 年 9 月	组织中共外围团体"台湾民主自治联盟",多次召开读书会,散发进步书刊
1949 年 3 月 13 日	林正亨的小女儿林青出生于台北泉州街四巷四号
1949 年 8 月 16 日	同组织成员傅世明被捕,受刑后,供出林正亨等人
1949 年 8 月 18 日	台北刑警总队包围林宅,林正亨、沈保珠被捕
1949 年 9 月	林正亨从刑警总队转押到台湾省保安司令部军法处看守所,期间开庭两次,监禁五个月十二天,受尽酷刑
1949 年 12 月	陈诚亲自提审林正亨,要他在悔过书上签字,被拒绝。蒋介石亲批枪毙
1949 年 12 月 27 日	台湾省保安司令部宣判林正亨死刑
1950 年 1 月 24 日	就义前一星期写信给香港的母亲和妻子做最后诀别
1950 年 1 月 30 日	林正亨被押赴台湾马场町刑场英勇就义,成为第一个牺牲在马场町的台湾人,享年 35 岁